REIBERT

Der Dienstunterricht im Heere

im Heere

Ausgabe für den Panzerabwehrschützen

Neubearbeitet von

Dr. Guido Allmendinger

Major

Mit über 500 Abbildungen im Text
und 10 mehrfarbigen Tafeln

Zweiter Teil

Elfte, neubearbeitete Auflage

Verlag von E. S. Mittler & Sohn / Berlin 1939

Preis für beide Teile 1,60 RM, bei 25 Expl. je 1,50 RM, bei 75 Expl. je 1,35 RM

Soldaten,
Vorsicht in jeder Beziehung!
Spionage= und Sabotagegefahr!

Abkürzungen.

A. V. J.	= Ausbildungsvorschrift für die Infanterie.
H. Dv.	= Heeresdruckvorschrift.
H. V. Bl.	= Heeresverordnungsblatt.
St. P. O.	= Strafprozeßordnung.
T. F.	= Truppenführung (H. Dv. 300).
W. St. G. B.	= Wehrmachtstrafgesetzbuch.
Z. P. O.	= Zivilprozeßordnung.

Weitere Abkürzungen S. 130.

Ernst Siegfried Mittler und Sohn, Buchdruckerei, Berlin.

Vorwort zur 11. Auflage.

Das vorliegende Buch erschien erstmalig im Jahre 1929. Es wurde verfaßt in dem Bestreben, für das neue Heer ein Dienstunterrichtsbuch zu schaffen, wie es die alte Armee in dem bekannten und bewährten „Transfeldt" besessen hat. Dieses Ziel verfolgte das Buch von Anfang an, wenn ihm auch erst später die Nachfolge von „Transfeldts Dienstunterricht" übertragen worden ist.

Wie die erste wurden auch alle nachfolgenden Auflagen unter Mithilfe von erfahrenen Offizieren und anderen Sachbearbeitern zusammengestellt.

Seit der siebenten Auflage erscheint das Buch in Ausgaben der verschiedenen Waffengattungen. Der „Waffenteil" ist von Offizieren dieser Waffe bearbeitet.

In der vorliegenden Auflage wurden alle eingegangenen Wünsche der Truppe, soweit es möglich war, berücksichtigt. Ebenso haben die seit Einführung der allgemeinen Wehrpflicht gemachten Erfahrungen zusammen mit der Auswertung der neuen Vorschriften ihren Niederschlag gefunden.

Das Buch soll in erster Linie ein Nachschlagebuch sein. Praktische Beispiele aus dem Leben des Soldaten, Erläuterungen, Bilder, Skizzen und farbige Tafeln wollen dem Soldaten den Dienstunterricht und die Vorschriften näherbringen. Daneben soll das Buch die Vorgesetzten in der Erziehung der Rekruten zu vaterlandsliebenden, pflichtbewußten und brauchbaren Soldaten unterstützen.

Allen Herren und Dienststellen, die seit Bestehen des Buches Anregungen für Vervollständigung und Verbesserung desselben gegeben haben, sage ich aufrichtigsten Dank. Insbesondere danke ich den Kp.- usw. Chefs für die wertvollen Hinweise bei der Abfassung der gegenwärtigen Auflage.

Ich bitte auch weiterhin um freundliche Mitarbeit und Unterstützung.

Potsdam, im November 1938.

Reibert.

Vorwort des Bearbeiters.

Die Ausgabe für den **Panzerabwehrschützen** ist nach den gegenwärtig geltenden Vorschriften sowie den Erfahrungen des täglichen Truppendienstes bearbeitet. Sie soll der Ausbildung einer jungen, überaus zuversichtlichen Waffe dienen, die ein hohes Maß von soldatischer Tüchtigkeit, Tapferkeit und Kaltblütigkeit, aber auch von **Wissen** und **Können** verlangt. Die Grundlagen für dieses Wissen will das vorliegende Buch dem Panzerabwehrschützen und seinem Ausbilder vermitteln.

Graz, im Januar 1939.

Dr. Allmendinger.

Inhaltsverzeichnis.*)

---

*) Die Abschnitte I bis VII/6 sind im Teil I enthalten.

Sechster Abschnitt.
Gasabwehr und Nahkampfmittel.

Siebenter Abschnitt.
Waffen= und Gerätekunde.

Achter Abschnitt.
Exerzierdienst.

Neunter Abschnitt.
Schießdienst.

7. Die 3,7-cm-Panzerabwehrkanone (Pak).

Allgemeines.

Die Pak dient zur Abwehr gepanzerter Kampffahrzeuge. Sie ist eine Schnell=
feuerkanone mit großem Höhen= und Seitenrichtfeld.

Die Hauptteile der Pak sind:

1. Rohr mit Verschluß und Abzugsvorrichtung,
2. Wiege mit Rohrbremse und Federvorholer,
3. Lafette, bestehend aus Ober= und Unterlafette,
4. Zieleinrichtung,
5. Zubehör.

Der Geschützunterricht.

Das Wesentliche bei der Durchführung des Geschützunterrichts ist, dem
Rekruten nicht etwa die Kenntnis der einzelnen Teile einzutrichtern, sondern
ihm das Verständnis dafür beizubringen, wie die einzelnen Teile zusammen=
wirken. Nur wenn er sich über dieses Zusammenwirken klar ist, weiß der Soldat,
was er zu tun hat, wenn ein Versager auftritt, der Verschluß sich nicht öffnen
läßt usw. Er muß die Ursache einer solchen Hemmung kennen und entweder
selbst oder mit Hilfe von Geschützführer oder Waffenmeister Abhilfe schaffen können.

Nachstehend ist eine Anzahl von praktischen Fragen und Antworten zu=
sammengestellt, die als Anhalt für die Ausbildung in der Pak=Gerätelehre
dienen können:

Praktische Fragen und Antworten aus der Pak=Gerätelehre.

1. Was kann geschehen sein, wenn der Rohrrücklaufmesser nach einem Schuß auf „Feuerpause" steht?

a) Die Bremsflüssigkeit kann ausge=
laufen sein. Stopfbuchse undicht.

b) Eine Vorholfeder kann gebrochen sein.

2. Wie verhält sich die Bedienung, wenn während des Feuerns der Rohrrücklaufmesser auf „Feuer= pause" steht?

Wenn keine Bremsflüssigkeit ausge=
laufen ist, ist auch dann weiterzu=
schießen, wenn Vorholfeder lahm
oder gebrochen. Hierzu nach jedem
Schuß Rohr mittels Hand vorschie=
ben. Bei friedensmäßigem Schießen
sofort, im Kriege nach Erledigung des
Kampfauftrages zum Waffenmeister.

3. Welche Sicherungen gibt es am Geschütz? Wie werden sie betätigt bzw. wie wirken sie?

a) Sicherung gegen Abfeuerung. Wird
betätigt vom Schützen 1 durch Dre=
hen der dreieckigen Handhabe zum
Sichern des geladenen Geschützes.

b) Sicherung gegen Nachbrenner. Wirkt
automatisch und verhindert, daß bei
Versagern (Nachbrennern) der Ver=
schluß ohne weiteres durch den
Schützen 2 geöffnet werden kann.
Die Sicherung wird erst durch Ein=
drücken des Sicherungsstückes am
Verschluß aufgehoben.

c) Sicherung gegen Abziehen, wenn das Rohr mit Bremszylinder nicht gekuppelt ist. Sie wirkt automatisch und kann von der Bedienung nicht beeinflußt werden.

4. Wie ist das Rohr mit der Rohrbremse gekuppelt? Wann darf die Rohrkupplung gelöst werden?

Der Bajonettverschluß am Rohrhalter kuppelt Rohr und Rohrbremse. Zum Reinigen der Gleitfläche der Rohrwiege (auch während des Gefechtes) darf die Bedienung die Rohrkupplung lösen. Nach Wiederaufziehen des Rohres Rohrkupplung fest verschließen, da sonst Schießen unmöglich.

5. Wozu dienen die Zurrungen der Höhen- und Seitenrichtmaschine am Geschütz?

Um das Rohr in der Fahrstellung festzuhalten und die Höhen- und Seitenrichtmaschine beim Fahren des Geschützes gegen stoßweise Beanspruchung zu sichern.

6. Besteht die Möglichkeit, mit dem Geschütz weiterzuschießen, wenn die Handradabfeuerung nicht mehr betätigt werden kann?

Ja, und zwar durch Betätigung des rechtsseitigen Abzugsgriffes.

7. Wer betätigt den rechtsseitigen Abzug?

Der Schütze 2, und zwar auf das Kommando des Schützen 1: „Feuer!"

8. Wie verhalten Sie sich bei einem Versager?

Schlagbolzen spannen, ohne das Sicherungsstück einzudrücken — Abziehen. — Ist mehrmaliges Abziehen erfolglos, 1 Minute warten. — Verschluß öffnen.

9. Es treten wiederholt Versager auf. Was kann die Ursache sein?

Schlagfeder lahm. Schlagbolzenspitze gebrochen. Nachsehen, ob gebrochene Spitze nicht im Rohr liegt.

10. Welche Teile kann die Bedienung selbständig auswechseln?

Sämtliche beweglichen Teile am Verschluß, die im Zubehörkasten am Geschütz und im Ergänzungskasten vorhanden sind.

11. Wie schützen sich die Schützen 1 und 2 gegen den Rohrrücklauf?

Schütze 1 darf mit dem rechten Arm nicht über den Abweiser kommen. Schütze 2 muß stets auf die Verschwenkung des Rohres achten und dementsprechend seinen Platz so verändern, daß eine Verletzung durch den Rohrrücklauf ausgeschlossen ist.

12. Wie verhält sich die Bedienung, wenn sich der Verschluß nicht öffnen läßt?

Nach Eindrücken des Sicherungsstückes zieht ein Schütze am Öffnergriff, während ein anderer mit einem Holzgegenstand (Hammer- oder Spatenstiel usw.) leicht gegen den

13. Was ist geschehen, wenn Hülse nicht richtig ausgeworfen wird?

Verschlußteil schlägt. Läßt sich der Verschluß hierdurch nicht öffnen, keine Gewalt anwenden, sondern Geschütz zum Waffenmeister bringen!

Auswerfer gebrochen, ergänzen! Hülsenreißer: Hülse mit Wischstange ausstoßen.

14. Welche Grundsätze hat der Schütze beim Auf= und Absetzen des Fernrohres, beim Öffnen und Schließen des Verschlusses zu beachten?

Niemals mit Gewalt Schrauben überdrehen, oder mit unerlaubten Werkzeugen (Eisenhammer, Meißel) an der feinen Mechanik dieser Gegenstände herumbasteln! Es ist z. B. verboten, das Auf= und Absetzen des Fernrohres exerziermäßig auszuführen. Alle Griffe weich und vorsichtig durchführen. Ein so behandeltes Geschütz wird im Gefecht immer gute Schußleistungen aufweisen.

15. Welche Persönlichkeit kann außer der eigentlichen Bedienung erheblich zur Unversehrtheit des Geschützes beitragen?

Der **Fahrer** des Geschützfahrzeuges! Fährt er richtig mit offenem Auge durch das Gelände, so wird es nie vorkommen, daß die Spornbleche und Holme verbogen, die Höhen= und Seitenrichtmaschinen nicht mehr zu betätigen sind. Sein Geschütz ist dann nicht nur rechtzeitig, sondern auch **voll verwendungsfähig** in der Feuerstellung.

Die Behandlung und Reinigung der 3,7=cm=Pak.

A. Behandlung.

Das richtige und sachgemäße Arbeiten der einzelnen Teile der 3,7=cm=Pak hängt in der Hauptsache von der richtigen Behandlung sowie der rechtzeitigen und gewissenhaften Reinigung ab.

Werden die Geschütze zum Dienst nicht gebraucht, so sind sie in einem trockenen Raum aufzustellen (nasse oder feuchte Räume begünstigen die Rostbildung). Mündungskappe und Verschlußüberzug sind abgezogen, damit die Luft freien Zutritt hat. Sämtliche blanken Teile sind leicht eingeölt, das Rohr ist waagerecht zu stellen, damit das Öl der Gleitbahn gleichmäßig verteilt bleibt. Der Verschluß bleibt geschlossen, damit die Schließfeder nicht dauernd gespannt ist und dadurch lahm wird.

Die Schraubendruckfeder des Schlagbolzens ist durch einen Druck auf die Handradabfeuerung zu entspannen.

Beim Fahren auf der Straße oder im Gelände ist stets der Marschüberzug anzubringen, da sonst Staub oder Schmutz in den Zahnbogen bzw. in das Ritzel der Höhenrichtmaschine kommen und eine einwandfreie Betätigung der Richtmaschine dadurch ausgeschlossen ist. Es wäre falsch, zur Beseitigung einer derartigen Verschmutzung Gewalt anwenden zu wollen, weil dadurch Teile der Richtmaschine beschädigt würden und die Abhilfe bedeutend erschwert würde. Zur Feststellung der vorhandenen Schäden ist zweckmäßigerweise der zuständige Waffenmeister heranzuziehen.

B. Die Reinigung der 3,7=cm=Pak.

Reinigungsmittel: Spindelöl, Rohrwischer und Lappen, ein Langhaarpinsel, Ölspritzkanne, Staufferfett, Petroleum zum Reinigen und Auflösen von Rost= bildung, Holzstäbchen, Schwämme und Wasser.

Beim Reinigen der Geschütze mit **Wasser** ist das Benutzen eines Schlauches verboten, weil dadurch leicht Wasser zwischen Unter= und Oberlafette, an die Lager und Gleitstellen der Richtmaschine gelangt. Diese sind zum Schutz gegen Eindringen von Schmutz und Staub mit Filzbelag versehen. Der Filzbelag würde sich mit Nässe vollsaugen und diese wochen= und monatelang festhalten. Ein Einfressen von Rost wäre hierdurch nicht zu verhindern. Baldiges Unbrauchbarwerden der Ritzel, Schnecken, Schneckenräder, Zahnräder und Wellen wäre die unausbleibliche Folge.

Reinigungsarten.

Man unterscheidet eine **gewöhnliche Reinigung,** die nach dem Exerzieren und Schießen durchgeführt wird, sowie eine **Hauptreinigung** nach größeren Übungen.

1. Reinigung nach dem Exerzieren und Schießen.

Die Geschütze sind von Staub, Schmutz und Feuchtigkeit zu befreien (wenn nötig durch nassen Schwamm oder Lappen) und das Rohr zu reinigen. Auch das Rohrinnere ist erforderlichenfalls zu reinigen. Die blanken Teile sind zu säubern und mit Spindelöl wieder einzuölen. Der Verschluß ist auseinanderzunehmen, die einzelnen Teile von Staub oder Nässe zu befreien.

Nach dem Schießen

wird das Rohrinnere mit dem Rohrwischer gereinigt. Zweckmäßig ist es, um den Rohrwischer einen leinenen Lappen zu wickeln, der mit Öl getränkt ist, damit die Züge vom Pulverschleim befreit werden. Der Wischer und der verwendete Lappen müssen frei von Staubkörnern sein, damit Schrammen im Rohrinnern vermieden werden. Der Verschluß ist beim Reinigen des Rohres zu öffnen und das Rohr waagerecht zu kurbeln. Die Einführung des Rohrwischers erfolgt von der Mündung aus und den Zügen folgend. Sind feste Rückstände im Rohrinnern, so muß die Pak in die Waffenmeisterei. Die Verschlußteile sind nach dem Schießen aus dem Ver= schlußteil herauszunehmen, auf eine saubere Unterlage zu legen, gut zu reinigen und einzuölen.

Die im Verschlußteil befindlichen Bohrungen sind mit Holzstäbchen, die mit Lappen oder Putzwolle umwickelt sind, zu reinigen.

Auch nach dem Schießen mit dem Einstecklauf Kal. 5,6 mm oder mit dem Schießgerät 35 ist das Rohrinnere zu reinigen.

2. Die Hauptreinigung.

Die Hauptreinigung der 3,7=cm=Pak wird nach der Beendigung der großen Herbstübungen sowie bei Ausführung größerer Instandsetzungen, die ein Zerlegen der Pak erfordern, vorgenommen. Diese Reinigung wird in der Waffenmeisterei unter der Aufsicht des Waffenmeisters durchgeführt. Hierbei werden die Geschütze durch einen ausgebildeten Waffenmeistergehilfen völlig zerlegt, die festgestellten Fehler beseitigt, die Einzelteile gut gereinigt, gründlich eingefettet und dann wieder zusammen= gesetzt. Es ist zweckmäßig, daß die Geschützbedienung bei dieser Hauptreinigung ihres Geschützes dabei ist, weil sie sich bei dieser Gelegenheit am besten über den Zustand ihres Geschützes unterrichten und an Hand der festgestellten Schäden die praktische Nutzanwendung für die Behandlung der 3,7=cm=Pak ziehen kann.

Exerzierdienst.

„Exerzierübungen dienen dem drillmäßigen Einüben der für Auftreten und Führung einer Truppe unentbehrlichen Formen. Sie erziehen zu Ordnung und Strammheit, festigen die Mannszucht und heben, richtig betrieben, das Selbstgefühl der Truppe." (A. V. J. 1, Ziff. 27.)

1. Die Einzelausbildung ohne und mit Gewehr.

Die Einzelausbildung schafft die Voraussetzung für die gesamte übrige Ausbildung. Deshalb sind die Leistungen des Soldaten in diesem Dienstzweig vielfach bestimmend für seine ganze soldatische Laufbahn. Entsprechend dieser Wichtigkeit wird die Einzelausbildung mit größter Genauigkeit und Gründlichkeit durchgeführt.

Einzelausbildung ohne Gewehr.

Grundstellung: „Die gute Haltung des Soldaten ist ein Wertmesser für seine Erziehung und körperliche Durchbildung." (A. V. J. 2 a, Ziff. 1.) Nicht nur er, sondern auch seine Truppe wird oft nach seiner Haltung beurteilt.

1. K o m m a n d o : „**Stillgestanden!**" (Bild 1).

A u s f ü h r u n g : Der Mann steht in der Grundstellung still. Die Füße stehen mit den Hacken nahe aneinander. Die Fußspitzen sind so weit auswärts gestellt, daß die Füße nicht ganz einen rechten Winkel bilden. Das Körpergewicht ruht gleichmäßig auf Hacken und Ballen beider Füße. Die Knie sind leicht durchgedrückt. Der Oberkörper ist aufgerichtet, die Brust leicht vorgewölbt. Die Schultern stehen in gleicher Höhe. Sie sind nicht hochgezogen. Die Arme sind leicht nach unten gestreckt, die Ellenbogen müssen nach vorn gedrückt sein. Die Hände berühren mit Handwurzel und Fingerspitzen die Oberschenkel. Die Finger sind geschlossen. Der Mittelfinger liegt an der Hosennaht, der Daumen längs des Zeigefingers an der Innenseite der Hand. Der Kopf wird hoch getragen, das Kinn ein wenig an den Hals herangezogen. Der Blick ist geradeaus gerichtet. Die Muskeln sind leicht und gleichmäßig angespannt. Krampfhafte Muskelspannung führt zu einer schlechten und gezwungenen Haltung.

Häufige Fehler:	Verbesserung:
1. Fußstellung zu eng oder zu weit.	Beide Füße (r. oder l. Fuß) aus- oder einwärts!
2. Fußspitzen nicht auf gleicher Höhe.	Rechten oder linken Fuß vor!
3. Hacken nicht geschlossen.	Hacken zusammen!
4. Körpergewicht nicht gleichmäßig auf beide Beine verteilt.	Auf das rechte oder linke Bein legen!
5. Einbiegen in den Hüften.	Rechte oder linke Hüfte herein!
6. Im Kreuz liegen oder vornüberfallen.	Vornhereinlegen (oder nicht sehr)!
7. Knie nicht oder krampfhaft durchgedrückt.	Knie durchdrücken (oder nicht krampfhaft)!
8. Brust nicht vorgewölbt.	Brust heraus!
9. Schultern stehen nicht auf gleicher Höhe oder sind hochgezogen.	Rechte oder linke Schulter (beide Schultern) fallenlassen!
10. Arme verkrampft oder angezogen (Henkeltöpfe!).	Arme fallenlassen!
11. Ellenbogen nicht leicht vorgedrückt.	Ellenbogen vor!
12. Mittelfinger nicht an der Hosennaht.	Mittelfinger an die Hosennaht!
13. Schiefe Kopfhaltung.	Rechtes oder linkes Ohr tiefer!
14. Kinn vorgestreckt.	Kinn an die Binde! Genick lang!
15. Augen bewegen sich.	Augen festhalten (gegenüber „Haltepunkt" suchen)!

Bild 1. „Stillgestanden!" Bild 2. „Rührt Euch!"

Richtig! Falsch! Auch im Rühren ist eine
Fußstellung, Oberkörper= gute Haltung zu
Arm= und Kopfhaltung. bewahren.

2. Erfolgt ein Ankündigungskommando, der Ruf eines Vorgesetzten oder das Kommando „Achtung!", ohne daß „Stillgestanden" vorausgegangen ist, so steht der Mann von selbst still.

Häufige Fehler:	Verbesserung:
1. Falsche oder nachlässige Grundstellung.	Richtige Grundstellung einnehmen!
2. Nachrühren.	Stillstehen!
3. Falsche Front zum Vorgesetzten.	Richtige Front einnehmen!
4. Bei „Achtung!" den Vorgesetzten nicht ansehen.	Augen (Nase) hierher!

Ankündigungskommandos werden lang, Ausführungskommandos kurz gesprochen.

3. Kommando: „Rührt Euch!" (Bild 2).

Ausführung: Der linke Fuß wird vorgesetzt. Der Mann darf sich rühren, aber nicht ohne Erlaubnis sprechen.

Häufige Fehler:	Verbesserung:
1. Fuß zur Seite, anstatt nach vorn, oder zu weit vorgesetzt.	Fuß vor linke Schulter!
2. Sofort Brust einfallen lassen oder in sich zusammensinken.	Brust heraus! Aufrichten!
3. Sofort ins Gesicht oder ans Koppel fassen.	Hände herunter!
4. Umhersehen, unerlaubt reden oder Nachbar anstoßen.	Nase hierher! Mund halten!
5. Sich nicht sofort ausrichten.	Ausrichten!

4. Man unterscheidet drei Arten von Marsch (es wird mit dem linken Fuß angetreten).

a) Kommando: „Ohne Tritt — Marsch!"

Ausführung: Für Schrittweite und Zeitmaß ist das Gelände und der Körperbau des einzelnen Mannes bestimmend. Aufrechte Haltung und gehobene Kopfhaltung sind zu bewahren.

b) Kommando: „Im Gleichschritt — Marsch!"

Ausführung: Schrittweite beträgt etwa 80 cm. Das Zeitmaß des Marsches beträgt 114 Schritte in der Minute. Aufrechte Körperhaltung und gehobene Kopfhaltung werden gefordert.

Die Arme werden natürlich bewegt; sie pendeln aus dem Oberarmgelenk, und zwar nach vorn bis etwa in Höhe des Koppelschlosses, nach hinten über den Oberschenkel hinaus (Arme durchschlagen!). Die Hände sind leicht gestreckt.

c) Kommando: „Abteilung — Marsch!"

Der Exerziermarsch (Bild 3) hebt die Mannszucht und fördert den Zusammenhalt der Truppe. Er wird auf kurze Strecken, im Wachdienst, zum Erweisen von Ehrenbezeigungen durch Abteilungen und bei Paraden angewendet.

Ausführung: Das linke Bein wird leicht gekrümmt und mit gestreckter, etwas auswärts zeigender Fußspitze nach vorn geführt. Der Unterschenkel schnellt

Bild 3. Exerziermarsch.

Richtig!   Falsch!
Fuß-, Bein-, Oberkörper-
und Kopfhaltung.

leicht vor, ohne daß das Knie gehoben wird. Das durchgedrückte Bein wird in einer Entfernung von etwa 80 cm aufgesetzt. Das rechte Bein macht hierauf die gleiche Bewegung wie das linke. Das Zeitmaß des Exerziermarsches beträgt 114 Schritte in der Minute. Es ist fehlerhaft, das vorzusetzende Bein höher zu heben, als zur Erreichung der Schrittlänge nötig ist, oder es mit übertriebener Gewalt niederzusetzen. Straffe Körperhaltung und gehobene Kopfhaltung werden gefordert.

Häufige Fehler:
1. Marschbein nicht genügend hoch.
2. Marschbein zu hoch (Kniemarsch).
3. Fußspitze ungenügend gestreckt.
4. Stehenbleibendes Bein knickt beim Vorschnellen des Unterschenkels ein.
5. Schrittlänge und Tempo nicht gleichmäßig.
6. Haltung des Oberkörpers läßt nach oder Oberkörper verkrampft sich.
7. Oberkörper geht nicht mit dem Bein nach vorn (der Mann liegt im Kreuz).
8. Mund wird geöffnet, Kinn vorgestreckt.
9. Armbewegung ist unnatürlich.

Verbesserung:
Bein (Unterschenkel) heraus! Längeren Schritt!
Bein zu hoch! Nicht zurückschlagen!
Fußspitze abwärts!
Standbein durchdrücken!

Gleich lange Schritte!
Oberkörperhaltung! Oberkörper loslassen!

Vornhereinlegen!

Mund zu! Kinn an die Binde (Genick lang)!
Arme los- oder hängenlassen!

Zum Übergang aus dem Marsch „Ohne Tritt" oder dem „Exerziermarsch" in den „Gleichschritt" wird **„Im Gleichschritt"** kommandiert.

Der Exerziermarsch wird auf **„Achtung"** aufgenommen.

Zum Übergang aus dem Exerziermarsch oder dem Gleichschritt in den Marsch „Ohne Tritt" wird **„Ohne Tritt"** kommandiert.

Beim Marsch mit „Gewehr über" bleibt der linke Ellenbogen angelehnt. Der rechte Arm bewegt sich ungezwungen im Schultergelenk. Die Finger sind leicht gekrümmt.

Ist das Gewehr über die rechte Schulter gehängt, so wird beim Marsch „Ohne Tritt" und „Im Gleichschritt" der linke Arm ungezwungen bewegt. Beim Exerziermarsch wird er stillgehalten.

Beim Marsch „Ohne Tritt" wie „Im Gleichschritt" werden beide Arme bewegt, wenn der Mann ohne Gewehr, mit „Gewehr um den Hals" oder „Gewehr auf dem Rücken" marschiert.

Beim Exerziermarsch ohne Gewehr und bei „Gewehr auf dem Rücken" werden beide Arme stillgehalten (mit Ausnahme, wenn die übrige Abteilung mit „Gewehr über" marschiert).

5. Kommando: **„Abteilung — Halt!"**

Ausführung: Der Mann macht auf „Halt" noch einen Schritt und zieht den hinteren Fuß heran. Im Exerziermarsch und Gleichschritt erfolgt das Ausführungskommando beim Niedersetzen des rechten Fußes.

Häufige Fehler:	Verbesserung:
1. Schlappes Heranziehen des hinteren Fußes.	Kürzer halten!
2. Schlechtes Stillstehen nach dem Halten.	Stillstehen!

6. Kommando: **„Marsch! Marsch!"**

Ausführung: Der Mann läuft so schnell, wie er kann, und hält ohne weiteres Kommando oder geht zum Schritt über, wenn das befohlene Ziel erreicht ist. War ein Ziel nicht bezeichnet, so wird: „Abteilung — Halt!" oder „Im Schritt" befohlen. In diesem Fall ist der Marsch ohne Tritt aufzunehmen und die Ordnung sofort wieder herzustellen.

7. Kommando: **„Links (rechts) — um!"**

Ausführung: Der rechte Fußballen drückt sich, während der rechte Hacken etwas angehoben wird, vom Boden ab und gibt dem Körper den Anstoß zur Wendung um 90° (sprich: neunzig Grad).

Der linke Hacken, auf dem die Schwere des Körpers ruht, dreht sich auf der Stelle, wobei die linke Fußspitze etwas angehoben wird. Der rechte Fuß verläßt den Boden und wird nach vollbrachter Wendung herangezogen. Hüften und Schultern werden gleichzeitig mit in die neue Richtung genommen.

8. Kommando: **„Ganze Abteilung — Kehrt!"**

Ausführung: Die Wendung geschieht durch eine Drehung um 180° nach links. Die Ausführung erfolgt nach Nr. 7.

9. Kommando: **„Rechts (links) — um!"** in der Bewegung.

Ausführung: Das Ausführungskommando erfolgt beim Marsch im Gleichschritt mit dem Niedersetzen des linken (rechten) Fußes.

Der Mann macht unter gleichzeitigem Mitnehmen der Hüften und Schultern die Wendung auf dem rechten (linken) Fußballen. Das linke (rechte) Bein wird, ohne den Schritt zu verkürzen, in der neuen Richtung vorgesetzt. Der Mann geht in der neuen Richtung weiter.

Einzelausbildung mit Gewehr.

10. Stellung mit „Gewehr ab" (Bild 9, Seite 184).

Ausführung: Das Gewehr steht senkrecht, Abzugsbügel nach vorn, der Kolben dicht am rechten Fuß, die Kolbenspitze mit der Fußspitze auf gleicher Höhe. Die rechte Hand umfaßt das Gewehr, Daumen hinter dem Lauf oder dem Hand= schutz (je nach der Größe des Mannes). Die anderen Finger liegen geschlossen und leicht gekrümmt auf dem Gewehr. Beide Ellenbogen befinden sich in gleicher Höhe.

Häufige Fehler:	Verbesserung:
1. Mündung „aus der Schulter".	Mündung in die Schulter!
2. Die vier Finger nicht geschlossen auf dem Gewehr (sie haben auch im Rühren auf dem Gewehr zu bleiben).	Die vier Finger aufs Gewehr!
3. Kolben steht nicht am Fuß.	Kolben ran!
4. Kolben schneidet nicht mit Fußspitze ab.	Kolben an Fußspitze!
5. Gewehr verdreht.	Abzugsbügel aus= oder einwärts!

11. Kommando: „Hinlegen!" (Bild 4).

Ausführung: Der Mann setzt zunächst den linken Fuß etwa einen Schritt vor und läßt sich auf das rechte Knie nieder. Er ergreift gleichzeitig das Gewehr mit der linken Hand im Schwerpunkt, Mündung etwas angehoben, beugt den Ober= körper nach vorn und legt sich nach vorwärts flach auf den Boden. Hierbei dient zunächst das linke Knie, dann die rechte Hand und zuletzt der linke Ellenbogen als Stützpunkt des Körpers. Alle Bewegungen fließen rasch ineinander über. **(Merken!** Rechtes Knie, linkes Knie, rechte Hand, linker Ellenbogen.) Das Gewehr wird zwischen Ober= und Unterring auf den linken Unterarm gelegt. Der Lauf ist nach links aufwärts gedreht. Mündung und Schloßteile dürfen keinesfalls die Erde be= rühren. Der Kopf ist angehoben, der Blick nach vorn gerichtet. Der Mann rührt sich.

Bild 4. „Hinlegen!"

Häufige Fehler:
1. Gewehr nicht oder nicht im Schwerpunkt an linke Hand abgegeben.
2. Reihenfolge rechtes Knie, linkes Knie usw. wird nicht eingehalten, und der Mann legt sich dadurch nicht nach vorn hin.
3. Gewehr liegt verdreht auf linkem Unterarm und Kolben zu weit vom Körper weg.
4. Kopf nicht angehoben, Blick zur Erde anstatt nach vorn.

12. Kommando: „Auf!" (Bild 5).

Ausführung: Der Mann legt das Gewehr mit dem Schwerpunkt in die linke Hand, Mündung etwas angehoben, stützt sich auf die rechte Hand und zieht zugleich das rechte Bein möglichst nahe an den Leib heran, ohne dabei den Ober=

körper vom Boden zu erheben. Dann drückt er sich mit der rechten Hand vom Boden ab und schnellt in die Höhe, wobei er den linken Fuß vorsetzt und den rechten heranzieht. Gleichzeitig erfaßt die rechte Hand das Gewehr und stellt es neben die rechte Fußspitze. Der Mann rührt sich.

Richtig!   Bild 5. „Auf!"   Falsch!

Häufige Fehler:

1. Siehe Bild.
2. Mündung wird in die Erde gestoßen.

3. Linker Fuß wird nicht vorgesetzt.
4. Schütze steht nach hinten auf.

13. Kommando: „Laden und Sichern!"

Ausführung: Es geschieht im Rühren. Der Schütze beobachtet die einzelnen Tätigkeiten, die schnell, zwanglos und ohne Übereilung erfolgen. Liegend wird im allgemeinen nur in der geöffneten Ordnung geladen.

Der stehende Mann bringt das Gewehr in die linke Hand schräg vor die Brust, Mündung hochlinks, linker Ellenbogen fest in die Hüfte gestützt. Daumen und Zeigefinger der rechten Hand erfassen den Kammerknopf, zweites Glied des Daumens über dem Stengel, drehen die Kammer nach links und öffnen sie in einem Zuge (ohne übertriebene Heftigkeit!).

Die rechte Hand öffnet die Patronentasche und entnimmt ihr einen gefüllten Ladestreifen. Dieser wird in den Ausschnitt der Hülsenbrücke eingesetzt und dabei etwas nach hinten geneigt. Die vier Finger der rechten Hand fassen geschlossen unter den Kastenboden, während der Daumen mit kurzem Ruck, dicht am Ladestreifen entlang, die Patronen vollständig in den Kasten drückt. Der Daumen fährt dann auf der obersten Patrone bis zur Geschoßspitze entlang. Auch beim Laden einzelner Patronen werden diese zunächst ganz in den Kasten gedrückt.

Die rechte Hand ergreift den Kammerknopf wie beim Öffnen, schiebt das Schloß gegen den Lauf vor und dreht die Kammer in einem Zuge nach rechts. Beim Vorführen erfaßt das Schloß die oberste Patrone und schiebt sie in den Lauf. Der Ladestreifen fällt ab. Das Gewehr wird gesichert, indem der Daumen und Zeigefinger der rechten Hand den Sicherungsflügel rechtsherum legen. Danach wird das Gewehr in die frühere Lage gebracht und die Patronentasche geschlossen.

Häufige Fehler:

1. Kammer wird nicht in einem Zuge geöffnet.
2. Der Daumen drückt nicht dicht am Ladestreifen entlang oder fährt nicht bis zur Geschoßspitze auf der obersten Patrone entlang.
3. Sicherungsflügel wird ruckartig anstatt gleichmäßig herumgelegt.
4. Patronentasche bleibt offen.
5. Ladestreifen wird ohne Befehl weggenommen oder aufgehoben.
6. Schütze wird bei Ladehemmungen nervös, anstatt Ursache sachgemäß zu suchen und zu beheben, u. U. durch Einzelladen.
7. Ladestreifen der Exerzierpatronen haben schlappe Federn (sind ab und zu auszuwechseln, besonders vor Besichtigungen).

14. In der Bewegung wird in der gleichen Weise geladen und gesichert.

15. Kommando: „Entladen!" (Bild 6).

Ausführung: Der Schütze bringt das Gewehr in die Lage wie beim Laden, jedoch erfaßt die linke Hand das Gewehr so, daß der Daumen links, die übrigen vier Finger rechts neben der Patroneneinlage liegen. Das Gewehr wird entsichert, indem Daumen und Zeigefinger der rechten Hand den Sicherungs= flügel links herumlegen. Dann wird das Schloß entriegelt und zurückgezogen. Die Patronentasche wird geöffnet. Die Patronen werden mit der rechten Hand einzeln aus der Patroneneinlage genommen und einzeln in die Patronentasche gesteckt. Zum Entladen wird die Kammer jedesmal langsam vor= und vollständig zurückgeführt (ohne Rechtsdrehung).

Zum Entspannen des Schlosses drücken die Finger= spitzen der linken Hand den Zu= bringer in den Kasten. Die rechte Hand führt die Kammer über den Zubringer und nach Wegnahme der Finger der linken Hand weiter nach vorn. Die linke Hand legt sich nun mit den vier Fingern auf die Kammer und verhindert da= durch ihr Zurückgleiten. Die rechte Hand erfaßt das Gewehr am Kol= benhals und zieht den Abzug zu= rück. Der Daumen verhindert da= bei ein Zurückgleiten des Schlosses. Die freiwerdende linke Hand ver= schließt den Verschluß durch Rechts= drehen der Kammer (Bild 7).

Bild 6. **Entladen.**　　　　　　Bild 7. **Entspannen.**

Das Gewehr wird in die Stellung „Gewehr ab!" gebracht. Die Patronentasche wird geschlossen.

16. Griffe: Bei den Griffen bewegen sich nur die Arme. Der übrige Körper bleibt in aufrechter und fester Haltung. Die einzelnen Bewegungen der Griffe werden kurz und straff ausgeführt. Sie folgen ohne Übereilung. Das Gewehr darf nicht mit beiden Händen gleichzeitig aufgefangen und der Kolben aufgestoßen werden.

Griffe mit langgemachtem Gewehrriemen.
(Werden nur mit Karabiner 98 k und 98 b ausgeführt.)

17. Kommando: „Das Gewehr — über!" (Bild 8).

Ausführung: Die rechte Hand bringt das Gewehr senkrecht vor die Mitte des Leibes, Lauf nach rechts, Unterring etwa in Kragenhöhe. Die linke Hand greift dicht unter die rechte Hand. Die rechte Hand umfaßt den Riemen mit dem Daumen nach unten und zieht ihn straff zur Brust. Dann wirft die linke Hand das Gewehr auf die rechte Schulter. Das Gewehr hängt senkrecht. Die rechte Faust steht in Brust= höhe, Daumen ausgestreckt, hinter dem Riemen. Der rechte Oberarm drückt das Gewehr an den Körper. Der linke Arm geht ohne Pause in die Lage der Grund= stellung.

18. Kommando: „Gewehr — ab!"

Ausführung: Die rechte Hand schwingt das Gewehr vor die Mitte des Körpers, die linke Hand fängt es auf, Unterring etwa in Kragenhöhe. Die rechte Hand läßt den Riemen los und ergreift das Gewehr über der linken Hand. Die rechte Hand bringt es senkrecht um den Leib herum — leicht nach außen drehend — in die Stellung „Gewehr — ab!" Gleichzeitig geht der linke Arm schnell in die Grundstellung.

Tempo 1.   Tempo 2.   Tempo 3.

Bild 8. „Das Gewehr — über!"

19. Kommando: „Achtung! Präsentiert das — Gewehr!" (Bild 9).

Ausführung: Sie erfolgt aus der Stellung nach Nr. 17.

Die rechte Hand schwingt das Gewehr vor die Mitte des Körpers, die linke Hand fängt es auf, Unterring etwa in Kragenhöhe. Die linke Hand dreht den Lauf dem Körper zu und zieht das Gewehr — ohne Pause — so vor die linke Körperhälfte, daß der Hülsenkopf auf der rechten Ecke der linken Patronentasche liegt. Die rechte Hand umfaßt gleichzeitig den Kolbenhals. Der Daumen ist dem Leibe zugekehrt. Die vier Finger der rechten Hand liegen ausgestreckt dicht unter dem Abzugsbügel auf dem Kolbenhals, der Daumen unter dem Schlößchen.

Grundstellung.   Tempo 1.   Tempo 2.

Bild 9. „Präsentiert das — Gewehr!"

Auf das Kommando: „**Augen — rechts!**" („**Die Augen — links!**") wird der Vorgesetzte angesehen. Der einzelne Mann folgt ihm beim Abschreiten der Front mit den Augen unter Drehen des Kopfes bis zum zweiten Mann (zwei Schritt) und nimmt selbständig den Kopf geradeaus.

Wird die Front nicht abgeschritten, beendet „**Augen gerade — aus!**" die Ehrenbezeigung.

„**Das Gewehr — über!**" Die linke Hand bringt das Gewehr senkrecht vor die Mitte des Leibes, Lauf nach rechts, Unterring etwa in Kragenhöhe. Die rechte Hand umfaßt gleichzeitig den Riemen und nimmt das Gewehr nach Nr. 17 über.

20. Ist der Gewehrriemen langgemacht, so kann das Gewehr über die rechte Schulter, auf den Rücken oder um den Hals gehängt getragen werden. Die Ausführung erfolgt stets im Rühren. Auf das Kommando:: „**Gewehr umhängen!**" wird das Gewehr über die rechte Schulter gehängt. Handhabung und Gewehrlage richten sich nach Nr. 17. Bei „**Gewehr auf den Rücken!**" zeigt der Kolben nach rechts unten, zu Pferde, auf dem Fahrrad oder Kraftrad nach links unten. Bei „**Gewehr um den Hals!**" hängt es so vor dem Körper, daß der Kolben nach links unten, der Lauf nach rechts zeigt.

21. Auf das Kommando „**Gewehr abnehmen!**" wird das Gewehr abgenommen.

22. Kommando: „**Seitengewehr pflanzt auf!**"

Ausführung: Die Ausführung erfolgt im Rühren. Steht der Mann mit Gewehr ab, so stellt er das Gewehr vor die Mitte des Leibes, Lauf zum Körper. Die linke Hand, Handrücken dem Körper zugelehrt, zieht das Seitengewehr aus der Scheide und pflanzt es auf, wobei es so weit nach unten gedrückt wird, bis der Haltestift hörbar in die Rast des Seitengewehrhalters einspringt.

In der Bewegung und im Liegen pflanzt der Mann das Seitengewehr auf, wie es ihm am bequemsten ist.

23. Kommando: „**Seitengewehr an Ort!**"

Ausführung: Die Ausführung erfolgt im Rühren. Das Gewehr wird im Stehen zunächst vor die Mitte des Leibes gebracht, Lauf zum Körper. Die rechte Hand löst durch Druck auf den Federknopf das Seitengewehr. Die linke hebt es gleichzeitig und steckt es in die Scheide.

24. Stellen des Visiers. Kommando: „**Visier 300!**"

Ausführung: Die linke Hand unterstützt das Gewehr im Schwerpunkt, dreht es nach rechts und hält es dem Gesicht zu. Der linke Daumen oder die rechte Hand stellen den Visierschieber auf die befohlene Marke. Dann bringt der Mann das Gewehr in die bisherige Lage.

2. Ausbildung in der Gruppe.

(A. V. I., 2 a, B.)

1. Die Formen der geschlossenen Ordnung:

a) Kommando: „**In Linie zu einem Gliede — angetreten!**"

Ausführung: Nach „Angetreten!" wird nach kurzem Ausrichten stillgestanden. Die Nebenleute berühren sich leicht mit den Ellenbogen. Wenn nicht anders befohlen, sind Richtung und Fühlung nach rechts. Die Richtung ist gut, wenn der Mann bei tadelloser eigener Stellung in der Frontlinie durch Wendung des Kopfes nach dem Richtungsflügel mit dem rechten (linken) Auge nur seinen Nebenmann, mit dem anderen Auge die ganze Linie schimmern sieht.

b) Kommando: „**In Reihe — angetreten!**"

Ausführung: Nach „Angetreten!" wird nach kurzem Ausrichten stillgestanden. Der Mann, auf den angetreten wird, nimmt die befohlene Front ein und die Abteilung stellt sich hinter ihm mit Abstand von Mann zu Mann = 80 cm auf. Als Anhalt gilt, wenn bei vorgestrecktem Arm der hintere eben das Gepäck des Vordermannes berührt.

c) Kommando: „**In Marschordnung — angetreten!**"

Ausführung: Auf „Angetreten!" und „Stillgestanden!" Die Glieder stellen sich nach Ziffer a), die Reihen nach Ziffer b) auf.

2. In besonderen Fällen, z. B. Antreten auf engem Flur, kann die Linie zu zwei Gliedern oder die Doppelreihe gebildet werden.

3. Kommando: „**Rührt Euch!**"

Ausführung: Der Mann rührt nach Seite 178, Ziffer 3, Fühlung, Vordermann, Richtung, Stellung des Gewehrs und des Geräts sind sofort zu verbessern.

4. Kommando: **„Richt Euch!"** oder „Nach links — Richt Euch!"

Ausführung: Der Mann richtet sich nach Ziffer 1 a) aus. Das Kommando: **„Augen gerade — aus!"** beendet das Richten.

5. Das **Hinlegen** erfolgt nur in der „Linie zu einem Gliede" und in der „Reihe".

Ausführung: Der Schütze legt sich in der „Linie" hin nach Seite 181, Ziffer 11. In der „Reihe" legt sich der Schütze nach schräg rechts, daß der Oberkörper neben den Beinen des Vordermannes liegt.

6. Auf das Kommando **„Setzt die — Gewehre!"** machen die ungeraden Rotten links-, die geraden rechtsum. Jeder Mann setzt sein Gewehr mit der rechten Hand (beim Karabiner 98 k) an die Mitte der inneren Seite des inneren Fußes (beim Gewehr 98 und Karabiner 98 b an den Absatz des äußeren Fußes), Lauf nach rechts. Auf **„Zusammen!"** legen zuerst die beiden Leute des gleichen Gliedes und danach die beiden Rotten ihre Gewehre mit den Stöcken zusammen und wenden sich wieder nach vorn. Das vordere Glied stellt sich dicht vorwärts, das hintere dicht rückwärts der Gewehre auf. Die Gruppe rührt sich.

7. **„An die Gewehre!"** Die Gruppe tritt lautlos, das vordere Glied vor, das hintere Glied hinter die Gewehre und rührt sich.

„Gewehr in die — (die ungeraden Rotten machen links-, die geraden rechtsum) **Hand!"** Die Leute ergreifen mit der rechten Hand ihre Gewehre, heben sie ohne gewaltsames Ziehen auseinander, machen die Wendung nach vorn und rühren sich.

8. Aufmärsche und Abbrechen erfolgen ohne Tritt oder im Laufen. Nach Durchführung der Formveränderung wird ohne Tritt weitermarschiert.

Form-ver-änderung	Kommando	Ausführung	Form-ver-änderung	Kommando	Ausführung
Aus dem Halten:			**In der Bewegung:**		
Aus der Linie zu einem Gliede in die Reihe.	**„Reihe rechts (links), ohne Tritt — Marsch!"** oder **„Rechts (links) — um! Ohne Tritt — Marsch!"**	Der rechte bzw. linke Flügelmann tritt geradeaus an, die anderen machen rechts- (links-) um und setzen sich dahinter.	Aus der Linie zu einem Gliede in die Reihe.	**„Reihe — rechts" („Die Reihe — links")**	Der rechte bzw. linke Flügelmann geht geradeaus weiter.
Aus der Linie zu einem Gliede in die Marsch-ordnung.	**„Marsch-ordnung rechts (links), ohne Tritt — Marsch!"**	Die ersten 3 Schützen des rechten (linken) Flügels treten geradeaus an. Die übrigen Schützen brechen zu dreien ab und setzen sich dahinter.	Aus der Reihe oder Marsch-ordnung in die Linie zu einem Gliede.	**„In Linie zu einem Gliede links (rechts) marschiert auf — Marsch! (Marsch! Marsch!)"**	Das vorderste Glied geht geradeaus weiter, die übrigen Schützen marschieren links (rechts) auf.

3. Die Ausbildung am Panzerabwehrgeschütz.

Allgemeines.

Die exerziermäßige Ausbildung an der Panzerabwehrkanone, abgekürzt Pak, ist die Grundlage und die unentbehrliche Voraussetzung für den Gefechtsdienst in der Panzerabwehr-Kompanie.

Durch drillmäßige Exerzierausbildung in allen Lagen, auch mit Gasmaske und bei Dunkelheit, muß die sichere Beherrschung aller Tätigkeiten sowie das vollendete Zusammenarbeiten der Geschützbedienung erreicht werden. Der schnell verlaufende Kampf gegen feindliche Panzer erfordert von der Bedienung schnelle Feuerbereitschaft und schnelles Schießen. Alle hierzu erforderlichen Griffe und Bewegungen müssen im Exerzierdienst erlernt werden.

Die Geschützbedienung

besteht aus dem Geschützführer und den Schützen 1 bis 4.

Der **Geschützführer** ist für sein Geschütz verantwortlich. Er befiehlt und überwacht alle exerzier= und gefechtsmäßigen Vorgänge am Geschütz. Der Pflege von Waffen, Gerät und Fahrzeug widmet er sein besonderes Augenmerk.

Schütze 1 ist Richtschütze und Stellvertreter des Geschützführers. Kaltblütigkeit und ein scharfes Auge müssen ihn auszeichnen.

Schütze 2 ist Ladeschütze. Er muß den Richtschützen wirksam unterstützen und bei Ausfall ersetzen.

Schützen 3 und 4 sind Munitionsschützen; sie müssen die Munition heranschaffen bzw. dem Ladeschützen zureichen.

Beim Exerzieren ist möglichst oft zu wechseln, so daß s ä m t l i c h e Schützen alle Tätigkeiten bei der Bedienung, bei der Beseitigung von Hemmungen und beim Auswechseln von Teilen des Geschützes sicher ausführen können.

Ausrüstung.

Geschützführer: Gewehr, Doppelfernrohr, Taschenleuchtkompaß, Signalpfeife, Stichsäge.
Schütze 1: Pistole, Ziehgurt, Klapphacke.
Schütze 2: Pistole, Ziehgurt, kurzer Spaten.
Schütze 3: Gewehr, kurzer Spaten.
Schütze 4: Gewehr, kurzer Spaten.

A. Geschützexerzieren ohne Fahrzeug.

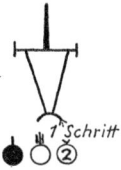

Auf das Kommando: **„Hinter dem Geschütz an=treten!"** treten die Schützen hinter dem mit geschlossenen Holmen aufgestellten Geschütz an und rühren (Bild 1).

a) Fertigmachen zum Schießen.

Auf das Kommando: **Allgemeine Richtung — Stellung!"** wird das Geschütz feuerbereit gemacht.

Die Schützen 1 und 2 erfassen die Holme und schwenken das Geschütz in die Richtung, in die der Geschützführer mit ausgestreckten Armen zeigt. Die Munitionsschützen ergreifen ihre Patronenkästen und eilen hinter das Geschütz (Bild 2).

Bild 1.

Bild 2.

Tätigkeiten der Schützen 1 bis 4 auf das Kommando:
„Allgemeine Richtung — Stellung":

	Schütze 1	Schütze 2	Schütze 3	Schütze 4
Zeit 1	rechte Hand Holm entzurren	rechte Hand Holm entzurren rechte Hand Seitenrichtma= schine entzurren Zurren der Schwingschenkel	legen Patronenkästen (bzw. Mun.=Körbe) hinter die Holme rechte Hand Kupplung am Sporn lösen	
Zeit 2	linke Hand Holm zurren	rechte Hand Holm zurren	Spreizen der Holme	

	Schütze 1	Schütze 2	Schütze 3	Schütze 4
Zeit 3		linke Hand Unterschild entriegeln und herunterklappen	packt Munition aus	nimmt Mündungskappe ab und hängt sie auf rechte bewegliche Schildstütze des Stirnschildes
Zeit 4	rechte Hand Höhenzurrung lösen linke Hand Rohr in die Waagerechte kurbeln	Verschlußüberzug und Schutzkasten ab, hinter sich auf rechten Holm hängen		
Zeit 5	linke Hand Klemmschraube lösen rechte Hand Schutzschieber abziehen Zielfernrohr entnehmen und mit beiden Händen aufsetzen Durchblick öffnen	exerziermäßiges Üben verboten!		
	Schild als Deckung ausnutzen!			
Zeit 6	Augen 30—35 cm vom Zielfernrohr ab Richten	ladet schließt Zielfernrohrbehälter	reicht Munition zu	

b) Verhalten der Geschützbedienung beim Schießen.

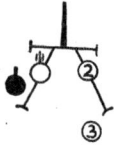

Die Bedienung kniet oder liegt nach Bild 3.

Der Schütze 1 kann auf der linken Seite des Geschützes über dem Holm knien oder auf ihm sitzen. Er hat darauf zu achten, daß sein rechter Arm und sein rechtes Knie außerhalb des Abweisers bleiben (Rohrrücklauf!). Das Auge bleibt im Anfang etwa 30 cm vom Fernrohreinblick ab, bis das Geschütz nach den ersten Schüssen fest im Boden sitzt.

Schütze 2 kniet am oder über dem rechten Holm. Zum Laden öffnet er mit der rechten Hand den Verschluß. Die nach hinten gestreckte linke Hand erfaßt die vom Schützen 3 am Kopf dargereichte Patrone am Patronenboden und befördert diese nach vorsichtigem Ansetzen mit Schwung in das Rohr. Nach dem Laden greift die linke Hand wieder nach hinten, um die nächste Patrone zu ergreifen (siehe Bild!).

Bild 3.

Die Schützen 3 und 4 knien oder liegen hinter dem Geschütz unter Ausnutzung des Geländes. Ist zum Ausheben der Spornlager keine Zeit oder ist dies wegen des festen Bodens nicht möglich, so legen sich die Schützen 3 und 4, Füße nach innen, mit dem Oberkörper auf die Holmenenden, um den Rückstoß beim Schuß abzufangen.

Exerzierdienst auf dem Gefechtsfeld.

So reicht der Schütze 3 dem Schützen 2 im Feuerkampf die Patronen handgerecht zu.

Den Munitionsverbrauch meldet Schütze 3 unaufgefordert dem Geschützführer, z. B.: „Erster (zwoter) Behälter verschossen!"

c) Laden und Entladen.

Zum ersten Laden drückt der Schütze 2 mit dem rechten Daumen das Sicherungsstück in den Verschlußteil und öffnet mit der rechten Hand den Verschluß. Die linke Hand schiebt die Patrone vorsichtig in den Laderaum bis an den hinteren Rand des konischen Übergangs der Patronenhülse und setzt sie dann erst mit Schwung an. Die linke Hand geht sofort nach links rückwärts und empfängt die nächste Patrone von dem Schützen 3 (Vorsicht beim Rohrrücklauf!).

Nach dem Schuß öffnet Schütze 2 den Verschluß mit der rechten Hand, wodurch die beschossene Hülse aus dem Rohr entfernt wird. Bei Exerzierpatronen und Manöverkartuschen sowie Schießgerät 35 und Kleinkalibergerät muß vor dem Öffnen des Verschlusses das Sicherungsstück in den Verschlußteil eingedrückt werden.

Bei Versagern, wenn also die Patrone nicht abgeschossen ist, drückt Schütze 2 mit dem rechten Daumen das Sicherungsstück in den Verschlußteil, öffnet den Verschluß vorsichtig mit der rechten Hand, fängt mit der linken die Patrone auf und reicht sie dem Schützen 3 handgerecht zu.

Wenn das Rohr nicht geladen ist, wird der Verschluß in der Weise geschlossen, daß Schütze 2 mit der linken Hand den Auswerfer an seiner gerauhten Fläche zurückdrückt und den Öffnergriff mit der rechten Hand so lange nach rechts hinten bewegt, bis sich der Verschluß unter Einwirkung des Schließers schließt. Der Öffnergriff ist dabei festzuhalten, um Handverletzungen zu vermeiden.

d) Sichern und Entsichern.

Das Sichern des geladenen Geschützes erfolgt in der Weise, daß Schütze 1 die Spitze der dreieckigen Handhabe der Sicherungswelle mit der linken Hand auf „Sicher" stellt.

Zum Entsichern wird die Spitze der Handhabe auf „Feuer" gedreht, wobei die rechte Hand den Abzugsgriff an das Rohr drückt.

Das Sichern wird vom Geschützführer befohlen, das Entsichern führt der Schütze 1 vor Beginn des Schießens selbständig aus.

e) Spannen bei Versagern.

Bei Versagern wird die Abzugsvorrichtung in der Weise gespannt, daß der Schütze 2 mit der rechten Hand den Abzugsgriff an das Rohr drückt, das Sicherungsstück jedoch nicht eindrückt und mit der rechten Hand den Öffnergriff so weit nach rechts hinten bewegt, bis der erste Widerstand auftritt. In diesem Moment läßt er den Öffnergriff zurückschnellen. Dabei nicht hinter dem Rohr stehen! Einige Male abziehen. Ist dies erfolglos, 1 Minute warten. Erst dann Verschluß öffnen und Patrone aus dem Rohr entfernen.

f) Gefechtsexerzieren in der Feuerstellung.
Die Feuerbereitschaft.

Meist wird das Geschütz in einer Feuerstellung feuerbereit einen Panzerangriff erwarten müssen. Niemals aber darf das Geschütz vor der Feuereröffnung vom Feinde zu sehen sein, daher muß es bis zur Feuereröffnung **in Deckung** dicht hinter der Feuerstellung — Rohr zum Feinde — feuerbereit und gesichert stehen (siehe Bild).

Hierzu befiehlt der Geschützführer: „**Feuerbereitschaft**" „**Allgemeine Richtung!**" Die Bedienung macht darauf das Geschütz **in Deckung** bis auf das Spreizen und Zurren der Holme zum Schießen fertig. Um beim folgenden Instellunggehen keinen Sand usw. in das Rohr gelangen zu lassen, muß letzteres hochgekurbelt werden.

Feuerbereitschaft in einer Deckung.

Deutlich ist zu sehen, daß nur der Geschützführer den Feind beobachtet und das Geschütz gedeckt gegen Feindsicht zwei bis drei Meter dahinter in einer Mulde steht. Die Bedienung liegt, durch die Bodenbewachsung getarnt, dicht am Geschütz. Wenn möglich, ist das Geschütz durch Zeltbahnen gegen Fliegersicht zu tarnen.

Instellunggehen.

Auf das Kommando des Geschützführers: „**Stellung!**" wird das Geschütz in die vorbereitete Stellung geschoben bzw. gezogen. Hier soll das Geschütz so stehen, daß es gerade noch mit dem Rohr über die Deckung schießen kann, damit der Feind auch während des Feuerkampfes vom Geschütz so wenig wie möglich sieht.

Tätigkeiten der Schützen:

Schützen 1 und 2 erfassen Panzerschild und Räder (**nicht** Richtmittel oder Rohr),

Schützen 3 und 4 erfassen die Handgriffe der **zusammenbleibenden** Holme (siehe Bild),

Das Instellunggehen auf Kommando: „Stellung!"

Unter Einsatz aller Kräfte der gesamten Bedienung wird das Geschütz aus der Deckung in die Stellung blitzschnell vorgestoßen, um unmittelbar danach das Feuer zu eröffnen.

Nach Erreichen der Feuerstellung:

Schützen 3 und 4 spreizen die Holme,
Schützen 1 und 2 zurren die gespreizten Holme.

Grobe Richtungsänderung während des Feuerkampfes.

Das im Feuerkampf stehende Geschütz muß jederzeit in der Lage sein, plötzlich aus anderer Richtung kommende Panzer zu beschießen. Hierzu reicht oft der Schwenkbereich der Seitenrichtmaschine nicht aus. Daher befiehlt der Geschützführer unter Anzeigen der Richtung: **„Neue allgemeine Richtung!"**

Der Geschützführer erfaßt den linken, Schütze 3 den rechten Handgriff am Sporn. Sie drehen das Geschütz auf dem linken Rade in die neue allgemeine Richtung. Die Schützen 1 und 2 machen die Drehung, Schütze 1 mit den Augen am Zielfernrohr, auf ihren Plätzen mit. Schütze 3 nimmt einen Patronenkasten und legt ihn geöffnet auf den neuen Platz.

Indeckungbringen des Geschützes nach dem Feuerkampf.

Sobald der Feuerkampf beendet ist, oder wenn eine Hemmung aufgetreten ist, wird das Geschütz auf das Kommando des Geschützführers: **„Volle Deckung!"** in die Deckung zurückgerissen und dort zum Stellungswechsel fahrbereit oder wieder feuerbereit gemacht.

Die Tätigkeiten hierzu sind folgende:

Schütze 1 kurbelt Rohr hoch,
Schützen 1 und 2 entzurren die Holme und erfassen das Geschütz am Panzerschild,
Schützen 3 und 4 legen die Holme zusammen und erfassen das Geschütz an den Handgriffen der Holme.

g) Fertigmachen zum Fahren.

Auf das Kommando: **„Stellungswechsel!"** wird das Geschütz in Deckung an Ort und Stelle fahrbereit gemacht. Dabei führen die Schützen folgende Tätigkeiten aus:

	Schütze 1	Schütze 2	Schütze 3	Schütze 4
Zeit 1	rechte Hand Holm entzurren	linke Hand Holm entzurren		
	Entzurren der Schwingschenkel			
Zeit 2	Rohr in Fahrstellung kurbeln rechte Hand Höhenrichtmaschine zurren	Entladen rechte Hand entspannt durch Abziehen des Abzuggriffes	Munition verpacken	
Zeit 3	Zielfernrohr an Ort rechte Hand Schutzschieber, linke Hand Klemmschraube anziehen Durchblick schließen	Schutzkasten und Verschlußüberzug aufsetzen	Holme zusammenlegen rechte Hand Kupplung einlegen	
Zeit 4	rechte Hand Holm zurren	rechte Hand Holm zurren rechte Hand Seitenrichtmaschine zurren		Mündungskappe aufsetzen Unterschild mit rechtem Fuß hochklappen

14*

h) Bewegen des Geschützes im Mannschaftszug.

Es kommt darauf an, daß die Bedienung das Geschütz schnell und sicher auf kurze Strecken auch bei schwierigem Boden vorwärtsbringen kann. Hierzu ist viel Übung im Gelände erforderlich. Im Mannschaftszug führt der vorangeeilte Führer durch **Befehle** oder Zeichen. Die Bedienung führt diese Befehle so schnell wie möglich unter Schonung von Waffen und Gerät aus und rührt. Zieleinrichtung, Rohr, Wiege und die Handgriffe des Verschlusses dürfen nicht als Handhaben benutzt werden. Geladene Geschütze dürfen nur über ganz kurze Strecken, z. B. aus der Deckung in die Feuerstellung bewegt werden und dann nur, wenn sie vorher auf Befehl des Geschützführers gesichert worden sind.

Zum Mannschaftszug tritt die Bedienung auf den Befehl: **„Mannschaftszug!"** nach Bild 4 an. Schützen 1 und 2 haken die von den Holmen gelösten Ziehseile in die Ziehgurte ein.

Auf den Befehl oder das Zeichen des vorangeeilten Geschütz= führers: **„Geschütz Marsch!"** nehmen die Schützen 1 und 2 den Sporn, Schützen 3 und 4 je zwei Munitionsbehälter, ohne dabei zu knien, auf, treten an und folgen dem Geschützführer, der den Weg erkundet und durch Zeichen die Marschrichtung angibt. Die Abstände und Zwischenräume der dem Geschütz folgenden Schützen 3 und 4 richten sich nach dem Gelände und der Lage.

Bild 4. Artilleriefeuerräume werden „im Schritt" und „Marsch, marsch" auf Befehl des Geschützführers überwunden. Der Wirkung ankommender Granaten oder plötzlich einsetzenden M. G.=Feuers ist durch den Befehl oder selbständiges „Hinlegen" ein möglichst kleines Ziel zu bieten. Die Bewegung des Geschützes wird auf den Befehl oder auf das Zeichen „Halt" unterbrochen.

In allen Fällen sind das Geschütz und das Gerät stets langsam abzusetzen. Schützen 1 und 2 werfen sich so hin, daß sie an dem Geschütz nicht verletzt werden können.

Nach einem „Halt" kann der Geschützführer das Aushaken der Ziehgurte und das Befestigen der Ziehseile an den Holmen befehlen.

In schwierigem Gelände kann **„Mannschaftszug zu vieren!"** befohlen werden.

B. Geschützexerzieren mit Fahrzeug.

Außer dem Geschützführer sowie den Schützen 1 bis 4 gehören zu jedem Geschütz 1 Fahrer, 1 Protzkw. (Kfz. 69), Munition und 1 Ergänzungskasten.

1. Antreten.

Anzug: Vor dem Antreten werden Brotbeutel mit Feldflaschen an die Handgriffbügel der Protzkraftwagen gehängt. Die Gasmasken werden, Fahrer ausgenommen, senkrecht vor der Brust getragen. Die **Kradfahrer** tragen das Seitengewehr rechts, Brotbeutel links, das Gewehr auf dem Rücken, von rechter Schulter zur linken Hüfte. Ist Schutzmantel angezogen, werden Gewehr und Gasmaske darüber getragen. Die Staubbrillen (Sonnenbrillen) werden so um den Hals gelegt, daß die inneren Seiten der Brillengläser lose auf den Kragenspiegeln aufliegen.

Auf das Kommando oder Zeichen: **„In Linie — angetreten!"** tritt die Bedienung mit „Gewehr — ab" an. Übt die Bedienung allein für sich, so tritt der Geschützführer vor die Front. Auf das Kommando **„Rührt — Euch!"** wird gerührt.

Soll an die Fahrzeuge getreten werden, so begibt sich die Geschütz= bedienung auf das Kommando: **„An die Fahrzeuge!"** auf die Plätze am Fahrzeug neben dem Einstieg nach Bild 5. Auf dem Wege zum Fahrzeug hängen Geschützführer sowie Schützen 3 und 4 die Gewehre, Lauf nach rechts, um den Hals. Der Fahrer stellt sein Gewehr in den Gewehrhalter am Fahrzeug. Es wird gerührt.

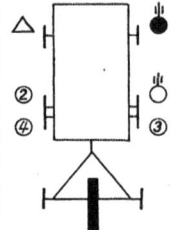

Bild 5.

2. Auf= und Absitzen.

Auf das Kommando oder Zeichen: **„Aufsitzen!"** sitzt alles rasch auf. Der Fahrer läßt den Motor an (wenn er nicht angelassen werden soll, wird dies vorher be= fohlen). Geschützführer sowie Schützen 3 und 4 umfassen mit der beim Aufsitzen

freien Hand den Kolben und nehmen nachher das Gewehr zwischen die Knie (beim
Üben können die Gewehre zur Schonung auf Befehl am Fahrzeug belassen werden).

Beim Hinsetzen muß der Schütze darauf achten, daß Seitengewehr und Schanz-
zeug nicht auf den Sitz aufstoßen. Die Hände liegen flach auf den Oberschenkeln.
Es wird gerührt. Der Geschützführer meldet durch Zeichen die Fahrbereitschaft des
Fahrzeuges.

Auf Befehl oder Zeichen **„Marsch"** wird angefahren. Die Besatzung bleibt
weiter im „Rührt — Euch".

Es darf, wenn nichts anderes befohlen wird, gesprochen, gegessen und geraucht
werden; anderweitige Marscherleichterungen, wie etwa Absetzen des Stahlhelms,
Öffnen des Kragens usw., müssen besonders gestattet werden.

Dem Fahrer ist während des Fahrdienstes das Rauchen verboten.

Soll stillgesessen werden, so ist dies besonders zu befehlen, z. B. beim Aus-
marsch aus der Kaserne, bei der Rückkehr, beim Marsch durch Städte und Ortschaften usw. Vorher befohlene Marscherleichterungen werden zuvor aufgehoben.

Auf das Kommando oder Zeichen: **„Stillgesessen!"** („Achtung!") sitzt alles ungezwungen aufgerichtet in leichter Anlehnung an die Rückenlehnen. Die Hände
liegen ausgestreckt auf den Oberschenkeln. Der Fahrer hat beide Hände fest, ohne
sie anzuspannen, am Lenkrad.

Das Stillsitzen wird durch Befehl oder Zeichen: **„Rührt Euch!"** beendet.

Auf das Zeichen: **„Rührt Euch!"** treten in der Marschordnung bestimmte Er-
leichterungen ein; sie werden vom Einheitsführer ausdrücklich befohlen.

Auf das Kommando oder Zeichen **„Absitzen!"** stellt der Fahrer den Motor ab.
Die Bedienung sitzt ab, tritt auf ihre Plätze nach Bild 5 und rührt. Die Gewehre
der Fahrer bleiben am Fahrzeug. Von der Geschützbedienung werden Gewehr,
Seitengewehr und Schanzzeug erst auf das Kommando oder Zeichen: **„In Linie —
angetreten!"** wieder in ihre alte Lage gebracht.

3. Ehrenbezeigungen im Fahrzeug.

Die aufgesessene Geschützbedienung erweist Ehrenbezeigungen nur dann, wenn
der Vorgesetzte sie an sich vorbeifahren läßt. Ehrenbezeigungen werden nach der
Standortdienstvorschrift ausgeführt.

Im **„Rührt — Euch!"** erfolgt der Vorbeimarsch an Vorgesetzten unter Bei-
behalt aller Marscherleichterungen. Der Vorgesetzte wird (außer dem Fahrer) von
der Kraftwagenbesatzung frei angesehen.

Soll H a l t u n g eingenommen werden, so wird dies von dem die Ehrenbezeigung entgegennehmenden Vorgesetzten ausdrücklich befohlen. In diesem Falle
werden etwa befohlene Marscherleichterungen aufgehoben. Auf Kommando oder
Zeichen: **„Stillgesessen! Augen rechts! (die Augen links!)"** wird die Ehrenbezeigung
ausgeführt und durch „Rührt — Euch!" beendet. Auch die mit dem Rücken zur
Fahrtrichtung sitzenden Schützen sehen den Vorgesetzten an.

Hat eine z. B. im Zugverband fahrende Geschützbedienung die Ehrenbezeigung
erwiesen, so gibt der Geschützführer selbständig für seine Besatzung das Kommando:
„Augen gerade — aus!", sobald das Fahrzeug 20 Schritt am Vorgesetzten vorbei ist.

Das Zeichen: „Rührt Euch!" wird dann vom Zug- bzw. Kompanieführer
gegeben.

4. Bewegen des aufgeprotzten Geschützes.

Jeder Fahrer eines Geschützfahrzeuges muß von dem Willen beseelt sein, sein
Geschütz nicht nur rechtzeitig, sondern auch v o l l v e r w e n d u n g s f ä h i g in die
Feuerstellung zu bringen. Deshalb ist vom Fahrer unbedingte Vertrautheit mit
den Fahreigenschaften des Geschützes zu verlangen. Er muß die Größe der Boden-
freiheit des Geschützes, die Grenzen der Einschlagmöglichkeit und der horizontalen
Durchbiegung zwischen Fahrzeug und Geschütz genau kennen und berücksichtigen,
so daß er durch sachgemäßes Fahren, rechtzeitige Herabminderung der Geschwindigkeit und Vorsicht beim Befahren schlechter Strecken etwaige Beschädigungen von
Geschütz und Fahrzeug unter allen Umständen zu vermeiden weiß. Verboten ist

das Rückwärtsfahren mit aufgeprotztem Geschütz sowie das Fahren ohne Mündungs=
kappe, Verschlußüberzug und Schutzkasten.

Der Fahrzeugführer ist für Marschdisziplin und Durchgabe der Zeichen verant=
wortlich. Zum Überwinden schwierigen Geländes muß die Bedienung erforder=
lichenfalls absitzen und Hilfe leisten. Es kann auch notwendig werden, das Geschütz
vorübergehend abgeprotzt im Mannschaftszug zu bewegen.

Es ist darauf zu achten, daß beim Überholen und Ausweichen, insbesondere
beim Vorbeifahren an geschlossenen Kolonnen, langsam und vorsichtig gefahren wird.

5. Ab= und Aufprotzen.

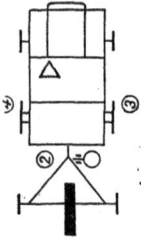

Bei aufgeprotztem Geschütz beziehen sich die Bezeichnungen „vor=
wärts“, „rechts“ usw. auf die Fahrtrichtung. Das Kom=
mando lautet: **„Zum Feuern — nach rechts (links, vorwärts, rück=
wärts) — protzt ab!“** Auf das Ankündigungskommando: **„Zum
Feuern — nach rechts!“** hält der Fahrer sofort an, die Schützen sitzen
beschleunigt ab und eilen auf ihre Plätze nach Bild 6. Gewehre werden
auf den Rücken gehängt. Schütze 2 löst den Schlüsselbolzen des Protz=
hakens, Schützen 1 und 2 erfassen die Handgriffe am Sporn.
Schützen 3 und 4 öffnen die Munitionsbehälter und erfassen je zwei
Patronenkästen.

Bild 6.

Auf das Ausführungskommando: **„Protzt ab!“** heben die
Schützen 1 und 2 das Geschütz vom Protzhaken. Schütze 1 steckt den
Schlüsselbolzen in den Protzhaken und ruft: **„Vor!“** Schützen 3 und 4
haben die Patronenkästen aus den Munitionsbehältern entnommen und schließen
diese. Der Fahrer bleibt aufgesessen und fährt sein Fahrzeug nach dem Abprotzen
in die vom Geschützführer befohlene Protzenstellung, nimmt dort sein Gewehr
aus der Stütze und hängt es um den Hals. Die Schützen begeben sich auf ihre
Plätze nach Bild 2 und setzen Geschütz und Patronenkästen ab. Das Geschütz
wird ohne besonderen Befehl zum Schießen fertiggemacht.

Soll zum Mannschaftszug abgeprotzt werden, so lautet das
Kommando: **„Zum Mannschaftszug — protzt ab!“** Das Geschütz wird wie zuvor
abgesetzt, jedoch nicht zum Schießen fertig gemacht. Schützen 1 und 2 lösen die Zieh=
seile an den Holmen und haken die Ziehgurte ein. Die Bedienung tritt nach Bild 4
an und rührt.

Aufprotzen.

Auf Kommando oder Zeichen: **„Protzen vor!“** fährt der Fahrer sein Fahr=
zeug an das aus der Feuerstellung in Deckung gebrachte Geschütz möglichst nahe
und in Abfahrtsrichtung heran. Der Geschützführer zeigt beim Herannahen des
Fahrzeugs in die Abfahrtsrichtung.

War zum Mannschaftszug abgeprotzt, so werden die Ziehseile wieder an den
Holmen befestigt.

Auf Kommando oder Zeichen: **„Protzt auf!“** erfassen Schützen 1 und 2 die
Handgriffe am Sporn und drehen das Geschütz nach dem Fahrzeug. Schütze 1
löst den Schlüsselbolzen. Schützen 3 und 4 nehmen ihre Plätze nach Bild 5 ein
und öffnen die Munitionsbehälter. Schützen 1 und 2 legen das Geschütz auf den
Protzhaken. Schütze 1 steckt den Schlüsselbolzen in den Protzhaken und ruft:
„Fertig!“ Schützen 3 und 4 schieben die Patronenkästen in die Munitions=
behälter und schließen diese. Die Bedienung sitzt rasch auf und rührt.

4. Die Ausbildung am M. G. 34 (l. M. G.).

a) Gliederung und Ausrüstung.

Jeder Zug der Panzerabwehrkompanie hat zwei M. G.=Bedienungen, die eine
auf Protzkraftwagen, die andere auf Kraftrad.

Beim **Protzkraftwagen** gehört zur Bedienung: Der M. G.=Truppführer,
2 Schützen, der Fahrer, ein Protzkraftwagen und das M. G. 34 mit Zubehör.

Zu einer M. G.=Bedienung auf **Kraftrad** gehören: Der M. G.=Truppführer, 2 Schützen, 2 Kradfahrer, 2 Krafträder mit Beiwagen und das M. G. 34 mit Zubehör.

Aufgaben.

Der **M. G.=Truppführer** ist verantwortlich für die Gefechtsbereitschaft seiner M. G.=Bedienung sowie für die Pflege von Waffen und Gerät.

Schütze 1 ist Richtschütze und Stellvertreter des Gewehrführers. Er macht das M. G. zum Schießen fertig und bedient es im Feuerkampf.

Schütze 2 (Munitionsschütze) unterstützt den Richtschützen in der Bedienung des M. G. und hält Verbindung zum Zugführer und zum Protzfahrzeug.

Die **Fahrer** sind verantwortlich für die Verwendungsbereitschaft ihres Fahrzeugs und für Vollzähligkeit sowie Brauchbarkeit der kraftfahrtechnischen Ausrüstung.

Ausrüstung.

M. G.=Truppführer: Pistole, kl. Drahtschere, Doppelfernrohr, Laufschützer mit einem Reservelauf, Taschenleuchtkompaß, Signalpfeife, Sonnenbrille, 2 Patronenkästen mit Munition, Taschenlampe.

Schütze 1: M. G. 34 mit Zweibein und Trageriemen, Pistole, Klapphacke, Werkzeugtasche 34 mit Inhalt, Sonnenbrille.

Schütze 2: Pistole, kurzer Spaten, Zuführertasche mit Zuführer oder Trommelhalter, Dreibein, Patronenkasten mit Munition, Trommelträger mit 2 Patronentrommeln 34, Sonnenbrille.

Protzkw.=Fahrer: Gewehr.

Am Fahrzeug Laufbehälter mit 2 Reserveläufen, Trommelträger mit 2 Patronentrommeln 34, Patronenkasten mit Öl= und Petroleumbehältern, Ergänzungskasten für M. G. 34 mit Inhalt.

Erster Kradfahrer: Gewehr, Schutzbrille.

Am Fahrzeug: Trommelträger mit 2 Patronentrommeln 34, Patronenkasten mit Öl= und Petroleumbehältern.

Zweiter Kradfahrer: Gewehr, Schutzbrille.

Am Fahrzeug: Laufbehälter mit 2 Reserveläufen, Ergänzungskasten für M. G. 34 mit Inhalt.

Die Kradfahrer tragen das Seitengewehr rechts, den Brotbeutel links, das Gewehr auf dem Rücken von rechter Schulter zur linken Hüfte. Ist Schutzmantel angezogen, werden Gewehr und Gasmaske darüber getragen.

b) Ausbildung am M. G. ohne Fahrzeug.

Auf das Kommando: „**In Linie — angetreten!**" tritt die Bedienung in der Reihenfolge: M. G.=Truppführer, Schütze 1, Schütze 2 hintereinander an, der (bzw. die) Fahrer links daneben. Auf „**Rührt Euch!**" werden Patronenkästen und Gurttrommelträger neben den Schützen abgesetzt. Auf das Kommando: „**An die Fahrzeuge!**" werden sie aufgenommen, die Bedienung begibt sich an das Fahrzeug.

Das Aufnehmen und Absetzen des M. G.=Geräts geschieht stets im Rühren. Beim Antreten setzt der Gewehrführer die Patronenkästen ab und legt den Laufschützer quer darauf. Schütze 1 stellt das M. G. vor sich hin. Schütze 2 legt das Dreibein zwischen Patronenkasten und Trommelträger, die eine Kastenlänge vor der Fußspitze stehen.

Auf das Kommando: „**M. G.=Gerät aufnehmen!**" hängen Schütze 1 das M. G. um, der M. G.=Truppführer den Laufschützer und Schütze 2 das Dreibein auf den Rücken, Patronenkästen und Trommelträger werden erst aufgenommen auf das Kommando: „**Im Gleichschritt!**" bzw. „**Ohne Tritt!**" oder auf: „**Gewehr umhängen!**", „**Gewehr auf den Rücken!**" oder „**Gewehr um den Hals!**". Dabei bleibt Schütze 1 stehen. Der M. G.=Truppführer und Schütze 2 setzen den linken Fuß einen Schritt vor und lassen sich auf das rechte Knie nieder. Der M. G.=Truppführer und Schütze 2 erfassen die Patronenkästen bzw. Patronenkasten und Trommelträger und stehen wieder nach hinten auf. Auf das Kommando: „**Im Gleichschritt!**" bzw. „**Ohne Tritt!**" steht die Bedienung still, auf „**Marsch!**" wird angetreten.

Wenn nach dem Kommando „**Halt!**" das weitere Kommando: „**Rührt Euch!**" oder „**Gewehr abnehmen!**" erfolgt, bleibt Schütze 1 stehen und rührt. M. G.=Truppführer und Schütze 2 knien nieder, setzen Patronenkästen und Trommelträger ab, stehen nach hinten auf und rühren.

Auf das Kommando: **„M. G.-Gerät absetzen!"** setzen Schütze 1 das M. G., der M. G.-Truppführer den Laufschützer und Schütze 2 das Dreibein ab.

Bewegungen mit dem geladenen M. G. (eingesetztem Gurt, aufgesetzter Trommel und zurückgezogenem Schloß) sind verboten.

Anbringen des Zweibeins als Vorder= (Mittel=) Unterstützung:

Die linke Hand erfaßt das M. G. von unten am vorderen Teil des Mantels, die rechte Hand stellt das Korn hoch. Rechte Hand setzt das Zweibein (Einschnitt für die Sperrfeder dem Körper zu) von oben auf die vordere Gewindebuchse. Die linke Hand drückt mit Zeige= und Mittelfinger die Sperrfeder gegen den Mantel. Die rechte Hand schwenkt das Zweibein so weit in den Einschub ein, bis die Sperrfeder in den Ausschnitt am Zweibein einrastet. Beim Anbringen des Zweibeins als Mittelunterstützung wird das Zweibein in gleicher Weise in den Einschub der hinteren Gewindebuchse ein= geführt, jedoch Ausschnitt für Sperrfeder nach vorn. An Stelle des Korns muß das Stangenvisier hochgestellt werden.

Laden.

a) Aus dem Patronenkasten (Gurtzuführung).

Bevor das Schloß mit dem Spannschieber zurückgezogen wird, ist darauf zu achten, daß das M. G. entsichert ist. Auf das Kommando „Laden!" oder „Stellung!" wird das M. G. geladen (schußfertig gemacht).

Der Schütze erfaßt mit der rechten Hand den Griff des Spannschiebers und zieht mit ihm das Schloß mit einem kräftigen Ruck so weit zurück, bis es vom Abzugstollen festgehalten wird; dann schiebt er den Spannschieber so weit nach vorn, bis er hörbar einrastet.

Deckel geschlossen.

Bei Linkszuführung erfaßt die linke Hand, bei Rechtszuführung die rechte den Patronengurt und führt das Einführ= stück in den Zuführer. Die rechte (linke) Hand ergreift das Einführstück und zieht, ohne Gewalt anzuwenden, den Gurt waagerecht (nicht rückwärts) in den Zuführer, bis sich der Zubringerhebel hörbar hinter die Patrone gelegt hat und die erste Patrone am Anschlag des Zuführerunterteils anliegt.

Bei geöffnetem Deckel.

Beide Hände legen bei geöffnetem Deckel den Gurt so in den Zuführer= unterteil ein, daß die erste Patrone geradlinig am Anschlag anliegt. Während eine Hand den Deckel schließt, hält die andere den Gurt noch fest, damit er nicht wieder zurückgleiten kann. Beim Schließen des Deckels ist darauf zu achten, daß der hintere Teil des Transporthebels bei Linkszuführung nach rechts und bei Rechtszuführung nach links zeigt. Es empfiehlt sich, nach dem Schließen des Deckels den Gurt bei Linkszuführung nach rechts, bei Rechtszuführung nach links vorzuziehen.

Das M. G. ist schußbereit. Wird nicht sofort geschossen, so ist zu sichern.

b) Aus der Patronentrommel (Trommelzuführung).

Der Deckel mit Gurtzuführung und der Zuführerunterteil sind abzunehmen und der Deckel mit Trommelzuführung einzusetzen.

Der Schütze erfaßt mit der rechten Hand den Griff des Spannschiebers und zieht mit ihm das Schloß mit einem kräftigen Ruck zurück, bis es vom Abzugstollen festgehalten wird. Dann schiebt er den Spannschieber so weit nach vorn, bis er hörbar einrastet. Vor dem Zurückziehen des Schlosses ist darauf zu achten, daß der Sicherungsflügel (Sicherungsknopf) auf „S" steht, so daß „F" (Feuer) lesbar ist.

Die linke Hand erfaßt die Patronentrommel so von oben, daß der Leder=
riemen über die Hand zu liegen kommt. Sie setzt die Patronentrommel mit dem
Patronenaustritt (Lippen) in den Durchbruch am Deckel (Trommelhalter) ein.
Wenn nicht sofort geschossen wird, ist zu sichern.

Entladen.

a) Nach dem Schießen aus dem Patronenkasten
(Gurtzuführung).

Auf „Entladen!" oder „Stellungswechsel!" öffnet der Schütze mit der
rechten Hand den Deckel, nimmt den Gurt aus dem M. G. und überzeugt sich,
ob der Lauf frei ist. Dann schließt er den Deckel, erfaßt mit der rechten Hand
den Griff zum Spannschieber, zieht ihn zurück und läßt mit zurückgezogenem Abzug
das Schloß erst langsam, dann schneller nach vorn gleiten.

b) Nach dem Schießen aus der Patronentrommel
(Trommelzuführung).

Der Schütze löst die Sperre und hebt die Trommel ab. Die weiteren Aus=
führungen sind die gleichen wie beim Entladen nach dem Schießen aus dem
Patronenkasten.
Der Schütze **meldet** seinem Truppführer nach jedem Entladen: **„Entladen!"**
„Lauf frei!"
Beim Schießen auf dem Schießstand ist außerdem das Gehäuse
wie beim Laufwechsel nach links zu drehen.
Sichern und Entsichern: Das M. G. muß, wenn das Schloß zu=
zurückgezogen ist und nicht geschossen wird, **stets gesichert** sein.
Das Sichern und Entsichern erfolgt mit der linken Hand. Der Schütze
schwenkt zum Sichern den Sicherungsflügel mit Daumen und Zeigefinger rückwärts,
zum Entsichern vorwärts. Der Zeigefinger der rechten Hand darf dabei nicht in
den Abzugsbügel greifen. Das Sichern des M. G. bei „Schloß in
vorderster Stellung" ist verboten.
Stellen des Visiers. Der Schütze klappt das Stangenvisier, ohne den Ober=
körper zu heben, mit der rechten oder linken Hand hoch, drückt auf den
Drücker am Visierschieber und stellt den Schieber auf die entsprechende Ent=
fernungsmarke ein.
Laufwechsel. Der Lauf muß grundsätzlich nach 250 rasch aufeinanderfolgenden
Schüssen gewechselt werden. **Eine Abgabe von mehr als 250 Schuß in ununter=
brochener Folge aus einem Lauf ist verboten.**
Vor jedem Laufwechsel ist das M. G. zu entladen (Gurt bzw. Trommel
entfernt, Schloß und Spannschieber in hinterster Stellung und gesichert).
Lauf herausnehmen. Der heißgeschossene Lauf wird mit dem Hand=
schützer gezogen und in den geöffneten Laufschützer gelegt.
Lauf einsetzen (Lauf frei von Fremdkörpern!). Während die rechte
Hand den Lauf in den Mantel einführt, hebt die linke Hand das M. G. am Kolben
etwas an. Die rechte Hand schiebt dann den Lauf so weit in den Mantel, daß
der hinterste Teil mit dem Verbindungsstück abschneidet. Beide Hände drehen
das Gehäuse mit Kolben (unter Anheben des M. G. über die waagerechte Lage)
scharf nach rechts oben, bis die Gehäusesperre in die Rast am Gehäuse eingerastet
ist. Wird sofort weitergeschossen, so ist zu entsichern und der Spannschieber nach
vorn zu schieben.
Schloßwechsel. Schloß herausnehmen. Schloß in vorderster Stellung.
Deckel auf, Kolben abnehmen, Schließfeder und Schloß aus dem Gehäuse nehmen.
Schloß einsetzen. Schloß spannen. Die linke Hand erfaßt den Verschlußkopf.
Die rechte Hand dreht das Schloßgehäuse so weit nach rechts, bis die Zapfen mit
Rollen und Verschlußkopf mit den Führungsleisten am Schloßgehäuse in einer
Richtung stehen. Der Auswerfer muß ganz nach vorn geschoben werden. Beim
Einführen des Schlosses in das Gehäuse ist der Abzughebel zurückzuziehen.

c) M. G.-Ausbildung mit Fahrzeugen.

1. Der Protzkraftwagen-M. G.-Trupp.

Im Zugverband gelten für die M. G.-Bedienung sinngemäß dieselben Kommandos wie für die Geschützbedienungen, z. B.: „Aufsitzen!“, „Absitzen!“ usw. Dazu kommt noch:

a) Freimachen des M. G.

Auf das Kommando: „**Gewehr frei!**“ sitzen M. G.-Truppführer und Schützen ab, der Fahrer hält, wenn Kommando im Fahren gegeben, sofort an.

Der M. G.-Truppführer entnimmt dem Fahrzeug zwei Patronenkästen und hängt den Laufschützer auf den Rücken.

Schütze 1 hebt das M. G. aus seiner Befestigung am Fahrzeug und hängt es um.

Befindet sich das M. G. geladen auf dem Fahrzeug (z. B. nach vorherigem Fliegerbeschuß), so hat der Schütze 1 zu entladen.

Schütze 2 hängt das Dreibein auf den Rücken und entnimmt dem Fahrzeug einen Patronenkasten und einen Trommelträger mit zwei Patronentrommeln. Die Bedienung tritt nach Seite 195 hinter dem Protzfahrzeug an und rührt. Die Patronenkästen und der Trommelträger werden eine Kastenlänge vor die Fußspitzen gestellt.

Der Fahrer fährt das Fahrzeug in die vom M. G.-Truppführer befohlene Protzenstellung, nimmt das Gewehr aus der Stütze und hält Verbindung zum M. G.-Truppführer. Ist dies nicht möglich, bleibt er dicht beim Fahrzeug.

Auf den Befehl, z. B.: „**Flugabwehr!**“ eilt der M. G.-Truppführer zu der in Betracht kommenden Feuerstellung. Der Schütze 1 behält das M. G. in den Händen, setzt im Laufen das Kreiskorn auf, Schütze 2 reicht Schützen 1 Trommelträger und Trommelhalter zu und stellt das Dreibein auf.

b) Anortbringen des M. G.

Auf das Kommando oder Zeichen: „**Protzen vor!**“ fährt der Fahrer den Protzkraftwagen unter Ausnutzung des Geländes möglichst dicht an das inzwischen aus der Feuerstellung in Deckung gebrachte M. G. heran.

Der M. G.-Truppführer zeigt beim Herannahen des Fahrzeugs in die Abfahrtrichtung.

Auf das Kommando: „**Gewehr an Ort!**“ werden M. G. und Gerät in umgekehrter Reihenfolge wie bei „**Gewehr frei!**“ auf das Fahrzeug gebracht. M. G.-Bedienung sitzt auf. Der M. G.-Truppführer überzeugt sich von dem ordnungsgemäßen Anortbringen und meldet durch Zeichen die Fahrbereitschaft.

2. Der Kraftrad-M. G.-Trupp.

a) Freimachen des M. G.

Auf das Kommando: „**Gewehr frei!**“ sitzen der M. G.-Truppführer und die Schützen ab. Wird das Kommando im Fahren gegeben, so halten die Fahrer sofort an.

Der M. G.-Truppführer entnimmt dem Beiwagen des 1. Kraftrades zwei Patronenkästen und hängt sich den Laufschützer auf den Rücken.

Schütze 1 hebt das M. G. aus seiner Befestigung am Beiwagen und hängt es um. Befindet sich das M. G. geladen am Beiwagen, so entladet Schütze 1, klappt das Zweibein ab und setzt das M. G. rechts neben sich nieder.

Schütze 2 hängt sich das Dreibein auf den Rücken und entnimmt dem Beiwagen des 2. Kraftrades einen Patronenkasten und einen Trommelträger.

Die Bedienung tritt rechts von den Krafträdern an und rührt. Das Gerät wird abgesetzt.

Auf den Befehl: „**Flugabwehr!**“ verhält sich die Bedienung wie beim Protzkw.-M. G.

b) Anortbringen des M. G.

Auf das Kommando oder Zeichen: **„Protzen vor!"** verhalten sich die Fahrer wie beim Protzkw.-M. G.

Auf das Kommando: **„Gewehr an Ort!"** verlädt der M. G.-Truppführer Laufschützer und Patronenkästen, Schütze 1 das M. G. im Beiwagen des ersten M. G.-Kraftrades, Schütze 2 Patronenkästen, Trommelträger und das Dreibein im Beiwagen des zweiten Kraftrades. Der M. G.-Truppführer überzeugt sich von dem ordnungsgemäßen Anortbringen. Die Bedienung sitzt auf. Der M. G.-Truppführer meldet durch Zeichen: **„Fertig!"**

d) Geschützexerzieren im Zugverband.

Allgemeines.

Die F o r m e n im Zug- und Kompanieverband sind sehr einfach gehalten. Bei laufenden Motoren wird nur durch Z e i c h e n befohlen. Augenverbindung zum Führer und stete Aufmerksamkeit der verantwortlichen Fahrzeugführer sind Vorbedingung für genaue und schnelle Ausführung der Befehle.

Der Zug

besteht aus dem Zugführer, dem Zugtrupp, 4 Geschützbedienungen und 2 M. G.-Trupps. Der Zug gliedert sich in 2 Halbzüge zu je 2 Geschützen und einem M. G.-Trupp. Der M. G.-Trupp des 1. Halbzuges ist auf 2 Krafträdern m. Bwg., der des 2. Halbzuges auf 1 Protzkraftwagen untergebracht.

Der Zugtrupp

unterstützt den Zugführer; er wird zur Meldung, Verbindung, Erkundung, Aufklärung und Sicherung eingesetzt.

Ausrüstung.

Zugführer: Pistole, Doppelfernrohr, Marschkompaß, Meldekartentasche, Signalpfeife, Taschenlampe.

Zugtruppführer: Pistole, Klauenbeil mit Bandmaß, Doppelfernrohr, Marschkompaß, Signalpfeife, Taschenlampe, Zielgeviertafel, Meldekartentasche, Leuchtpistole, Panzerwagenflagge.

Melder, zugleich Meßmann: E.-Messer, Klapphacke, Taschenleuchtkompaß, Pistole, Meldekartentasche, Signalpfeife, Panzerwarnflagge.

Melder auf Solo-Krad: Gewehr, Meldekartentasche.

Melder auf Beiwagen-Krad: Gewehr.

Fahrer des Zugführers: Gewehr, Signalpfeife.

Am F a h r z e u g : 1 Paar Klettersporne, 1 kleine Sirene.

a) Versammlungsformen.

Im Zugverband mit Fahrzeugen gibt es 2 Versammlungsformen, und zwar:

Der **„Zug in Linie"**, nach Bild 7;
Der **„Zug in Reihe"**, nach Bild 8.

Auf das Kommando: **„In Linie — angetreten!"** treten die Bedienungen fahrzeugweise in Linie zu drei Gliedern mit „Gewehr ab" vor dem Zugführer an gemäß Bild 9.

Auf das Kommando: **„An die Fahrzeuge!"** verhalten sich die Bedienungen genau so, wie auf Seite 192 angegeben. Ebenso erfolgt das „Auf- und Absitzen" sinngemäß wie auf Seite 192 beschrieben.

b) Marschform.

Die Marschform ist die aus der „Reihe" durch Erweitern der Abstände zu bildende „Marschordnung" gem. Bild 8. Die Abstände im Fahren von Fahrzeug zu Fahrzeug richten sich nach der Geschwindigkeit; bei 30 km/Std. ist der Abstand 30 Meter, bei 40 km/Std. 40 Meter usw.

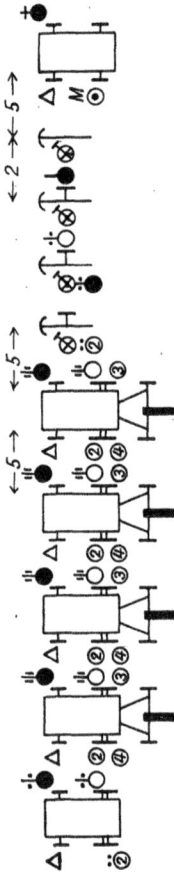

Bild 7.
Zug in „Linie".

Bild 8.
Zug in „Reihe".
(Abstände von Fahr=
zeug zu Fahrzeug
5 Schritt.)

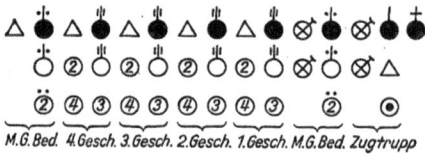

M.G.Bed.	4.Gesch.	3.Gesch.	2.Gesch.	1.Gesch.	M.G.Bed.	Zugtrupp

Bild 9.
Der Zug „In Linie — angetreten!"

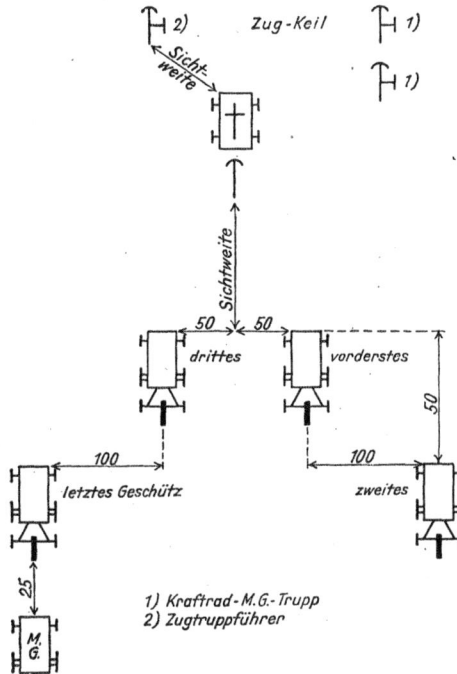

Bild 10.
Der Zug, nach der Breite entfaltet.

c) Formveränderungen.

1. Anfahren aus der Linie in die Marschordnung:

Auf das Zeichen „**Anfahren**" fährt das rechte Flügelfahrzeug geradeaus; die übrigen Fahrzeuge fahren einzeln nacheinander gleichfalls eine Fahrzeuglänge geradeaus und setzen sich mit vorgeschriebenem Abstand dahinter.

2. Aufmarsch aus der Marschordnung zur Linie:

Auf das Zeichen „**Aufmarsch links!**" („rechts") hält das vordere Fahrzeug; die anderen Fahrzeuge setzen sich links (rechts) mit den vorgeschriebenen Zwischenräumen daneben.

d) Entfaltung.

Die Gliederung des entfalteten Zuges muß je nach Lage und Gelände oft und schnell verändert werden. Die gebräuchlichste Form der Entfaltung ist die Marschordnung mit erweiterten Abständen. Diese Form gestattet die Ausnützung von Deckungen, gutem Fahrgelände und feuerarmen Räumen sowie das Überwinden von Engen und Brücken. Die Abstände werden auf Zeichen vergrößert oder verringert.

Zum schnellen Überwinden von eingesehenem, offenem Gelände, besonders von Räumen, die unter Artilleriefeuer liegen, muß der Zug eine breitere Form einnehmen; hierzu kann der Zugführer auf das Zeichen: „**Nächsthöhere Gefechtsbereitschaft!**" den Zugkeil einnehmen lassen. Die auf Bild 10 angegebenen Abstände und Zwischenräume können als Anhalt dienen.

Auf das Zeichen: „**Achtung! Sammeln!**" sammelt sich der Zug in „Marschordnung" auf den vorausfahrenden Zugführer. Hierbei schließen sich alle Teile in der Reihenfolge des Eintreffens an. Abweichungen müssen befohlen werden.

Schießdienst.

1. Schießlehre für Gewehr und M. G.

Schußvorgang in der Waffe und Flugbahn.

1. Durch den Schlag des vorschnellenden Schlagbolzens auf das Zündhütchen wird die Pulverladung der Patrone entzündet. Die bei der Verbrennung entstehenden Pulvergase treiben das Geschoß mit zunehmender Geschwindigkeit aus dem Lauf.

2. Der Weg, den das Geschoß nach dem Verlassen der Mündung zurücklegt, heißt **Flugbahn.** Auf die Gestalt der Flugbahn wirken ein:

    a) die Anfangsgeschwindigkeit des Geschosses,
    b) die Schwerkraft (Anziehungskraft der Erde!),
    c) die Richtung, mit der das Geschoß den Lauf verläßt,
    d) der Luftwiderstand,
    e) die Drehung des Geschosses um seine Längsachse.

3. **Anfangsgeschwindigkeit** ist die Geschwindigkeit, mit der das Geschoß den Lauf verläßt. Man drückt sie aus durch die Länge der Strecke in Metern, die das Geschoß in der ersten Sekunde nach dem Verlassen des Laufes zurücklegen würde,

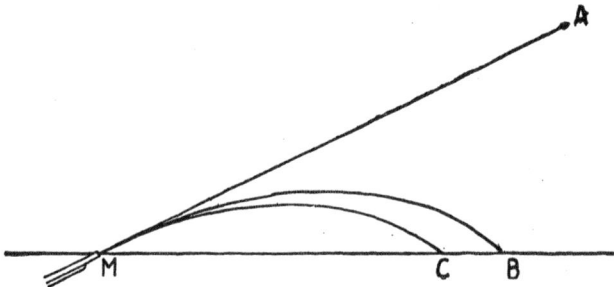

Mündungswaagerechte.
Bild 1.

Im luftleeren Raum wäre die Endgeschwindigkeit gleich der Anfangsgeschwindigkeit und der Fallwinkel gleich dem Abgangswinkel (Ziffern 10 und 11). Die größte Schußweite würde bei gleichbleibender Anfangsgeschwindigkeit unter einem **Abgangswinkel** von 45° erreicht werden.

wenn es in geradliniger Richtung mit unveränderter Geschwindigkeit weiterfliegen könnte. Die Anfangsgeschwindigkeit (v_0) wird in „m/sek“ (Meter in der Sekunde) gemessen.

4. Wenn nur die Anfangsgeschwindigkeit auf das Geschoß wirkte, würde es mit unverminderter Geschwindigkeit geradlinig in der Abgangsrichtung (M—A, Bild 1) weiterfliegen.

Träte allein die **Schwerkraft,** die ein Fallen während des Fluges bewirkt, hinzu, würde die Flugbahn eine gekrümmte Linie sein, deren höchster Punkt in der Mitte liegt und deren Gestalt zu beiden Seiten des höchsten Punktes gleich wäre (Flugbahn im luftleeren Raum, Parabel M—B, Bild 1).

5. Tatsächlich verzögert aber der **Luftwiderstand** dauernd die Geschoßbewegung. Dadurch wird die Flugbahn stärker gekrümmt, als dies im luftleeren Raum der Fall wäre. Die Schußweite wird kürzer, die Endgeschwindigkeit kleiner

als die Anfangsgeschwindigkeit, der Fallwinkel größer als der Abgangswinkel. Der höchste Punkt der Flugbahn (Gipfelpunkt) liegt dem Ende der Flugbahn näher als der Mündung (Flugbahn im lufterfüllten Raum, M—C, Bild 1).

6. Ein Langgeschoß, das aus einem glatten (nicht gezogenen) Lauf verschossen wird, stellt sich unter der Einwirkung des Luftwiderstandes quer oder überschlägt sich. Der Flug wird unregelmäßig, die Schußweite verkürzt, die Treffähigkeit schlecht. Diese Nachteile werden durch Verwendung gezogener Läufe vermieden. In ihnen erhält das Geschoß durch Einpressen in die Züge eine Drehung um seine Längsachse. Diese Drehung nennt man **Drall.** Durch die Drehung des Geschosses wird erreicht, daß seine Spitze im Fluge nach vorn gerichtet bleibt und zuerst das Ziel trifft.

Die Drehung um die Längsachse läßt das Geschoß in der Regel nach **der** Seite abweichen, nach der die Drehung erfolgt (Rechtsdrall).

Mündungs= und Geschoßknall.

7. Beim Schießen mit Gewehren und Maschinengewehren treten zwei verschiedene Schall= erscheinungen auf:

a) Der **Mündungsknall,** hervorgerufen durch die hinter dem Geschoß stoßartig austretenden Pul= vergase,

b) der **Geschoßknall,** hervorgerufen durch eine Luft= verdichtung — die sogenannte „Kopfwelle" —, die sich vor dem fliegenden Geschoß bildet, solange die Geschoßgeschwindigkeit größer als die Schall= geschwindigkeit ist (Bild 2).

8. Bei Beschießung durch den Feind hört man zuerst den meist hellen Geschoßknall und hinterher den meist dumpfen Mündungsknall. Der Zeitabstand zwi= schen Geschoß= und Mündungsknall ist dabei in der Schußrichtung am größten.

Hinter einer Waffe und seitlich rückwärts hört man stets nur einen Knall, der aus Mündungs= und Geschoßknall zusammengesetzt ist. Daher nimmt auch der hinter seiner Waffe liegende Schütze nur einen Knall wahr.

9. Der Geschoßknall kann zu großen Täu= schungen über die Entfernung und besonders über die Richtung des Abschusses führen. Die Richtung, aus der geschossen wird, kann nur aus dem Mündungsknall beurteilt werden.

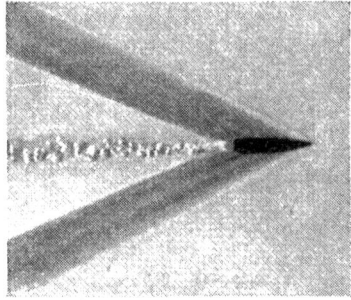

Bild 2.

Erläuterung wichtiger Flugbahnelemente.

10. M ü n d u n g s w a a g e r e c h t e M—B (Bild 3) ist die gedachte waage= rechte Ebene, in der die Mitte der Mündung der Waffe in dem Augenblick liegt, in dem das Geschoß die Mündung verläßt.

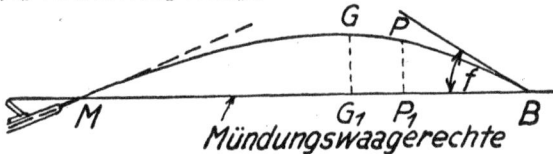

Bild 3.

Z i e l w a a g e r e c h t e (Bild 4) heißt die gedachte waagerechte Ebene, in der das Ziel liegt.

Bild 4.

Visierlinie (Bild 7) ist die gedachte gerade Linie, welche die Mitte der Kimme und die Kornspitze verbindet.

Visierwinkel c (Bild 7) ist der Winkel, den die Visierlinie mit der Seelenachse bildet.

Geländewinkel ist der Winkel, den die Visierlinie mit der Mündungswaagerechten bildet. Er ist positiv, wenn das Ziel über, negativ, wenn das Ziel unter der Mündungswaagerechten liegt.

11. In den folgenden Erklärungen der Flugbahn ist angenommen, daß Mündung und Ziel sich in derselben Waagerechten befinden.

Der Gipfelpunkt G (Bild 3) ist der höchste Punkt der Flugbahn. Der lotrechte Abstand des Gipfelpunktes von der Mündungswaagerechten G—G₁ ist die Gipfelhöhe der Flugbahn.

Gipfelentfernung M—G₁ (Bild 3) ist der auf der Mündungswaagerechten gemessene Abstand der Gipfelhöhe von der Mündung.

Aufsteigender Ast M—G (Bild 3) ist der Teil der Flugbahn von der Mündung bis zum Gipfelpunkt, absteigender Ast G—B (Bild 3) der Teil vom Gipfelpunkt bis zum Ende der Flugbahn.

Flughöhe P—P₁ (Bild 3) ist der lotrechte Abstand eines beliebigen Punktes der Flugbahn von der Mündungswaagerechten.

Fallwinkel f (Bild 3) ist der Winkel, den die Tangente der Flugbahn im Fallpunkt mit der Mündungswaagerechten einschließt.

Auftreffpunkt ist der Punkt, in dem das Geschoß in seiner Flugbahn das Ziel oder Zielgelände trifft.

Endgeschwindigkeit ist die Geschwindigkeit des Geschosses in m/sek im Fallpunkt.

Flugzeit ist die Dauer der Geschoßbewegung in Sekunden von der Mündung bis zum Auftreffpunkt.

Das Zielen.

12. Da das Geschoß nach dem Verlassen der Mündung durch Einwirken der Schwerkraft unter die verlängerte Seelenachse fällt, muß man den Lauf, um in

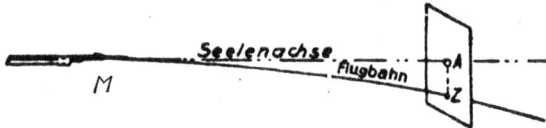

Bild 5.

bestimmter Entfernung ein Ziel zu treffen, um so viel über dieses richten, als das Geschoß bis dahin fällt.

Wenn bei waagerechter Lage des Laufes das Geschoß auf einer Zielentfernung M—A (Bild 5) um die Strecke A—Z fällt, muß man, um das Ziel A

Bild 6.

zu treffen, die Seelenachse auf den Punkt Z₁ (Bild 6), der um die Strecke A—Z über A liegt, richten.

13. Der Haltepunkt muß aber beim Zielen in oder dicht unter dem Ziel liegen. Deshalb ist die Waffe mit einer Visiereinrichtung (Visier und Korn)

versehen. **Wenn man die Visierlinie mit dem Auge auf einen bestimmten Punkt einrichtet, zielt man.**

Es bedeuten:

Haltepunkt: Der Punkt, auf den die Visierlinie gerichtet sein soll.

Abkommen: Der Punkt, auf den die Visierlinie beim Losgehen des Schusses tatsächlich gerichtet war.

Treffpunkt: Der Punkt, den das Geschoß beim Einschlagen trifft.

14. Je weiter das Ziel entfernt ist, um so größer muß der V i s i e r w i n k e l sein, d. h. mit einem um so höheren Visier muß geschossen werden.

Da die Kimme des Visiers höher als die Spitze des Korns über der Seelen=achse liegt, schneidet die Flugbahn die Visierlinie kurz vor der Mündung (Bild 7).

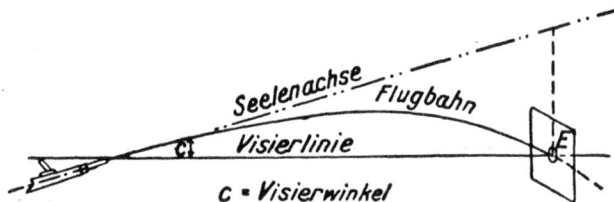

Bild 7.

Die Entfernung bis zum zweiten Schnittpunkt der Flugbahn mit der Visierlinie (E in Bild 7), wo also Haltepunkt und Treffpunkt zusammenfallen, nennt man Visierschußweite und den entsprechenden Schuß V i s i e r s c h u ß.

Je nach Wahl des Haltepunktes im Ziel, an seinem unteren oder oberen Rand, sagt man: in das Ziel gehen, Ziel aufsitzen lassen, Ziel verschwinden lassen (Bild 1 S. 209).

Witterungseinflüsse.

15. Unter Witterungseinflüssen versteht man die Einwirkung von Luftgewicht und Wind auf die Flugbahn.

Das Luftgewicht ist abhängig von dem Luftdruck, der Temperatur und dem Feuchtigkeitsgehalt der Luft. Es ist um so geringer, je höher ein Ort liegt und je größer die Luftwärme ist.

16. Geringes Luftgewicht vergrößert, hohes verkürzt die Schußweite. Starke Temperaturunterschiede können die Schußweite erheblich ändern. Im allgemeinen hat man bei **w a r m e r** Witterung mit **W** eitschuß, bei **k** alter mit **K** urzschuß zu rechnen.

17. Wind von vorn verkürzt, Wind von rückwärts vergrößert die Schuß=weite. Mittlerer Wind (4 m/sek) bewirkt auf 1000 m eine Seitenabweichung um 2 bis 3 m. Starker Wind (8 m/sek) verlegt die Garbe um das doppelte Maß.

18. Ein von oben hell beleuchtetes Korn erscheint durch Strahlung dem Auge größer als sonst. Man wird daher unwillkürlich das Korn nicht so hoch wie nötig in die Kimme bringen und zu tief oder zu kurz schießen. Umgekehrt werden trübe Witterung, Waldlicht, Dämmerung leicht dazu verleiten, das Korn zu hoch in die Kimme zu nehmen. Dies ergibt einen Hoch= oder Weitschuß (Bild 5 S. 210).

Wird das Korn stark von einer Seite beschienen, so erscheint die hell beleuchtete größer als die dunkle. Man ist daher geneigt, nicht die Kornspitze, sondern den heller beleuchteten Teil des Korns in die Mitte der Visierkimme zu bringen, das bewirkt ein Abweichen des Geschosses nach der dunklen Seite (Bild 6 S. 210).

Streuung.

19. Gibt man aus einer Waffe unter möglichst gleichbleibenden Bedingungen eine größere Anzahl von Schüssen nacheinander ab, so treffen die Geschosse nicht

ein= und denselben Punkt, sondern verteilen sich über eine mehr oder weniger große Fläche. Man nennt dies S t r e u u n g (Streuung der einzelnen Waffe).

Die Ursachen der Streuung sind:

Schwingungen des Laufes der Waffe, Schwankungen der Witterungseinflüsse, kleine nicht zu vermeidende Unterschiede in der Munition und in der Verbrennungs= weise des Pulvers.

Vergrößert wird die Streuung durch die Fehler des einzelnen Schützen beim Zielen und Abkommen (Schützenstreuung).

20. Das auf einer senkrechten Fläche aufgefangene Streuungsbild ist meist höher als breit (Höhenstreuung also größer als Breitenstreuung, Bild 8).

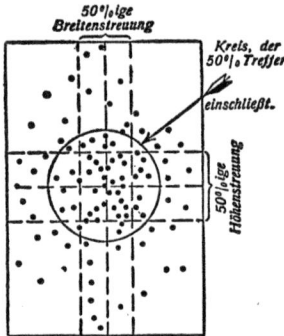

Bild 8.

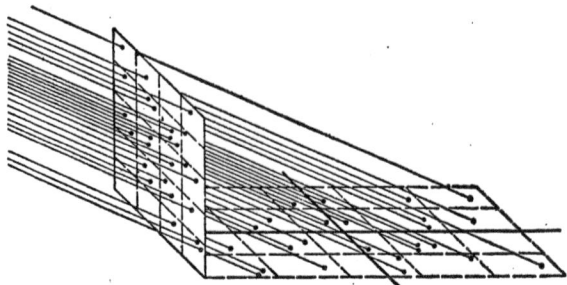

Bild 9. **Waagerechte Trefffläche.**

21. Auf dem Erdboden verteilen sich die Schüsse in einer Fläche, der waage= rechten Trefffläche (Bild 9), deren Breite mit der Entfernung zunimmt und deren Länge von der Größe der Höhenstreuung und dem Fallwinkel abhängt (Längenstreuung, Ziffer 24).

22. Für kleinere Entfernungen, auf denen Höhen= und Breitenstreuung nicht sehr verschieden sind, gibt der Radius des Kreises, welcher 50 % Treffer einschließt (Bild 8), ein geeignetes Maß zur Beurteilung der Treffähigkeit.

Die Geschoßgarbe.

23. Bei der Abgabe von Feuerstößen durch ein **l. M. G.**, Dauerfeuer durch **f. M. G.** oder beim Schießen mit **mehreren Gewehren** verteilen sich die Treffer auf eine mehr oder weniger große Fläche. Die Flugbahnen der Geschosse bilden eine Geschoßgarbe, deren Dichte von der Mitte der Trefffläche nach dem Rande zu allmählich abnimmt.

24. Die Tiefenausdehnung (Längenstreuung) der Geschoßgarbe hängt von der Größe der Höhenstreuung und des Fallwinkels ab. Wachsende Höhenstreuung vergrößert, steiler werdender Fallwinkel verringert die Tiefe der Garbe.

25. Die Tiefe der Garbe wird durch Witterungseinflüsse und Fehler des Schützen erweitert. Hierbei sprechen mannigfache Einflüsse, z. B. Ausbildungsgrad, Sichtbarkeit des Ziels, Feuergeschwindigkeit usw., vor allem die körperliche und seelische Verfassung des Schützen mit.

26. Fängt man die **f. M. G.=Garbe** auf einer senkrechten Scheibenwand auf, so erhält man das senkrechte Trefferbild (100 % Streuung der Waffe). Der senkrechte Durchmesser dieses Trefferbildes ist größer als der waagerechte. Mit zunehmender Entfernung wächst hauptsächlich die Höhenstreuung.

Auf dem Erdboden bilden die Geschoßeinschläge das waagerechte T r e f f e r = b i l d. Die Entfernung vom kürzesten bis zum weitesten Schuß in der Schuß=

richtung nennt man die Tiefe des vom Feuer bedeckten Raumes. Sie nimmt mit wachsender Entfernung infolge der stark zunehmenden Einfallwinkel ab.

Den mittleren, dichteren Teil der Geschoßgarbe, der etwa 75 % aller Schüsse enthält, nennt man den nutzbaren Teil, den Rest oberen und unteren Anschlußteil (Bild 10).

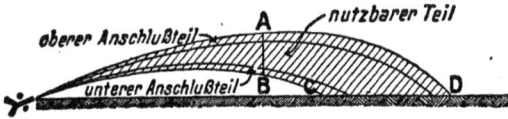

Bild 10. Die s. M. G.=Garbe von der Seite gesehen.
A—B 100prozentiger Höhendurchmesser, C—D der vom Feuer gedeckte Raum.

27. Beim Punktfeuer mit fester Höhen= und Seiteneinstellung ist die Ausdehnung der Garbe nach Breite, Höhe und Tiefe am geringsten. Beim Punkt=feuer mit losen Hebeln wächst die Ausdehnung nach der Breite, nach der Höhe und Tiefe jedoch nur unwesentlich. Die Ausdehnung der Garbe hängt von dem Maß des Festhaltens des M. G. durch den Richtschützen und vom Zustand der Lafette ab.

28. Gibt man Breitenfeuer (ohne Tiefenfeuer) ab, so treten Schwan=kungen in der Höhenlage der Garbe auf. Sie haben ihre Ursache in der verschieden starken Belastung der Stützen des Schießgestells beim seitlichen Schwenken der Seelenachse und damit der Richtung des Rückstoßes. Es entsteht ein enges wellen=artiges Trefferbild, dessen Höhe nach der Entfernung verschieden ist (Bild 11).

Bild 11. Senkrechtes Streubild bei Breitenfeuer mit festem Höhenwinkel.

Die Tiefenausdehnung der nutzbaren s. M. G.=Garbe ist im allgemeinen gering (z. B. auf 2000 m Entfernung 65 m).

Beim Messen der Entfernung mit Em. 14 und 34 ist auch bei berichtigtem Gerät und bei guten Messungen stets mit „Meßfehlern" zu rechnen, die oft größer sind als die Tiefenausdehnung der nutzbaren s. M. G.=Garbe. (Der praktische Meß=fehler auf 2000 m Entfernung z. B. beim Em. 14 und 34 = 75,6 m.) Um daher die s. M. G.=Garbe mit größerer Sicherheit in das Ziel zu bringen, wird die Tiefenstreuung planmäßig vergrößert und bewußt auf die erreichbare Höchstleistung verzichtet. Dies geschieht durch die Anwendung von 100 m= und 200 m=Tiefenfeuer.

Bei Tiefenfeuer überlagern sich die den verschiedenen Erhöhungen des s. M. G. entsprechenden Trefferbilder so, daß die Treffer im nutzbaren Teil sich annähernd gleichmäßig verteilen.

Je größer das Tiefenfeuer ist, desto weniger Treffer entfallen auf einen der Tiefe nach begrenzten Streifen.

29. Der Visierbereich ist der Raum, in dem ein Ziel von bestimmter Größe bei gleichbleibendem Haltepunkt ohne Umstellung des Visiers getroffen werden kann.

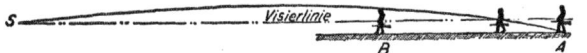

Bild 12.

In Bild 12 bewegt sich ein Ziel von A aus auf den Schützen S zu. In A, wo die Flugbahn die Füße des Ziels trifft, tritt es in den Visierbereich und bleibt in diesem bis B, wo die Flugbahn gerade noch den Kopf des Ziels streift.

15*

30. Bei Abgabe von Feuerstößen durch l. M. G. oder bei zusammengefaßtem Feuer mehrerer Gewehre vergrößert sich der Visierbereich um die Längenstreuung (A—C in Bild 13).

Bild 13.

31. Wenn ein Ziel beschossen wird, ist ein bestimmter Raum vor und hinter diesem Ziel gefährdet. Diesen gefährdeten Teil nennt man **bestrichenen Raum** (Bild 14). Große bestrichene Räume erschweren das Vorgehen von Unterstützungen und das Heranbringen von Munition.

Bild 14.

32. Den Raum hinter einer Deckung, der von dem Geschoß in seiner Flug=bahn nicht erreicht werden kann, nennt man „gedeckten Raum"*) (Bild 15). Er hängt ab von der Höhe der Deckung, der Größe des Auftreffwinkels der tiefsten Flugbahn und von der Zielhöhe.

Bild 15.

Abpraller.

33. Geschosse, die im Aufschlag abprallen, fliegen meist als Querschläger weiter. Abpraller von Kurzschüssen können die Wirkung im Ziel und den bestrichenen Raum vergrößern. Abpraller treten besonders auf, wenn die Geschosse bei kleinen Auftreff=winkeln auf hartem, steinigem oder mit fester Grasnarbe bewachsenem Boden oder auf Wasser aufschlagen. Bei großem Auftreffwinkel prallen sie seltener ab. Durch Anstreichen an Gräsern, Gestrüpp usw. können die Geschosse auch abweichen.

Schußleistungen und Durchschlagswirkung.

34. Die Gesamtschußweite des Gewehrs (M. G.) mit sS=Munition beträgt bei etwa 30° Erhöhung rund 4500 m.

Das sS=Geschoß durchschlägt:

a) auf 100 m 65 cm starkes trockenes Kiefernholz
   „   400 „ 85 „   „   „   „   „
   „   800 „ 45 „   „   „   „   „
   „ 1000 „ 20 „   „   „   „   „

b) bei senkrechtem Auftreffen:
   7 mm starke Eisenplatten bis etwa 550 m
   10 „   „   „   „   „   „ 300 „
   3 „   „   Stahlplatten „   „ 600 „
   und 5 „   „   „   „   „ 100 „

Auf 800 m bieten 3 mm starke Stahlplatten sicheren Schutz gegen sS=Munition.
In Sand dringen sS=Geschosse bis 90 cm ein.
Ziegelmauern von der Stärke eines ganzen Steines (25 cm) können von einzelnen sS=Ge=schossen nur durchschlagen werden, wenn sie zufällig die Fugen treffen.
Bei längerer Beschießung bieten auch stärkere Mauern, zumal wenn dieselbe Stelle häufig getroffen wird, keinen sicheren Schutz.
SmK=Munition durchschlägt 8,5 mm starke Stahlplatten bester Fertigung auf 400 m und 10 mm starke Stahlplatten gleicher Art noch auf 100 m.

---

*) Nicht eingesehener Raum = Deckung gegen Sicht.

2. Schießausbildung mit Gewehr.

1. Beim **Zielen** richtet man das Gewehr nach der Höhe und Seite so ein, daß die Visierlinie auf den Haltepunkt zeigt. Der Visierkamm steht waagerecht, das gestrichene Korn in der Mitte der Kimme (Bild 1 a und 2 a).

**Bild 1.
Haltepunkt.**

a   b   c

Nach der **Wahl des Haltepunktes im Ziel** unterscheidet man: In-das-Ziel-Gehen (Bild 1, a), Zielaufsetzen (Bild 1, b), Ziel verschwinden lassen (Bild 1, c).

**Bild 2.
Zielen.**

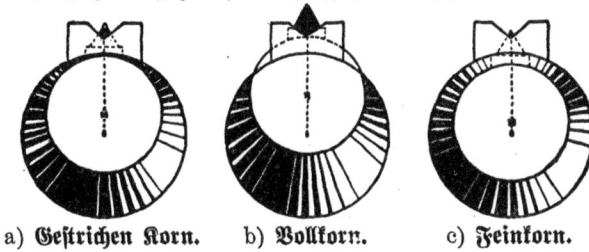

a) **Gestrichen Korn.**   b) **Vollkorn.**   c) **Feinkorn.**

Visierlinie   Seelenachse u. Geschoß-bahn   Visierlinie   Seelenachse u. Geschoß-bahn

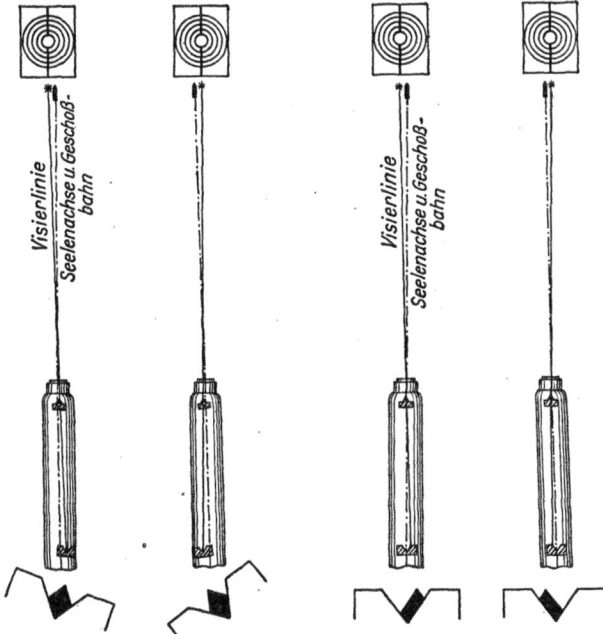

rechts   Bild 3.   links
verkantetes Gewehr.

rechts   Bild 4.   links
geklemmtes Korn.

Die häufigsten **Zielfehler** sind:

a) **Voll= oder Feinkornnehmen.** Sie entstehen, wenn das Korn zu viel oder zu wenig in die Kimme gebracht wird (Bild 2 b und c) und veranlassen Hoch= (Weit=) oder Tief= (Kurz=) Schüsse.

b) **Gewehr drehen.** Der Fehler entsteht, wenn der Visierkamm nicht waagerecht, sondern nach der einen oder anderen Seite geneigt, d. h. verkantet wird. Das Geschoß weicht nach der Seite ab, nach der das Gewehr verkantet wird, und schlägt etwas zu tief (kurz) ein (Bild 3).

c) **Korn klemmen.** Man klemmt das Korn, wenn man die Kornspitze nicht scharf in die Mitte der Kimme, sondern seitlich davon stellt. Links geklemmtes Korn ergibt Links=, rechts geklemmtes Korn Rechtsschuß (Bild 4).

d) **Belichtungsfehler** (Bild 5 und 6); siehe S. 205, Ziff. 18.

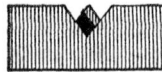

Bild 5.
Korn von oben hell beleuchtet.

Bild 6.
Korn von rechts hell beleuchtet.

2. Zur Prüfung und Förderung im Zielen dient das Dreieckzielen. Es wird in allen Körperlagen geübt. Hierbei richtet der Lehrer das auf einem Sandsack liegende Gewehr auf einen beliebigen Punkt der Scheibe. Dieser Punkt wird festgelegt (Kontrollpunkt). Dann zielt der Schütze,

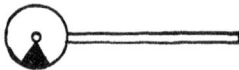

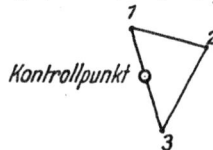

gezielt am:
10. 11., 15 m
liegend.

Bild 7. Ziellöffel.

Bild 8. Zieldreieck.

ohne das Gewehr zu berühren. Hierbei wird eine kleine durchlochte Blechscheibe (Bild 7), die von einem Manne gehalten wird, durch Zuruf oder Wink so lange auf der Scheibe hin und her bewegt, bis die Visierlinie nach Ansicht des Schützen den Mittelpunkt der Blechscheibe trifft.

Dieser Punkt wird auf der Scheibe mit einem Bleistift bezeichnet und das Verfahren noch zweimal wiederholt. Aus der größeren oder geringeren Abweichung der Punkte läßt sich dann die Fertigkeit im Zielen ersehen (Zieldreieck, Bild 8).

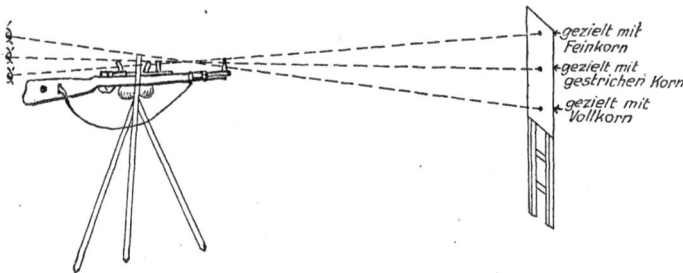

gezielt mit
Feinkorn

gezielt mit
gestrichen Korn

gezielt mit
Vollkorn

Bild 9. Dreieckzielen.

3. Mit dem Unterricht im Zielen wird das **Umfassen des Kolbenhalses,** zunächst am festliegenden Gewehr, geübt.

Der Kolbenhals wird mit der rechten Hand so weit vorn umfaßt, daß der ausgestreckte Zeigefinger auf der inneren unteren Seite des Abzugsbügels liegt und später beim Abkrümmen mit der Wurzel des ersten Gliedes oder mit dem zweiten Gliede den Abzug berühren kann. Die übrigen Finger umfassen den Kolbenhals fest, gleichmäßig und möglichst so, daß der Daumen dicht neben dem Mittelfinger liegt. Der Handteller paßt sich bis zur Handwurzel dem Kolbenhalse an (Bild 10).

4. Die Art des Zurückziehens des Abzuges bis zur Schußabgabe (Abkrümmen) hat großen Einfluß auf das Treffen. Das **Abkrümmen** wird zunächst an dem nach rechts gelegten Gewehr geübt.

Der Zeigefinger nimmt mit der Wurzel des ersten Gliedes oder mit dem zweiten Gliede Fühlung am Abzug und führt ihn durch Krümmen der beiden

Bild 10. **Umfassen des Kolbenhalses.**   Bild 11. **Druckpunkt.**

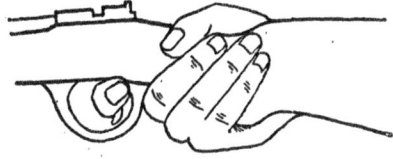

vorderen Glieder in einem Zuge zurück, bis Widerstand verspürt wird, d. h. man nimmt „Druckpunkt" (Bild 11); dann wird sofort gleichmäßig weiter gekrümmt.

Die rechte Hand muß bis zur Handwurzel fest am Kolbenhalse verbleiben und die Bewegung des Zeigefingers in seinem Wurzelgelenk ihren Abschluß finden, damit sie sich nicht auf Hand und Arm überträgt.

Nach dem Vorschnellen des Schlagbolzens wird der Zeigefinger noch einen Augenblick am völlig zurückgezogenen Abzuge behalten und dann langsam gestreckt.

5. **Die Scheiben** zum Schulschießen sind aus Pappe oder Leinwand, die Rahmen aus Holz. Mit ihrer Ringeinteilung muß sich der Schütze eingehend vertraut machen (Bild 12, 13 und 14).

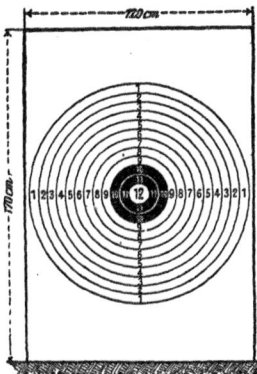

Bild 12. **Ringscheibe.**   Bild 13. **Kopfringscheibe.**   Bild 14. **Brustringscheibe.**

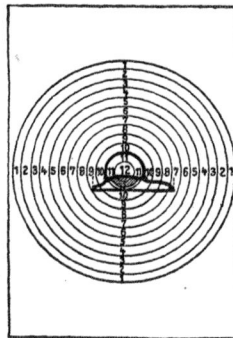

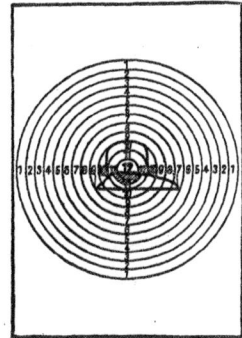

Anschlagarten.

6. Beim Anschlage bleibt der Blick auf das Ziel gerichtet; der Körper wird fest, aber frei und ungezwungen gehalten und das Gewehr kräftig in die Schulter gezogen. Beim Vorbringen des Gewehrs wird eingeatmet, beim **Einziehen:**

    es gleich auf den Haltepunkt gerichtet,
    ausgeatmet (und der Atem bis zur Schußabgabe angehalten),

das linke Auge geschlossen,
gleichzeitig Druckpunkt genommen
und sofort unter Festhalten oder Berichtigen des Haltepunktes
gleichmäßig abgekrümmt.

Selbst wenn die Visierlinie etwas schwankt, darf das gleichmäßige Abkrümmen nicht unterbrochen werden. Bei erheblicher Abweichung, wenn der Schütze erneut atmen muß oder wenn er glaubt, das gleichmäßige Abkrümmen bis zur Schuß-abgabe nicht durchführen zu können, setzt der Schütze ab. Das Absetzen darf nicht zur Gewohnheit werden. Es ist vielfach ein Zeichen von Ängstlichkeit oder mangelndem Entschluß.

Nach Abgabe des Schusses

öffnet der Schütze das geschlossene Auge,
streckt langsam den Zeigefinger,
hebt den Kopf
und setzt ruhig ab.

Er überlegt einen Augenblick und meldet dann sein **Abkommen,** d. h. er gibt den Punkt an, auf den die Visierlinie im Augenblick der Schußabgabe gerichtet war.

Wenn der Schütze sonst richtig gezielt usw. hat, aber übereilt und ruckweise abzieht, so „reißt" er. Neigt er in Erwartung des Knalles und Rückstoßes den Kopf nach vorn, schließt er das zielende Auge und bringt er die rechte Schulter vor, dann „muckt" er. Beides sind schwere Fehler, da der Schütze keinen sicheren Schuß abgibt.

7. **Anschlag sitzend am Anschußtisch.** Der Schütze stützt beide Ellenbogen auf, nimmt die rechte Schulter etwas zurück und umfaßt, bei leichter Anlehnung der linken Körperseite an den Tisch, mit der rechten Hand den Kolbenhals. Die linke Hand unterstützt das Gewehr vor dem Abzugsbügel oder umfaßt den Kolben von unten. Nun wird unter tiefem und ruhigem Ein- und Ausatmen der Kolben gehoben und durch die rechte Hand in die zwischen Kragen- und Muskelwulst der Achsel gebildete Höhlung fest eingezogen, nicht aber die Schulter gegen den Kolben vorgebracht oder gar gehoben. Gleichzeitig wird der Kopf zum Erfassen der Visierlinie leicht nach rechts vorwärts geneigt und diese auf das Ziel gerichtet. Fehlerhaft ist, den Kolben nahe am Halse auf das Schlüsselbein oder auf den Muskelwulst des Oberarms zu setzen. Lockern oder Nachgreifen der rechten Hand im Anschlag ist nicht gestattet (Bild 15).

8. Beim **Anschlag liegend aufgelegt oder freihändig** (Bild 16) liegt der Körper, etwas schräg zum Ziele, in sich gerade ohne Biegung der Hüften, beide Beine, mit der Innenseite des Ober- und Unterschenkels am Boden, sind ein wenig auseinandergenommen und ausgestreckt. Die Beine dürfen nicht gekreuzt, die Absätze nicht hochgestellt werden. Der Körper ruht fest auf beiden Ellenbogen. Die rechte Hand umfaßt den Kolbenhals und drückt mit dem Daumen kräftig von oben. Die linke Hand, der Daumen längs des Schaftes ausgestreckt, die vier

Bild 15.
Anschlag sitzend am Anschußtisch.

Bild 16. Anschlag liegend freihändig.
(Das Lager steht etwas schräg zum Ziel.)

anderen Finger gekrümmt und lose angelegt, unterstützt das Gewehr mit der vollen Handfläche vor dem Abzugbügel. Beide Arme richten das Gewehr, das die rechte Hand kräftig in die Schulter zieht, auf den Haltepunkt.

Beim Anschlag liegend aufgelegt ist es vorteilhaft, den Kolben mit der linken Hand von unten zu erfassen.

9. Zum **Anschlag kniend** (Bild 17) setzt der Schütze den linken Fuß unter gleichzeitiger Drehung auf den rechten Fußballen etwa einen Schritt vor die rechte Fußspitze und läßt sich auf das rechte Knie mit dem Gesäß bis auf die Hacken herunter. Der rechte Fuß kann dabei ausgestreckt, angezogen oder flach auf den Boden gelegt werden. Es bleibt dem Schützen überlassen, wie er durch Vor= und Zurücksetzen des linken Fußes das Gewicht des Oberkörpers verteilt.

Bild 17. **Anschlag kniend.**

Bild 18. **Anschlag sitzend.**

Das Gewehr wird mit dem Kolben an die rechte Seite auf die rechte Patronentasche gebracht, Mündung in Augenhöhe. Die rechte Hand umfaßt den Kolbenhals, der rechte Arm liegt leicht an der äußeren Seite des Kolbens. Die linke Hand unterstützt das Gewehr mit der vollen Handfläche ungefähr im Schwer= punkt. Der linke Arm stützt sich auf das linke Knie, wobei er entweder mit dem Ellenbogen auf das dicke Muskelfleisch des Oberschenkels dicht am Knie oder etwas oberhalb des Ellenbogengelenks auf das Knie gesetzt wird. Jetzt wird das Gewehr so weit vorgebracht, daß der Kolben beim Heben nicht unter dem Arm anstößt, und auf den Haltepunkt gerichtet, während die rechte Hand es gleichzeitig fest in die Schulter zieht, ohne den Ellenbogen über Schulterhöhe zu heben. Der Kopf, ein wenig nach vorn geneigt, liegt ganz leicht am Kolben, die Halsmuskeln sind nicht angespannt.

Die Höhenrichtung wird durch Anziehen oder Ausstrecken der rechten Fußspitze, durch Vor= oder Zurückziehen des linken Fußes oder des Ellenbogens auf dem linken Knie geändert. Fehlerhaft wäre es, zu diesem Zwecke die linke Fußspitze, die Ferse oder die linke Hand zu heben.

Gegen schnell sich seitwärts bewegende Ziele muß der Schütze **kniend freihändig,** d. h. ohne Aufstützen des linken Armes, anschlagen.

10. Statt des Anschlags kniend kann im Gelände ein **Anschlag sitzend** (Bild 18) zweckmäßig sein.

Der Schütze ermüdet in diesem Anschlage weniger und bietet ein kleineres Ziel. Er stützt den linken Ellenbogen auf das linke Knie wie beim Anschlag kniend. Das rechte Bein kann mit seinem Knie dem rechten Arm als Stütze dienen, aber auch ausgestreckt werden oder dem linken Fuß einen Halt geben. Bäume usw. können zum Anlehnen des Rückens ausgenutzt werden.

11. Zum **Anschlag stehend freihändig** (Bild 19) wendet sich der Schütze unter Anheben des Gewehrs halbrechts, setzt den rechten Fuß in der neugewonnenen Linie etwa einen Schritt nach rechts und stellt das Gewehr, Abzugbügel nach vorn, an die innere Seite des rechten Fußes.

Die Knie sind leicht durchgedrückt. Die Hüften und Schultern machen die gleiche Wendung wie die Füße.

Das Gewicht des Körpers ruht gleichmäßig auf Hacken und Ballen beider Füße.

Bild 19.
Anschlag stehend freihändig.

Das Gewehr wird wie beim Anschlag kniend an die rechte Brustseite gebracht, dann mit beiden Händen auf den Haltepunkt gerichtet und mit der rechten Hand fest in die Schulter gezogen. Der rechte Ellenbogen wird etwa bis zur Schulterhöhe gehoben. Der linke Arm, Ellenbogen möglichst senkrecht unter dem Gewehr, dient als Stütze. Das Gewehr ruht in der vollen Handfläche.

Der Kopf, mäßig nach vorn geneigt, liegt ganz leicht am Kolben, die Halsmuskeln sind nicht angespannt.

12. Bei den **gefechtsmäßigen Anschlagarten** kommt es darauf an, daß sich der Schütze unter Ausnutzung der Deckung in erster Linie eine Gewehrauflage schafft. Beim Anschlag hinter einer Böschung oder in einem Schützenloch für stehende Schützen wird die Vorderseite des Körpers angelehnt. Nach Möglichkeit werden beide Ellenbogen aufgestützt. Der Anschlag auf Bäumen hängt von der Beschaffenheit des Baumes ab; die Ausführung wird dem Schützen überlassen.

13. Der „**Schnellschuß**", d. h. der rasch angebrachte Schuß, muß in allen Anschlagsarten schulmäßig vom Soldaten erlernt sein.

Erfolgreiche Schnellschüsse werden erzielt durch schnelle und sichere Anschlagsbewegungen mit sofortigem Druckpunktnehmen während des Einziehens, dem unverzüglich ein ruhiges, aber entschlossenes Abkrümmen folgt. Der Schütze „sticht" beim Vorbringen des Gewehrs, während das Auge

Bild 20. **Gefechtsmäßiger Anschlag.** **Bild 21.**

fest auf den Haltepunkt gerichtet ist, mit der Mündung das Ziel an und zieht den Kolben kurz ein, so daß sich das Korn in der Linie Auge—Haltepunkt schnell vor= und zurückbewegt. Gewohnheitsmäßiges richtiges Einsetzen des Kolbens ist hierbei besonders wichtig, es darf kein Verändern der Kolbenlage oder der Kopfhaltung mehr notwendig werden. Es kann nicht genügend betont werden, daß die Schnelligkeit nur durch Beschleunigung aller Bewegungen bis zum Druckpunktnehmen einschließlich erreicht werden darf, während das Durchkrümmen und Zielen zwar unverzüglich, aber ruhig zu erfolgen hat.

3. Schießausbildung mit M. G. 34 (l. M. G.).

1. Das **Feuer** des **l. M. G.** besteht aus schnell aufeinanderfolgenden **Feuerstößen** von 3 bis 8 Schuß. Die Pausen zwischen den Feuerstößen dürfen nur so lang sein, als zum erneuten Anvisieren des Ziels unbedingt erforderlich ist.

Das l. M. G. gibt stets **Punktfeuer** ab. Breite Ziele werden bekämpft, indem der Schütze Punktfeuer an Punktfeuer reiht. **Einzelfeuer** wird nur in Ausnahmefällen angewandt.

2. Über das **Zielen** mit l. M. G. gelten die Bestimmungen für das Zielen mit Gewehr (siehe S. 209).

3. Die **Scheiben** werden für die jeweilige Übung und Schießklasse hergerichtet. Es gelten Quadrat oder Figurenfeld als getroffen, wenn ihr Rand berührt ist.

Bild 1. Grundscheibe (schematisch).

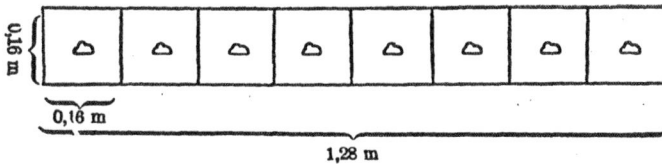

Größe
der Figuren.

0,16 m

0,16 m

1,28 m

4. **Abziehen.** Beim Einsetzen des Kolbens in die Schulter richtet der Schütze die Visierlinie auf den Haltepunkt und nimmt Druckpunkt. Unter Festhalten der Visierlinie ist mit dem Zeige= und Mittelfinger mit stetig zunehmendem Druck abzuziehen. Beim Abgeben von Feuerstößen ist der am Abzug liegende Finger der rechten Hand in den Feuerpausen nur so lang zu machen, als es zur Unterbrechung des Feuers erforderlich ist.

5. **Anschlag liegend.** Die Treffleistung (Zusammenhaltung der Garbe im Ziel) hängt beim M. G. 34 von der Lage des Körpers zur Seelenachse (Schußrichtung) ab. Der Körper muß so zur Schußrichtung liegen, daß die nach rückwärts verlängerte Seelenachse durch die Mitte des Körpers geht (Bild 2). Durch Auseinanderspreizen der Beine wird eine feste Lage des Körpers erreicht.

Bild 2. **Anschlag liegend.** Bild 3.

Zweibein, Schulter und Ellenbogen stützen gleichmäßig das M. G. Es ist mit dem Gewicht des Körpers — nicht mit der Schulter allein — leicht nach vorn gegen das Zweibein zu drücken. Der Kolben wird mit der l i n k e n Hand in die Schulter eingezogen und während des Schießens festgehalten.

Zwischen Schulter und Zweibein ist eine feste, aber zwanglose Verbindung herzustellen (Bild 3). Jede krampfhafte Anspannung ist zu vermeiden. Läßt sich das verkantete M. G. im Anschlag schwer drehen, so genügt ein leichtes Zurückziehen, um das Drehen des M. G. im Zweibein zu erleichtern.

6. **Anschlag stehend, kniend, sitzend,** Anschlag ohne Gabelstütze und Anschlag auf Bäumen.

Hinter einer Böschung, in Gräben, Granattrichtern usw. wird der Schütze auch stehend, kniend oder sitzend anschlagen. Beim stehenden Anschlag nimmt der Schütze durch engere oder weitere Fußstellung die entsprechende Anschlagshöhe ein.

Die Ausführung des Anschlages auf Bäumen hängt von der Beschaffenheit des Baumes ab und ist dem Schützen überlassen.

Bild 4. Anschlag kniend mit Dreibein.

7. Anschlag mit Dreibein. Ist beim Erdbeschuß das Schießen auf Gabelstütze infolge der Bodenform oder Bodenbedeckung nicht möglich, so kann zu einem höheren Anschlag das Dreibein verwendet werden.

Beim Anschlag kniend läßt sich der Schütze auf ein oder beide Knie herunter.

Das Dreibein muß beim Anschlag kniend oder stehend (z. B. bei hohem Getreide) während des Schießens von einem liegenden Schützen festgehalten werden (Bild 4).

8. Anschlag in der Bewegung. Schütze 1 legt das M. G. in die rechte Hüfte und faßt mit der linken Hand am Dreibein zu wie Bild 5 oder aber mit dem Asbestlappen am Mantel wie Bild 6. Die linke

Bild 5.   Anschlag in der Bewegung.   Bild 6.

Hand gibt dem M. G. die Richtung beim Schießen. Der Schütze schießt im Gehen. Er kann auch stehenbleiben oder hinknien und Feuerstöße abgeben. Beim Schießen in der Bewegung muß die Federspannung stärker sein als bei den übrigen Anschlagarten.

4. Schießausbildung mit Pistole.

1. Anschlag. Da der Schütze beim kriegsmäßigen Gebrauch der Pistole schnell zum Schuß kommen muß, wird er meist im Stehen anschlagen. Bei schulmäßiger Ausführung dieses Anschlages stellt er sich — die Pistole in der rechten Hand — wie zum Anschlag stehend freihändig mit Gewehr hin, jedoch **mit einer Wendung halblinks** (siehe Bild). Der linke Arm kann beliebig gehalten werden; der rechte Arm ist, natürlich ausgestreckt, vorwärts abwärts gerichtet.

Die Pistole wird geladen und entsichert. Während die Augen den Haltepunkt suchen, hebt die rechte Hand mit leicht gekrümmtem oder zwanglos gestrecktem Arm die Pistole bis in Augenhöhe und richtet sie gleichzeitig auf das Ziel. Der Zeigefinger geht an den Abzug, das linke Auge wird geschlossen und die Visierlinie auf den Haltepunkt gerichtet. Langes Zielen ist zu vermeiden.

Anschlag stehend freihändig.

Besondere Kampfverhältnisse können den Gebrauch der Pistole auch in anderen Körperlagen notwendig machen.

Im Anschlag liegend kann es zweckmäßig sein, daß die linke Hand den rechten Unterarm dicht hinter dem Handgelenk umfaßt oder die rechte Hand von unten stützt.

2. Abkrümmen. Der Abzug wird durch gleichmäßiges, entschlossenes Krümmen des Zeigefingers zurückgezogen, bis der Schuß fällt. Reißen verschlechtert wegen der Kürze der Waffe und der Art des Anschlages das Ergebnis noch mehr als beim Schießen mit Gewehr.

Wenn nicht sofort weitergeschossen wird, gibt der Zeigefinger nach dem Schuß den Abzug langsam frei und legt sich oberhalb des Abzugsbügels. Die Pistole wird im Anschlag gesichert.

3. Haltepunkt. Der Haltepunkt ist im allgemeinen „Mitte des Ziels".

4. Das Deuten. Wenn der Schütze das überlegte Zielen und das Abkrümmen beherrscht, wird er im Deuten ausgebildet. Der Mann „deutet" auf den Haltepunkt und krümmt ohne genaues Zielen rasch ab. Dabei ist es ihm gestattet, mit dem längs des Gleitstückes ausgestreckten Zeigefinger auf das Ziel zu deuten und mit dem Mittelfinger abzukrümmen.

5. Flugzielbeschuß.

1. Abwehrwaffen. Unter 1000 m werden die l. und s. M. G., unter 500 m auch Gewehre zur Flugabwehr eingesetzt. Die leichten und schweren M. G. sind hierbei gleichwertige Waffen.

2. Flugrichtungen der Flugziele. Vom Schützen aus gesehen unterscheidet man den Vorbeiflug, den An= und Abflug und den Sturzflug.

3. Vorbeiflug (Bild 1) wird jeder Flug genannt, der nicht unmittelbar über den Schützen hinwegführt.

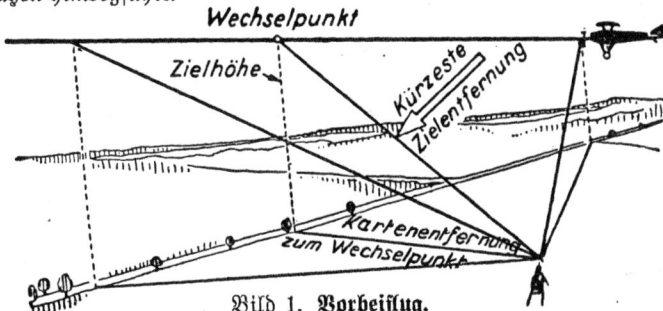

Bild 1. **Vorbeiflug.**

4. An= und Abflug (Bild 2) ist jeder Flug, der — gleich aus welcher Richtung er erfolgt — **über** den Schützen hinwegführt.

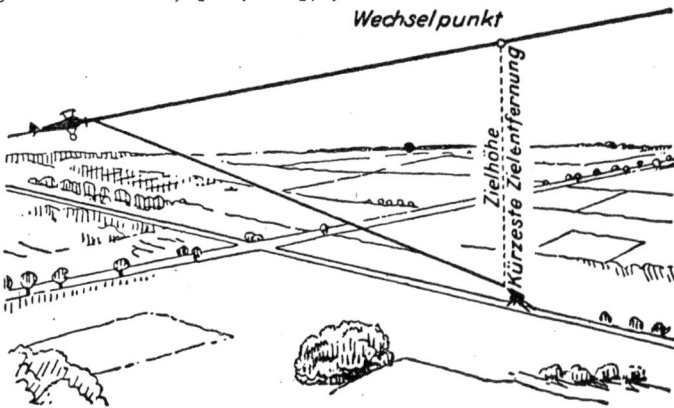

Bild 2. **An= und Abflug.**

5. **Sturzflug** (Bild 3) ist ein Flug, bei dem das Flugziel aus größeren Höhen auf ein Ziel herunterstößt.

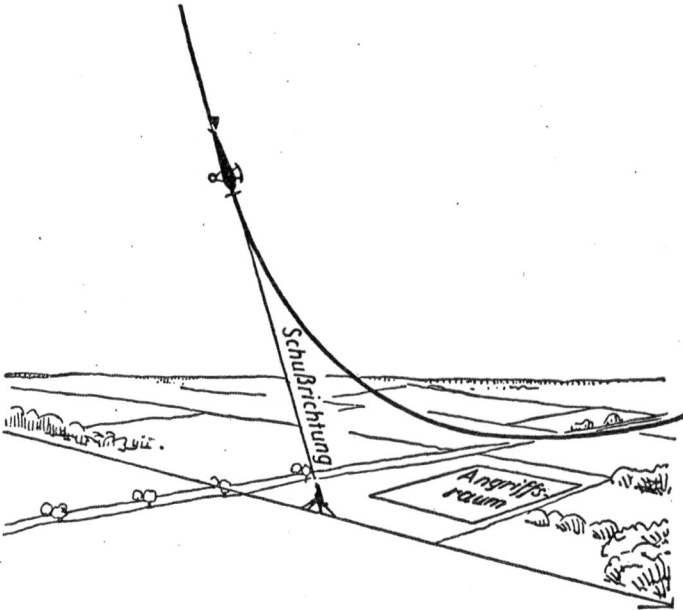

Bild 3. **Sturzflug.**

6. **Wechselpunkt** ist der Ort, an dem das Flugziel beim Vorbei= oder An= und Abflug die kürzeste Entfernung zum Schützen erreicht hat.

Bis zum Wechselpunkt heißt das sich nähernde Flugziel „kommendes Ziel", nach dem Wechselpunkt das sich entfernende Flugziel „gehendes Ziel".

7. **Toten Trichter** nennt man den Raum, in welchem ein Flugziel von Maschinenwaffen infolge der Lagerung auf dem Schießgestell nicht unter Feuer genommen werden kann (Bild 7).

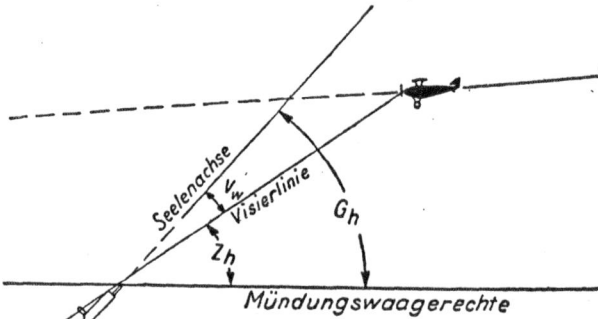

Zh = Zielhöhenwinkel   Vw = Visierwinkel   Gh = Gesamterhöhung

Bild 4. **Visierwinkel.**

8. Die **Zielhöhe** ist die Höhe des Zieles über der Mündungswaagerechten (Bild 1).

9. **Die Kartenentfernung zum Wechselpunkt** ist die Entfernung von der Waffe zum Wechselpunkt in der Horizontalebene (Bild 1).

10. Der **Zielhöhenwinkel** (Bild 4) ist der Winkel, den die Visierlinie (Ziellinie) mit der Mündungswaagerechten bildet.

11. Der **Visierwinkel** (Bild 4) ist der Winkel, den die Visierlinie über Kimme—Fadenkreuzmitte mit der Seelenachse bildet.

12. Die **Gesamterhöhung** (Bild 4) ist der Winkel, den die Seelenachse der eingerichteten Waffe vor Abgabe des Schusses mit der Waagerechten bildet (Zielhöhenwinkel + Visierwinkel).

13. Unter **Flugwinkel** (Bild 5) versteht man den Winkel, den die Visierlinie mit dem Flugweg des Flugzieles bildet.

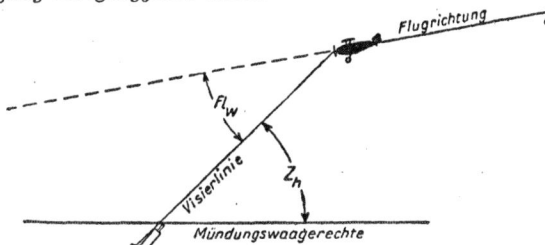

Flw = Flugwinkel   Zh = Zielhöhenwinkel

Bild 5. **Flugwinkel.**

14. Unter **Winkelgeschwindigkeit** versteht man die Geschwindigkeit, mit der das Flugziel in 1 Sekunde am Schützen vorbeifliegt. Sie wird nicht nach der durchflogenen Strecke in Metern, sondern nach dem vom Schützen aus gesehenen Winkel (Bild 6) in Graden bezeichnet.

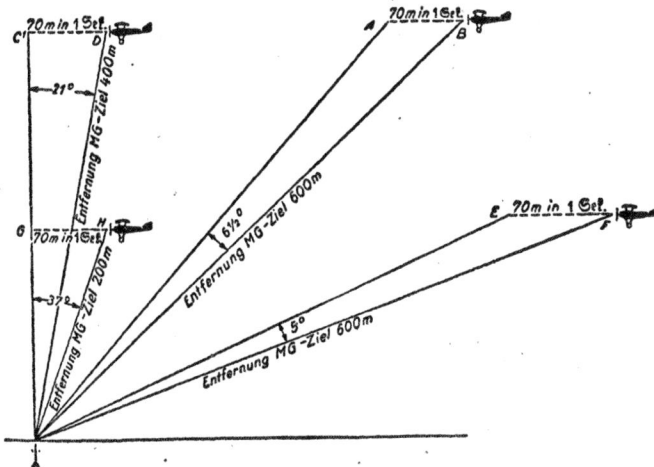

Bild 6. **Winkelgeschwindigkeit.**

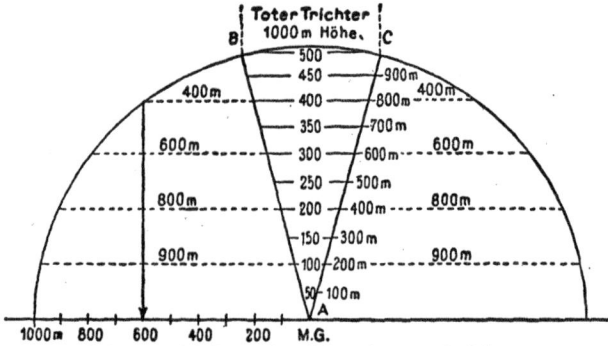

Bild 7. **Wirkungsbereich und toter Trichter.**

15. **Wirkungsbereich der M. G.** Flugziele, die sich mit einer Geschwindigkeit bis zu 100 m in der Sekunde (360 km/Std.) bewegen, durchqueren beim Schießen den zu ihrer Bekämpfung vor dem Flugziel liegenden M. G.-Feuerkegel in Bruch=teilen von Sekunden. Während dieser Zeit kreuzen beim Einsatz eines M. G. nur wenige Geschosse den Weg des Flugziels. Unter Umständen kann das Flugziel zwischen zwei sich folgenden Geschossen hindurchkommen, ohne getroffen zu werden. Die Möglichkeit des Durchfliegens zwischen zwei sich folgenden Geschossen kann nur durch zusammengefaßtes Feuer mehrerer M. G. oder durch M. G. mit großer Schußgeschwindigkeit vermindert werden.

16. Den Einfluß, den der beim Schießen (vom Schießgestell) über dem M. G. entstehende tote Trichter auf den Wirkungsbereich ausübt, zeigen die Bilder 7 und 8.

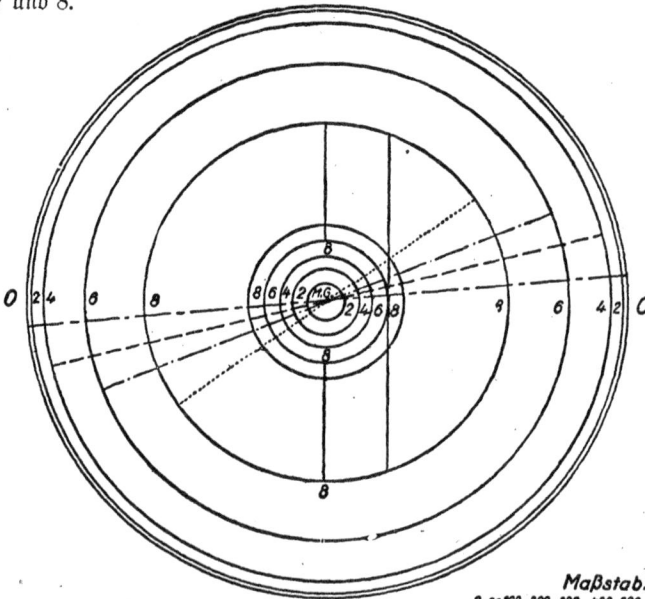

Maßstab: 1:20000

Bild 8. **Der Einfluß des toten Trichters auf den Wirkungsbereich in den verschiedenen Höhen** (im Kreisdurchmesser — Draufsicht —).

17. Ein in 800 m Höhe mit 70 m/Sek. unmittelbar über den Schützen hinweg=fliegendes Flugziel durchquert den Wirkungsbereich des M. G. in etwa 12 Sekunden — 6 Sekunden im Anflug und 6 Sekunden im Abflug —. Die Zeit für das Durch=fliegen durch den toten Trichter ist dabei nicht eingerechnet.

18. Wenn das Flugziel den toten Trichter in seinem ganzen Durchmesser durchfliegt, ergeben sich für den An= und Abflug in den verschiedenen Flughöhen folgende Flugstrecken und Beschußzeiten für die Bekämpfung mit M. G.:

Höhe des Flugzieles m	Flugstrecke für die Bekämpfung mit M. G. m	Beschußzeit bei einer Flug=geschwindigkeit von 250 km/Std. (70 m/Sek.) Sekunden	Schußzahl für ein M. G. bei einer ununterbrochenen Geschoßfolge von 400 bis 500 Schuß in der Minute
800	800	$11^{1}/_{2}$	77— 96
600	1200	$17^{1}/_{3}$	116—144
400	1600	23	153—192
200	1800	26	173—217

19. **Wirkungsbereich der Gewehre.** Die kurze Zeit, die dem Schützen beim Schießen gegen Flugziele mit Gewehr zum Laden, Anschlagen, Zielen und Abkrümmen zur Verfügung steht, erschwert die Abgabe eines ruhigen, gutgezielten Schusses. Über 500 m Entfernung entspricht die Wirkung nicht mehr dem Munitionseinsatz. Ein toter Trichter entsteht hier nicht.

20. Die **Entfernung zum Flugziel** wird mit Hilfe des Entfernungsmessers ermittelt. Er ist hierfür stets auf 1200 m zu stellen. Deckt sich das Meßbild im Entfernungsmesser, so ist das Flugziel im Wirkungsbereich. Ist der Entfernungs=messer nicht zur Stelle, so muß die Entfernung geschätzt werden. Dazu gelten ohne Glas folgende Anhaltspunkte. Es sind zu erkennen:

Die Hoheitsabzeichen . . . ab 1200 m, | Verstrebungen . . . . ab 600 m,
Räder und Fahrgestell . . ab 800 m, | Köpfe der Insassen . . . . ab 300 m.

21. **Zielen auf Flugziele mit M. G.** Um beim Flugzielbeschuß mit M. G. ein für alle Fälle richtiges Vorhaltemaß zu haben, wird die Fliegervisiereinrichtung (Kimme—Kreiskorn) verwendet. Das Kreiskorn gibt das Vorhaltemaß an (Bild 9

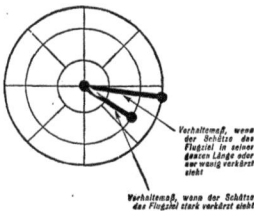

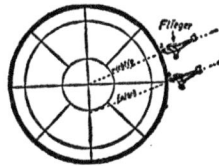

Bild 9. Bild 10. Bild 11.

und 10). Es trägt Zielgeschwindigkeiten von 150 bis 300 km/Std., Entfernungen von 0 bis 1000 m und allen An= und Abflugrichtungen Rechnung.

Der Schütze zielt das Flugziel an seiner Spitze (Propeller) an:

a) an einem Punkt des mittleren Kreises, wenn er das Flugziel stark verkürzt sieht (bei dem Anzielen an einem Punkt des äußeren Kreises würde die Vorhaltestrecke am Flugziel zu groß werden);

b) an einem Punkt des äußeren Kreises, wenn er das Flugziel in ganzer Länge oder nur wenig verkürzt sieht.

Der Punkt an dem entsprechenden Kreis des Kreiskorns ist beim Anzielen so zu wählen, daß der verlängerte Flugweg durch die Mitte des Kreiskorns (Fadenkreuzmitte) geht (Bild 10).

Beim Sturzflug wird immer über die Fadenkreuzmitte angerichtet (Bild 11).

22. Zielen auf Flugziele mit Gewehr. Da sich das Flugziel in Bewegung befindet, das Geschoß ferner eine bestimmte Zeit braucht, um es zu erreichen, haben sich folgende V o r h a l t e m a ß e herausgebildet:

Bei einer Entfernung von:

100 m vom Schützen = 12 m,	300 m vom Schützen = 38 m,
200 m = = 24 m,	400 m = = 52 m.

Diese Maße in der Luft abzuschätzen, ist aber sehr schwierig, weshalb man sich merken kann, etwa 1 bis 5 Flugziellängen vor das Ziel zu halten.

Das Zielen beim Vorbeiflug geschieht in der Weise, daß man das Flugziel anzielt (Mitte des Ziels) und dann durch kurzen Ruck die Mündung des Gewehrs 2 bis 5 Flugziellängen vor das Ziel richtet.

In der Regel sind mit dem Gewehr nur Flugziele zu bekämpfen, die sich auf den Schützen zu bewegen. Die Bekämpfung der Flugziele im Vorbeiflug ist Sache der Maschinengewehre.

Beim An= und Abflug ist „Ziel aufsitzend" zu halten. Ein Visier ist nicht zu stellen; es wird mit Visier 100 geschossen.

23. Anschlagarten (Bilder 12 bis 15). Bei allen Anschlagarten ist beim Schützen besonders auf ruhigen, aber raschen Übergang von einer Körperstellung zur anderen (Wechsel der Erhöhung) und auf schnelles Erfassen des Ziels und erneutes Anzielen zu achten.

Der Anschlag richtet sich nach der Flugrichtung und der Erhöhung, die dem M. G. beim Zielen gegeben werden muß. Fliegt das Flugziel unmittelbar auf die Feuerstellung zu oder von rechts heran, so wird die Schulterstütze (Kolben in die rechte Schulter eingesetzt; bei einem Anflug von links kann die Schulter= stütze (Kolben) in die linke Schulter eingesetzt werden.

Anschlagarten zum Flugzielbeschuß.

Bild 12. **Anschlag auf M. G.=Lafette 34.**   Bild 13. **Anschlag auf der Schulter.**

Bild 14.
Anschlag auf Dreibein.

Bild 15.
Beispiel für Anschlag mit Gewehr.

24. Einsatz der M. G. Zur Bekämpfung von Flugzielen werden die Maschinengewehre im Dreieck mit Zwischenräumen von 50 bis 60 m und etwa 200 bis 600 m vom zu schützenden Objekt entfernt aufgestellt. Das Feuer wird im allgemeinen erst dann eröffnet, wenn das Leit=M. G. das Feuer eröffnet. Das Feuer ist auf **ein** Flugziel zu vereinigen (Bild 16). Um die Flugbahn der Geschosse besser kenntlich zu machen, wird zum Flugzielbeschuß Munition mit eingegurteten Leucht= spurpatronen (Verhältnis 3 : 1) verwendet.

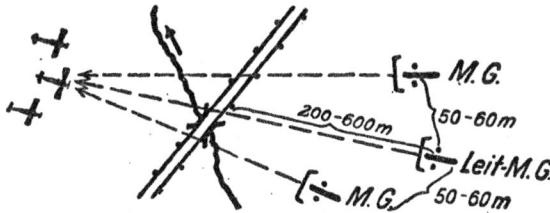

Bild 16. Einsatz von 3 M. G.

25. Nach der **Verwendung** unterscheidet man folgende **Flugzeugarten:**

Aufklärungsflieger für operative, taktische und Gefecht = Luftaufklärung; Artilleriefliegerdienst (Zielerkundung; Schußbeobachtung). Augen= und Bild= erkundung. — Aufklärungsflieger können ausnahmsweise erkannte Ziele bekämpfen (Bombenabwurf).

Jagdflieger: Kampf gegen Feind in der Luft, ausnahmsweise Angriff gegen Erdziele (nur am Tage!) in stärkeren Verbänden im Tiefangriff. Einsatz am Tage in der Regel in geschlossenen Verbänden (Staffeln, Gruppen); Nachtjagd einzeln.

Kampfflieger: Angriffe gegen Erdziele mit Bomben (Brandbomben, Minen= bomben, Splitterbomben). Abwurfsarten: Einzel=, Reihen=, Verbands= und Schüttabwürfe (Abwurf größerer Zahl Brandbomben ohne Zielen). Angriffsarten: Hochangriff (4000 bis 6000 m Abwurfhöhe), Tiefangriff meist gegen lebende Ziele (Ansammlungen), Sturzbomberangriff gegen Ziele mit geringer Ausdehnung (Brücken, Straßen und Bahnüber= bzw. =unterführungen). Verbandsformen für Bombenabwurf: Keile, Kolonnen; am Tage geschlossen im Staffel=, Gruppen= oder Geschwaderverband, seltener im Einzelflug; nachts nur Einzelflug mit geringem Zeitabstand.

16*

26. Die **Flugeinheiten** bestehen aus (Bild 17): a) Kette = 3 Flugzeuge b) Staffel = 9 Flugzeuge, c) Geschwader = 27 Flugzeuge.

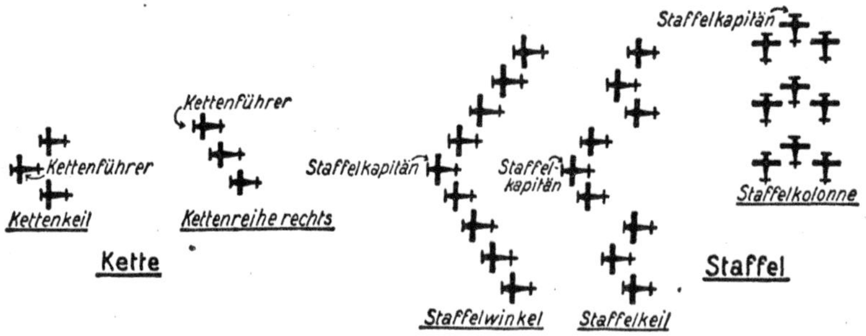

Staffelkapitän

Kettenführer

Kettenführer

Kettenreihe rechts

Staffelkapitän

Staffel-kapitän

Staffelkolonne

Kettenkeil

Kette

Staffel

Staffelwinkel   *Staffelkeil*

Bild 17. **Formen der Flugeinheiten.**

27. **Flugzeugarten** nach:

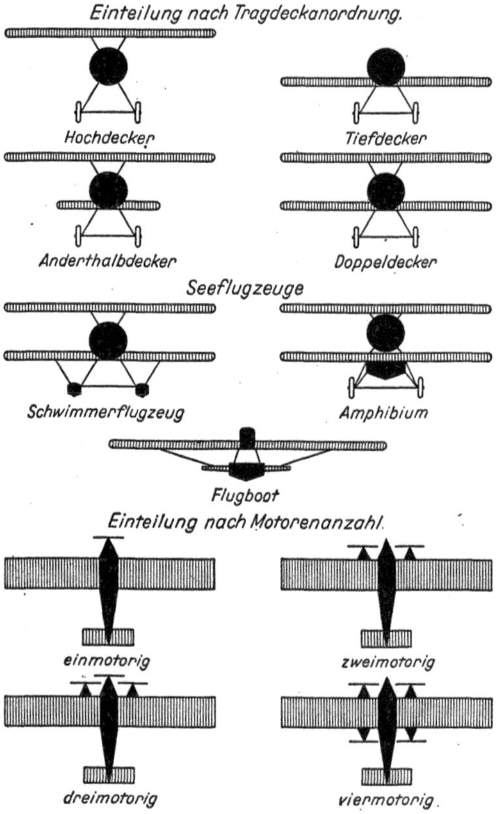

Einteilung nach Tragdeckanordnung.

Hochdecker

Tiefdecker

Anderthalbdecker

Doppeldecker

Seeflugzeuge

Schwimmerflugzeug

Amphibium

Flugboot

Einteilung nach Motorenanzahl.

einmotorig

zweimotorig

dreimotorig

viermotorig

6. Schulschießen mit Gewehr und M.G.

Der Grundsatz, daß der Soldat zu jedem Dienst vorbereitet erscheinen soll, gilt besonders für das Schießen. Es ist eine alte Lebensweisheit, daß Bescheidwissen in einer Angelegenheit dem Menschen Ruhe und Sicherheit verleiht. Gerade diese Voraussetzungen sind für ein gutes Schießen von größtem Wert.

Am Tage vor dem Schießen prüft der Soldat sein Gewehr, ob es zum Schießen in Ordnung ist (z. B. prüft er Druckpunkt, Ladeeinrichtung, Kornstellung). Findet er Übelstände, so ist es jetzt noch Zeit, sie zur Meldung zu bringen. Die Übung, die er zu schießen hat, prägt er sich ein und überlegt sich, ob er durch Erlernen des Anschlags und im Zielen genügend für sie vorbereitet ist. Mit allem Ernst denkt er an Fehler, die sich beim letzten Schießen gezeigt haben, und sorgt dafür, daß sie nunmehr nicht erneut auftreten. Seinen Anzug bringt er tadellos in Ordnung (Sitz des Schießanzugs!).

Da ein ausgeruhter Körper eine ausgezeichnete Grundlage für gutes Schießen ist, begibt sich der ordentliche Soldat abends frühzeitig zur Ruhe, raucht nicht übermäßig und trinkt keinen Alkohol. Morgens ißt er sich völlig satt, da ein leerer Magen die Erhaltung der körperlichen Ruhe sehr beeinträchtigen kann. Das kleine Schießbuch nimmt er mit, die Exerzierpatronen läßt er zu Hause. Auf dem Wege zum Schießstand achtet er auf das Wetter und die Beleuchtung und überlegt sich, inwieweit die herrschende Witterung auf das Schießen von Einfluß sein kann.

Schießbetrieb beim Schießen mit Gewehr.

Jeder Schütze schießt grundsätzlich mit seinem Gewehr. Eine Übung ist nur erfüllt, wenn das geforderte Ergebnis entweder mit der vorgeschriebenen Schuß=zahl oder beim Nachgeben von Patronen mit den letzten Patronen an der vor=geschriebenen Schußzahl an einem Tage erreicht wird. Nur in Ausnahmefällen darf der Schütze an einem Tage zwei Schulschießübungen schießen. Eine nicht erfüllte Schulschießübung darf er am gleichen Tage nicht wiederholen.

Auf dem Stande müssen alle Gewehre, die nicht in der Hand der zum Schießen angetretenen Soldaten sind, geöffnete Kammern haben und dürfen keine Patronen enthalten.

Geladene Gewehre sind, auch wenn sie gesichert sind, nicht aus der Hand zu setzen. Soll dies geschehen, sind sie vorher zu entladen und zu öffnen.

Geladene Gewehre werden, nachdem sie gesichert sind, stets mit den Worten **„ist geladen und gesichert"** übergeben.

Aus Sicherheitsgründen ist es verboten, auf den Ständen während des Schießens Anschlag= und Zielübungen abzuhalten.

Auf jedem Stande sind zum Schießen erforderlich:
    ein Offizier oder Portepeeunteroffizier als Leitender,
    ein Unteroffizier zur Aufsicht beim Schützen,
    ein Patronenausgeber,
    ein Schreiber zum Eintragen der Treffergebnisse in die Schießkladde und Schießbücher.
Bei längerem Schießen werden diese Personen abgelöst.

Der **Leitende** ist für den gesamten Schießbetrieb verantwortlich. Vor Beginn des Schießens prüft er den Stand, die Deckung, die Scheibe und Geräte und läßt sich die Patronen vorzählen. Über den Befund, die Zahl der Patronen und die Verwarnung der Anzeiger und des Schreibers läßt er in die Schießkladde einen Vermerk aufnehmen, den er unterschreibt*).

---

*) Anzeiger und Schreiber werden über die Strafbestimmungen des § 139 W. St. G. B. belehrt, wonach vorsätzlich falsches Anzeigen oder Aufschreiben der Treffergebnisse unter hohe Strafen gestellt sind. Der § 139 lautet: „Wer vorsätzlich ein unrichtiges Dienstzeugnis ausstellt oder eine dienstliche Meldung unrichtig abstattet oder weiterbefördert und dadurch vorsätzlich oder fahrlässig einen erheb=lichen Nachteil, eine Gefahr für Menschenleben oder in bedeutendem Umfange für fremdes Eigentum oder eine Gefahr für die Sicherheit des Reichs oder für die Schlagfertigkeit oder Ausbildung der Truppe herbeiführt, wird mit Gefängnis von sechs Monaten bis zu drei Jahren bestraft. Zugleich ist gegen Unteroffiziere und Mannschaften auf Dienstentlassung zu erkennen. In minder schweren Fällen tritt geschärfter Arrest oder Gefängnis oder Festungshaft bis zu sechs Monaten ein."

Der **Unteroffizier zur Aufsicht beim Schützen** überwacht die Tätigkeit des Schützen, achtet auf die Zeichen des Anzeigers und bedient die Zeichentafel (Flagge) oder den Fernsprecher auf Befehl des Leitenden.

Der **Patronenausgeber** übernimmt vor dem Schießen die Patronen und gibt sie nach Bedarf aus. Nicht verschossene Patronen und Versager werden an ihn zurückgegeben.

Der **Schreiber** erhält in der Nähe des Leitenden seinen Platz, von dem er die Zeichen des Anzeigers sehen kann. Er achtet genau auf sie und trägt nach Meldung des Schützen das Abkommen oder den angesagten Sitz des Schusses in einer besonderen Zeile und darunter den angezeigten Sitz des Schusses in die Schießkladde mit Tinte oder Tintenstift ein. In den Schießbüchern vermerkt er nur den angezeigten Schuß.

Vor dem Eintragen wiederholt der Schreiber die Angaben des Schützen.

Die Schüsse werden mit folgender Bezeichnung eingetragen:

1—12 (bzw. 1—24): Treffer innerhalb der Ringe,

+: Treffer außerhalb der Ringe (bei Ring- und Figurringscheiben),

F: Treffer in der Figur (bei Figurscheiben oder in den Figurenquadraten beim Einzel-feuer mit dem l. M. G.),

0: Fehler oder Querschläger, der die Scheibe getroffen hat,

⊕ nicht gefeuert (bei Übungen mit Zeitbegrenzung).

Der genaue Sitz des Schusses ist durch einen Punkt zu bezeichnen, z. B.:

$$+ . , \cdot 9, \dot{1}0, \dot{1}\dot{1}.$$

Alle an einem Schießtage zur Erfüllung einer Übung abgegebenen Schüsse werden auf eine Linie gesetzt. Die Schüsse, mit denen die Übung erfüllt wurde, werden unterstrichen.

Die Schüsse innerhalb der Ringe 1—9 werden durch arabische Zahlen, die anderen durch die folgenden Zeichen angezeigt.

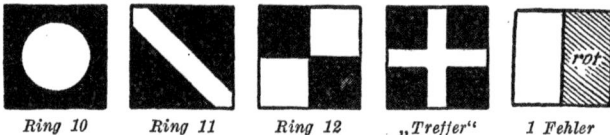

| Ring 10 | Ring 11 | Ring 12 | „Treffer" | 1 Fehler |

Dienst an der Scheibe. Zum Dienst an der Scheibe sind ein Unteroffizier oder geeigneter Mann als Aufsichtführender und 3 Gehilfen erforderlich. Sie werden nach etwa 2 Stunden abgelöst.

Der **Aufsichtführende** ist verantwortlich für sorgfältige Beachtung der Sicherheitsbestimmungen, für richtiges Aufstellen der Scheiben (lotrecht und rechtwinklig zur Schießbahn) und der Spiegel-vorrichtung, für gewissenhaftes Feststellen und Anzeigen der Trefferergebnisse und für das Zukleben der Schußlöcher.

Er beobachtet die Schießbahn durch den Spiegel, bedient den Fernsprecher, bezeichnet die Schußlöcher mit einem Bleistiftstrich und zeigt den Sitz des Schusses mit einer Stange an, wenn kein Schußzeiger vorhanden ist.

Von den **Gehilfen** sitzt der e i n e bei gedeckter Anzeigerdeckung hinter dem großen Rade und bewegt die Scheibenwagen, bei versenkter Deckung bedient er das Scheibengestell. Der z w e i t e schiebt nach Weisung des Aufsichtführenden die Anzeigertafeln vor und zurück und bedient den Schußzeiger. Der d r i t t e verklebt die Schußlöcher und tritt, sobald die Scheibe wieder sichtbar gemacht wird, an die Rückwand der Deckung.

Vor **Beginn des Schießens** verschließt der Leitende die Deckung. Beim Wechsel der Anzeiger meldet ihm der abgelöste Aufsichtführende, bei Unterbrechungen des Schießens der zur Deckung entsandte Soldat, daß er die Deckung wieder verschlossen hat.

Sobald von der schießenden Abteilung der Befehl oder das Zeichen zum Beginn des Schießens gegeben ist, darauf die Scheibe sichtbar gemacht und von der Anzeigerdeckung die „1" als Verstanden-zeichen gegeben worden ist, darf geschossen werden. Scheibenwechsel während des Schießens darf nur in der Deckung vorgenommen werden.

Wenn nichts anderes befohlen ist, wird die Scheibe nach jedem Schuß in die Deckung gezogen, das Schußloch gesucht und, nachdem das vorhergehende verklebt worden ist, mit einem Bleistiftstrich bezeichnet. Werden zwei Scheiben abwechselnd beschossen, bleibt auf beiden das letzte Schußloch offen, das Kleben beginnt also erst nach dem dritten Schuß. Nachdem Trefferergebnis und Sitz des Schusses angezeigt sind, wird die Scheibe wieder sichtbar gemacht. Anzeigetafel und Schußzeiger (Anzeige-stange) werden nach kurzer Zeit wieder eingezogen.

Hat das Geschoß die zwischen zwei Ringen befindliche Linie berührt, so wird der höhere Ring angezeigt. Ebenso gilt die Scheibe als getroffen, wenn der Scheibenrand gestreift ist.

Muß in besonderen Fällen das Schießen u n t e r b r o c h e n werden, ist dies durch Fern-sprecher zu melden oder die Tafel „Scheibe" wiederholt herauszuschieben.

Keinesfalls dürfen vor Erscheinen des Leitenden oder eines von ihm entsandten Soldaten Körperteile der Anzeiger über die der Schießbahn zugekehrte Wand der Deckung herausgestreckt werden.

Schießende Abteilung. Vor dem Abmarsch zum Schießstand ist von dem Führer der Abteilung, kurz vor und unmittelbar nach jedem Schießen vom Patronenausgeber, festzustellen, ob Kasten und Lauf rein und frei von Fremdkörpern und Munition sind. Die Patronentaschen sind nachzusehen. Dem Leitenden ist hierüber zu melden.

Beim Schulschießen sind die Läufe auf dem Schießstand durch einmaliges Hindurchziehen eines trockenen Dochtes zu entölen, bevor die Gewehre nachgesehen werden.

Auf dem Stand stellt sich die Abteilung, die schießen soll, in der Regel nicht mehr als fünf Mann, mit geöffneten Gewehren und langgemachtem Gewehrriemen einige Schritte hinter dem Platz des Schützen mit der Front zur Scheibe auf. Die Schießbücher sind dem Schreiber zu übergeben. Der Patronenausgeber sieht die Gewehre nach, gibt die Patronen aus und meldet dem Leitenden mit etwa folgenden Worten: **„Fünf Mann zum Schießen angetreten, Gewehre und Patronentaschen nachgesehen: In Ordnung! Patronen ausgegeben!"**

Der einzelne Schütze tritt mit dem Gewehr ab vor, nimmt die für die Übung vorgeschriebene Stellung oder Lage ein, lädt ohne Kommando einen vollen Ladestreifen, stellt das Visier und schlägt an (bei Schnellschußübungen erst auf Befehl).

Setzt der Schütze vor dem Schusse ab, so hält er das Gewehr schußbereit, wenn er nicht wegtreten will. Sonst sichert er und nimmt das Gewehr ab. Ebenso ist zu sichern, wenn der Schütze wegtritt, um später weiterzuschießen.

Nach dem Schuß setzt der Schütze ab, meldet das Abkommen oder den Sitz des Schusses (z. B. **„11. [tiefrechts] abgekommen", „Sitz des Schusses . 10 [links]"**) und ladet. (In der II. Schießklasse ist bei Gruppe A von der 5. Übung ab, bei Gruppe B von der 3. Übung ab der Sitz des Schusses anzusagen.) Beim Anschlag stehend ist zu sichern.

Ist angezeigt, so meldet der Schütze unter Angabe seines Namens das Treffergebnis (z. B. **„Schütze Müller, erster Schuß, 11 tief!"**).

Hat der Schütze abgeschossen, dann entfernt er die Hülse oder entladet nötigenfalls mit der Front nach der Scheibe. Die Kammer bleibt offen. Nachdem er sein Schießbuch zurückerhalten hat, meldet er dem Leitenden, daß er abgeschossen hat, wieviel Ringe er getroffen und ob er die Übung erfüllt hat (z. B. **„Schütze Müller abgeschossen. Übung mit 51 Ringen erfüllt!"**).

Versagt eine Patrone, setzt der Schütze ab, wartet und öffnet das Gewehr erst nach etwa einer Minute, damit er nicht beschädigt wird, wenn das Zündhütchen nachbrennen sollte, d. h. wenn der Zündsatz und das Pulver der Patrone erst einige Zeit nach dem Aufschlag der Schlagbolzenspitze entzündet wird. Dann wird dem Zündhütchen durch Drehen der Patrone eine andere Lage gegeben und noch mal abgedrückt. Versagt die Patrone wieder, so ist sie zurückzugeben.

Haben die fünf Leute der schießenden Abteilung abgeschossen, so werden vom Patronenausgeber wiederum die Gewehre und die Patronentaschen nachgesehen, und dem Leitenden wird die Abteilung abgemeldet (z. B. **„Fünf Mann abgeschossen, Gewehre und Patronentaschen nachgesehen: In Ordnung!"**). Darauf tritt die Abteilung zurück und reinigt die Gewehre.

Schießbetrieb beim Schießen mit M. G.

Die Treffpunktlage wird an jedem Schießtage und für jedes l. M. G. nach Weisung des Leitenden durch einige Probeschüsse festgestellt. Der Haltepunkt wird auf einem Trefferstreifen aufgenommen und dem Schützen vor dem Schießen gezeigt.

Bei Hemmungen stellt der Leitende die Ursache fest und erklärt das Erkennen und die gefechtsmäßige Beseitigung der Hemmung. Er entscheidet, ob die Hemmung dem Schützen zur Last fällt oder nicht. Sie belasten den Schützen, wenn sie auf schlechtes Fertigmachen des Gewehres oder der Munition oder fehlerhafte Handhabung des M. G. durch den Schützen zurückzuführen sind.

Fehlerhafte Munition (Versager, loses Geschoß, Hülsenreißer) und Brüche eines M. G.-Teiles belasten den Schützen nicht.

Übungen mit den Schützen nicht belastenden Hemmungen sind ungültig und werden erneut geschossen. Übungen mit den Schützen belastenden Hemmungen sind abzubrechen und gelten nicht als erfüllt. Alle Hemmungen sind in der Schießkladde und dem Schießbuch des Schützen kenntlich zu machen.

Außer dem beim Schießen mit Gewehr erforderlichen Personal tritt bei den Übungen, bei denen eine Feuerleitung vorgeschrieben ist, der Führer des M. G. (Gruppen-, Trupp- oder Gewehrführer) ein. Dieser ruft dem Schützen zu, wie er sich verbessern soll, z. B. „tiefer" usw.

Auf dem Stand stellen sich die zum Schießen bestimmten Schützen — in der Regel nicht mehr als 5 — einige Schritte hinter dem M. G. mit der Front zur Scheibe auf. Bevor der Schütze schießt, prüft er sorgfältig das M.G., den Patronenstahlgurt (Magazin), richtet das M. G. zum Schießen her und nimmt die für die betreffende Übung vorgeschriebene Anschlagart ein.

Wird die Scheibe gewechselt oder angezeigt, entladet der Schütze, sichert, verschiebt das M. G. nach der Seite, meldet „Lauf frei" und tritt zurück.

7. Schießlehre für die Panzerabwehrkanone (Pak).

Die Schießlehre der Pak entspricht im allgemeinen der Schießlehre für Gewehr und M. G. (siehe Seite 202).

Natürlich erfordert die Eigenart der Waffe eine stärkere Beachtung einzelner Punkte; nur diese Besonderheiten sind im folgenden zusammengefaßt:

Vorgänge in und an der Waffe beim Schuß.

Durch den Schlag des vorschnellenden Schlagbolzens auf die Zündschraube wird die Treibladung der Patrone entzündet. Die bei der Verbrennung entstehenden Pulvergase treiben das Geschoß mit zunehmender Geschwindigkeit aus dem Rohr. Der Druck der Pulvergase auf den Hülsenboden und somit auf die Stirnfläche des Verschlusses verursacht den Rückstoß, der durch den Rohrrücklauf und die Rohrbremse weich aufgefangen wird.

Richten.

Um dem Rohr die gewünschte Richtung und Erhöhung zu geben, ist die Pak mit einem Zielfernrohr versehen. Mit Hilfe eines Linsensystems wird in ihm optisch die Einrichtung von Kimme und Korn in einer Strichplatte vereinigt (Bild 1).

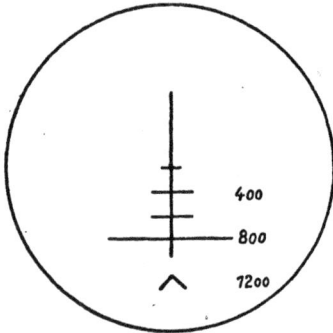

Bild 1.

Die Seitenrichtung wird mit dem senkrechten Strich im Zielfernrohr genommen. Die Erhöhung wird dadurch erreicht, daß das Ziel auf der der Entfernung entsprechenden waagerechten Marke im Zielfernrohr aufsitzt.

Beim Richten bleiben die Augen etwa 15 bis 18 cm vom Einblick des Zielfernrohres entfernt. Es ist darauf zu achten, daß **beide** Augen offen gehalten werden. Mit dem rechten Auge sieht der Schütze durch das Zielfernrohr, mit dem linken Auge am Zielfernrohr vorbei auf das Ziel. Die Rohrwandung des Zielfernrohres darf dabei kaum zu sehen sein und die Strichplatte soll frei auf dem Ziele liegend erscheinen.

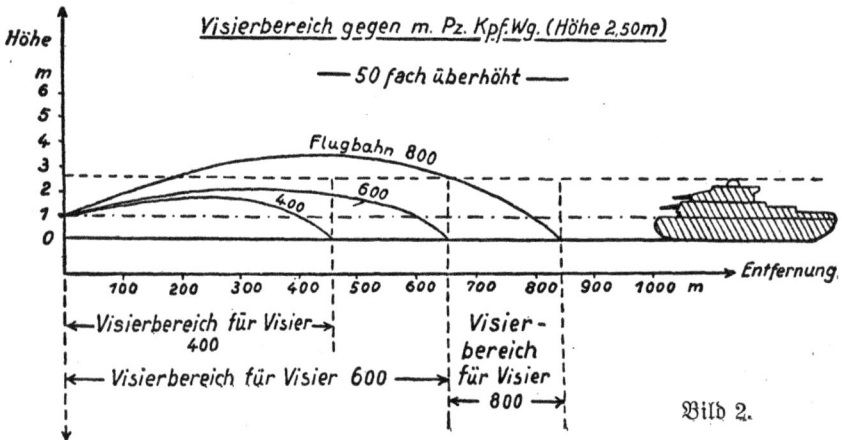

Bild 2.

Visierbereich.

Der Visierbereich ist für die Wirkung der Pak von großer Wichtigkeit. Auf Grund der hohen Anfangsgeschwindigkeit ist die Flugbahn der Panzergranate sehr gestreckt (rasant). Aus Bild 2 ist deutlich ersichtlich, wie sich dies auf einen mittleren Panzer bei den verschiedenen Entfernungen auswirkt.

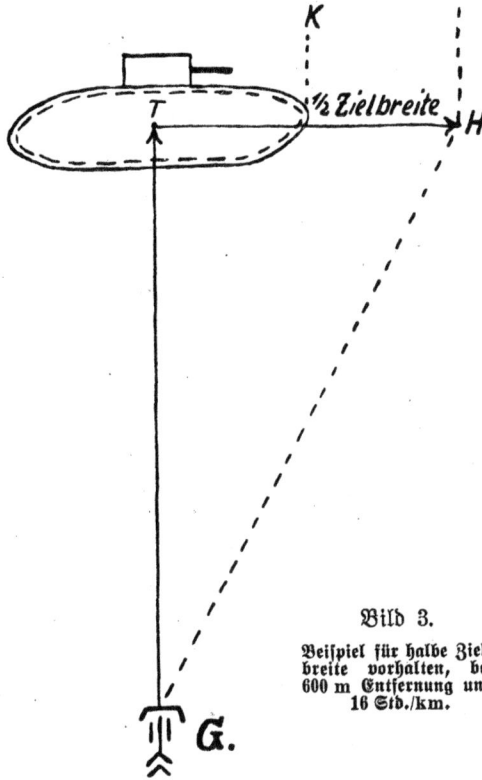

Bild 3.

Beispiel für halbe Zielbreite vorhalten, bei 600 m Entfernung und 16 Std./km.

Vorhaltemaß.

Die Panzergranate braucht eine bestimmte Zeit, um die Entfernung vom Geschütz zum Ziel zurückzulegen. Ein schräg oder senkrecht zur Schußrichtung fahrendes Ziel durchfährt in dieser Zeit eine Strecke, um die beim Anrichten der Haltepunkt in der Fahrtrichtung des Ziels vor den gewollten Treffpunkt gehalten werden muß.

Dieser gewollte Treffpunkt T liegt selbstverständlich in der Mitte des Ziels (Bild 3). Die Strecke T—H wird vom Fahrzeug in der Zeit zurückgelegt, die das Geschoß für die Strecke G—T gebraucht. Es muß also um die Strecke T—H vorgehalten werden, um das Ziel in T zu treffen.

Zum besseren Einprägen wird die nach Entfernung und Geschwindigkeit wechselnde Größe des Vorhaltemaßes nicht in Metern, sondern in Zielbreiten ausgedrückt. Diese werden an der vorderen Kante (K) des Ziels angelegt und sind so errechnet, daß das Geschoß das Ziel in der Mitte bei T treffen muß. Die in folgender Tafel angegebenen Zielbreiten sind also stets um die Hälfte der Breite des fahrenden Ziels (T—K) kleiner als die Strecke (T—H), die das Ziel tatsächlich während der in Frage kommenden Flugzeit zurücklegt.

Vorhaltemaße:

Entfernung m	Geschwindigkeit der Ziele km	Es ist vorzuhalten in Zielbreiten für Panzerfahrzeuge (Länge 4 m)
400	16	$1/4$
	24	$1/2$
	32	$3/4$
600	16	$1/2$
	24	1
	32	$1^1/_2$
800	16	1
	24	2
	32	$2^1/_2$

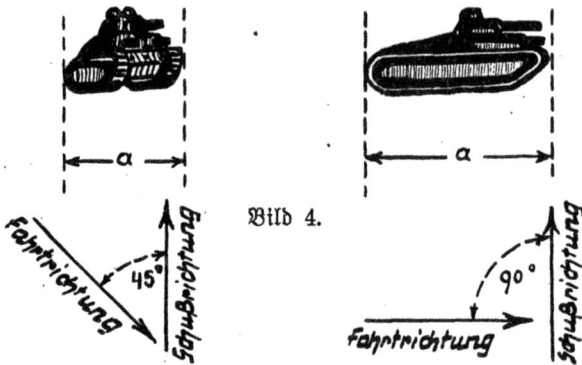

Bild 4.

Die Vorhaltemaße gelten mit ausreichender Genauigkeit für schräg und senkrecht zur Schußrichtung fahrende Ziele (Bild 4). Sie sind leicht zu behalten und müssen von den Schützen beherrscht werden.

Sprengwirkung.

Die Panzergranate hat eine vernichtende Wirkung durch Luftdruck und Sprengstücke in gepanzerten Fahrzeugen (geschlossene Räume; vergleiche die Wirkung der Handgranate in einem Unterstand).

8. Die Schießausbildung an der Pak.

Der Kampf zwischen der Pak und den Panzern spielt sich innerhalb von Minuten ab. Es kommt darauf an, daß die Geschützbedienung im Gefecht kaltblütig die einzelnen Tätigkeiten schnell und sicher ausführt. Besonders liegt es am Richtschützen, daß sein Geschütz in kürzester Zeit einen Panzer nach dem andern niederkämpfen kann. Er muß also mit allen seinen Tätigkeiten so vertraut sein, daß er ein erkanntes Ziel blitzschnell anrichtet und es mit einem Treffer vernichtet.

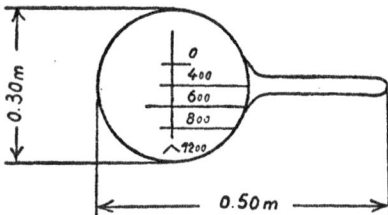

Bild 5.

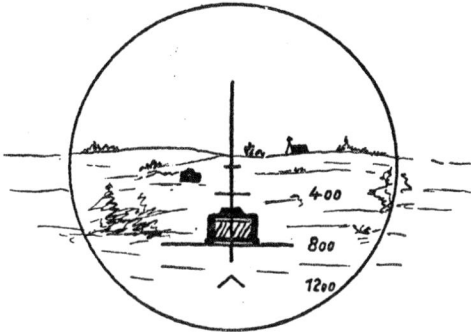

Bild 6.

Anfahrender Panzerkampfwagen, 700 m Entfernung.
Richtschütze läßt mit Visier 800 m „Zielaufsitzen".

I. Richtausbildung.

A. Hilfsmittel zur Richtausbildung sind:

a) eine Darstellung der Strichplatte aus Draht (Bild 5),
b) ein Kampfwagenbild auf einer Tafel.

Mit diesen Hilfsmitteln werden zunächst der Gebrauch der Zieleinrichtung im Zielfernrohr und die Begriffe „Haltepunkt", „Ziel aufsitzen", „ins Ziel gehen" usw. mit den verschiedenen Entfernungsmarken erklärt.

Es werden angerichtet: Kampfwagen auf Entfernungen von:

800—600 m mit der Marke 800,
600—400 m mit der Marke 600,
400— 0 m mit der Marke 400.

Von 800—400 m wird mit den entsprechenden Marken immer „Ziel aufsitzend" angerichtet (Bild 6).

Auf nächste und nahe Entfernungen bis zu 400 m muß der Schütze abweichend von dieser Regel „ins Ziel gehen".

Auf Entfernungen zwischen 1200 und 800 m wird mit Marke 1200 nur auf stehende Ziele gerichtet. Hierzu muß der Richtschütze üben:

in das Ziel gehen,
Ziel aufsitzen lassen,
eine halbe bis eine Zielhöhe darunterhalten.

B. Richtübungen.

Beim Richten am Geschütz behält der Schütze durch das geforderte Offenhalten beider Augen (siehe S. 228) den überblick über das Gefechtsfeld und die Ziele und über die Lage seiner Schüsse.

a) Anrichten von Kampfwagenscheiben mit den verschiedenen befohlenen Entfernungsmarken.

b) Bedienung der Richtmaschine. Ausbildungsziel: Spielend die Hände nach jeder Richtung hin unabhängig voneinander an der Richtmaschine schnell zu bewegen.

Vorübung: Der Ausbilder befiehlt: Rohr nach rechts oben, nach links unten, nach Mitte waagerecht usw. Dies wird in der Geschützbedienung wettkampfmäßig

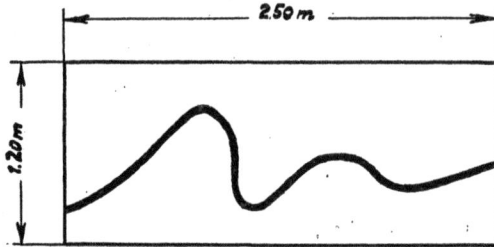

Bild 7.

geübt (Zeit!). Später wird dasselbe mit verbundenen Augen geübt. So gewöhnt sich der Schütze an das gefühlsmäßige schnelle Bedienen der Richtmaschine.

Dann beginnen die Übungen an der Kurvenscheibe (Bild 7).

Die Kurvenscheibe steht in einer Entfernung von 25 m vor dem Geschütz. Der Richtschütze bedient jetzt die Richtmaschine derart, daß er mit einer befohlenen Entfernungsmarke, immer Ziel aufsitzend, der Linie von links nach rechts oder umgekehrt folgt. Der Ausbilder überprüft dies mit dem Zielspiegel.

Als nächste Übung werden **kleine Kampfwagenmodelle** (siehe Zieldarstellung Seite 235 ff.) in einer Entfernung von 25 m und 50 m von einem Mann auf dem

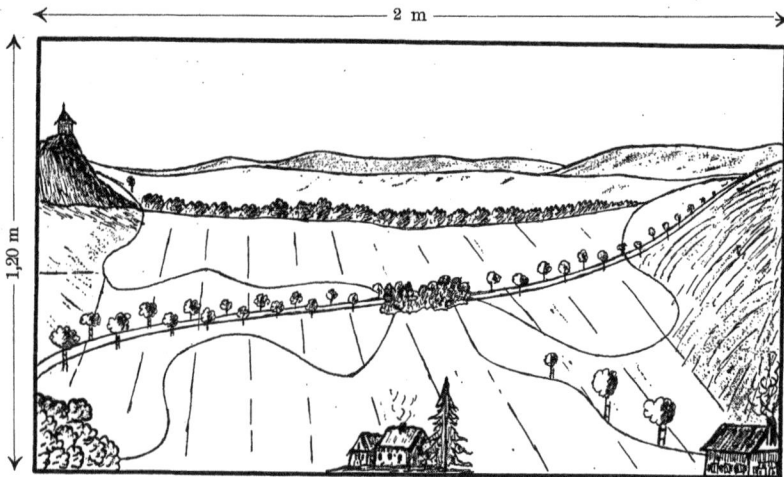

Bild 8.

Kasernenhof hin- und hergezogen. Der Richtschütze verfolgt diese Ziele mit einer befohlenen „Entfernungsmarke". Zielmitte oder vordere Kante ist anzurichten. Der Ausbilder überprüft mit dem Zielspiegel.

Sehr praktisch sind die Übungen an der „beweglichen Kurvenscheibe" (Bild 8). Die Scheibe steht auf 15 m Entfernung. Der Hilfsausbilder sitzt auf einem Schemel hinter der Scheibe und bewegt einen Kampfwagen überraschend nach allen Richtungen in den verschiedenen ausgesägten Spuren.

Da es sich hierbei um eine Schulung und Steigerung der Handfertigkeit handelt, kann die Zielgeschwindigkeit unnatürlich rasch sein und bis zur Grenze des Erreichbaren gesteigert werden. Der Ausbilder überprüft mit dem Zielspiegel.

Alle diese Richtübungen werden auch mit aufgesetzter Gasmaske durchgeführt.

Sobald als möglich ist die Richtausbildung in das Gelände zu verlegen. Zieldarstellung nach Seite 235 ff.

Die Übungen finden dort unter gefechtsmäßigen Verhältnissen statt. Das Anrichten von offenen und verstedt stehenden, schnell und langsam fahrenden Zielen vor verschiedenem Hintergrund, bei verschiedenen Witterungsverhältnissen, verschiedener Beleuchtung und bei Scheinwerferlicht vervollständigen die Richtausbildung.

Die Ausbilder überprüfen dauernd die Richtübungen mit dem Zielspiegel und erziehen so den Schützen zur genauen Arbeit.

Bei Regen oder Schnee werden die Regenschutzrohre aus dem Zubehörkasten auf den Ein- und Ausblick des Zielfernrohres aufgeschoben.

II. Panzererkennungsdienst.

Wer einen Gegner bekämpfen will, muß ihn selbst und seine Eigenarten kennen. Jeder Panzerabwehrschütze muß zunächst einmal das Wesentliche über die verschiedenen Arten von Panzerfahrzeugen (Panzerspähwagen, Panzerkampfwagen, Panzertransportwagen) wissen und ihre Verwendung sowie ihre Kampfweise kennen.

Panzerfahrzeuge werden ihrer Verwendung und Bauart nach eingeteilt in

Panzerspähwagen,
Panzerkampfwagen,
Panzertransportwagen.

A. Panzerspähwagen.

Einteilung:

1. l e i c h t e : ohne eine panzerbrechende Waffe und mit leichter Panzerung;
2. s c h w e r e : mit einem geschlossenen, mindestens M. G.-sicheren Aufbau, Vor- und Rückwärtslenkung und mit einer panzerbrechenden Waffe ausgerüstet.

Panzerspähwagen verfügen über hohe Geschwindigkeit auf Straßen und über großen Fahrbereich, haben jedoch nur beschränkte Geländegängigkeit. Ihr Panzer schützt im allgemeinen gegen Gewehrgeschosse und Granatsplitter. Diese Fahrzeuge finden hauptsächlich im Aufklärungsdienst Verwendung, können aber auch reine Kampfaufgaben lösen, zumal wenn sie geländegängig sind, was heute in neuzeitlichen Heeren mehr und mehr angestrebt wird. Während die straßengebundenen Panzerspähwagen ihre Aufgabe im Spähtrupp oder im Zug lösen, treten die geländegängigen mit dem Zweck der Aufklärung, Sicherung und Verschleierung wie Panzerkampfwagen in kleineren oder größeren Verbänden auf. Für ihre Abwehr gelten daher die gleichen Grundsätze wie für Panzerkampfwagen.

B. Panzerkampfwagen.

Einteilung:

1. l e i c h t e : nur mit M. G. oder M. G. und Geschützen bis 7,5 cm;
2. m i t t l e r e : mit Geschützen von 7,5 bis 10,5 cm und M. G.;
3. s c h w e r e : mit Geschützen über 10,5 cm und M. G.

Die Panzerkampfwagen sind durch ihre technisch bedingten Vorteile (Feuer=
kraft, Panzerschutz, Schnelligkeit, Geländegängigkeit) eine ausgesprochene **Angriffs=
waffe** und haben als solche den Vorteil der Handlungsfreiheit für sich. Ihre starke
Stoßkraft, erzielt durch die Vereinigung von Bewegung und Feuerwirkung, ihre
Schnelligkeit, ihr Vorwärtskommen im Gelände und ihr überraschendes Auftreten,
befähigen sie zur Durchbruchswaffe; sie werden im Höhepunkt der Schlacht an ent=
scheidender Stelle eingesetzt. Panzerkampfwagen sind in hohem Maße gelände=
gängig, teilweise auch schwimmfähig, zum Teil gasdicht. Ihre Geschwindigkeit wird
von ausländischen Fachleuten gegenwärtig im Durchschnitt mit 12 km/Std. ange=
nommen; das bedeutet, daß ein Panzerkampfwagen in einer Minute etwa 200 m
zurücklegt. Auch wenn man die Geschwindigkeit noch höher annimmt, wird der
Panzerkampfwagen bestenfalls 1000 m im geeigneten Gelände in 3 bis 4 Minuten
zurücklegen können.

Dunkelheit schränkt die Verwendbarkeit der Panzerkampfwagen erheblich ein.
Nebel behindert ihr Vorwärtskommen, ihre Führung und Geschwindigkeit, er=
leichtert aber die Überraschung. Nebel bedeutet für die Abwehr also keinerlei Sicher=
heit vor Überraschung, zwingt sie vielmehr zu erhöhter Aufmerksamkeit. Glätte und
Schnee behindern die Beweglichkeit von Panzerkampfwagen nicht allzu sehr. Durch
chemische Kampfstoffe wird ihre Bewegungsfähigkeit nicht beeinträchtigt. Gegen
Geländegiftstoffe sind sie unempfindlich; vor eindringenden Luftkampfstoffen schützt
sich die Besatzung durch Gasmasken; einzelne Panzerfahrzeuge können als gasdicht
angesprochen werden.

C. Panzertransportwagen

sind gepanzert, aber ohne Bewaffnung und dienen der Beförderung von Mann=
schaften und Kampfmitteln unter Panzerschutz.

D. Die wichtigsten Fahrzeugarten

sind, betrachtet nach ihrer Fortbewegungsmöglichkeit:

1. **Vollkettenfahrzeuge,** auch Raupenfahrzeuge genannt, z. B. die Panzerkampf=
   wagen (franz. char, engl. tank), geländegängig;

2. **Halbkettenfahrzeuge,** vorn Räder, hinten Raupen, auch Zwitterfahrzeuge
   genannt (franz. autochenille, engl. half track);

3. **Räderraupenfahrzeuge** können sich je nach Bedarf auf Rädern oder Raupen
   fortbewegen;

4. **Räderfahrzeuge:** Wenn gepanzert und bewaffnet, werden sie als Panzerspäh=
   wagen bezeichnet (franz. automitrailleuse, engl. armoured car).

Wie erkennt man den Panzergegner?

Als die einfachste Methode, den Panzererkennungsdienst durchzuführen, er=
scheint es, wenn dem Schützen an Hand von Schattenrissen und Modellen die vor=
handenen **deutschen** Panzerfahrzeuge gezeigt werden. Wenn er sie ganz genau kennt
und sich ihre Größe, ihre Form, ihre Umrisse usw. eingeprägt hat, so kann er, wenn
er auf dem Gefechtsfeld Panzerfahrzeuge auf sich zukommen sieht, beurteilen, ob er
es mit eigenen oder mit feindlichen zu tun hat.

Diese einfachste und zweckmäßigste Methode des Panzererkennungsdienstes kann
dadurch ergänzt werden, namentlich beim Schießen mit Zielmunition, daß die
Schützen angeleitet werden, sich die Haupttypen ausländischer Panzerfahrzeuge ein=
zuprägen, Unterschiede in Form, Umriß, Aufbau usw. herauszufinden. In den
Bildern 9 bis 19 sind einige der bekanntesten Typen ausländischer Panzerfahrzeuge
maßstabsgerecht wiedergegeben.

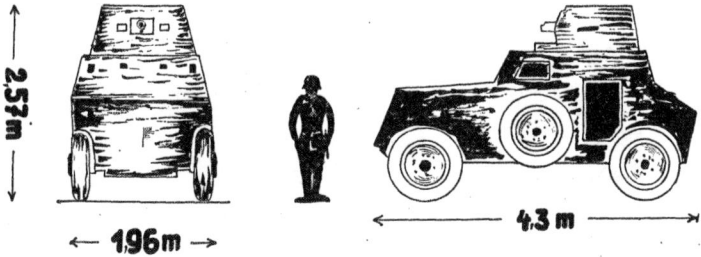

2,57m · 196m · 4,3 m

Bild 9. Frankreich: 4,5 t leichter Panzerspähwagen „Berliet".

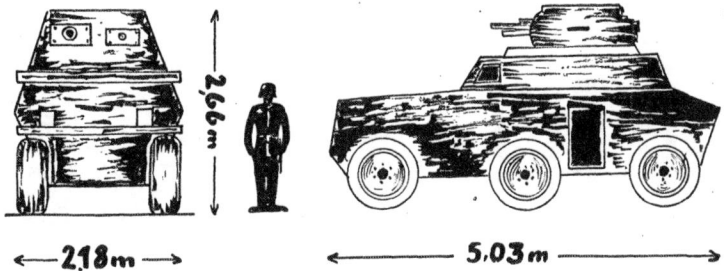

2,66m · 2,18m · 5,03 m

Bild 10. Frankreich: 8 t schwerer Panzerspähwagen „Berliet".

1,22m · 1,7m · 2,46m

Bild 11. England: 1,7 t Kleinpanzerkampfwagen „Carden=Loyd".

1,68m · 1,83m · 3,96m

Bild 12. England: 3,6 t leichter Panzerkampfwagen.

Bild 13. Frankreich: 11 t mittlerer Panzerkampfwagen „Renault".

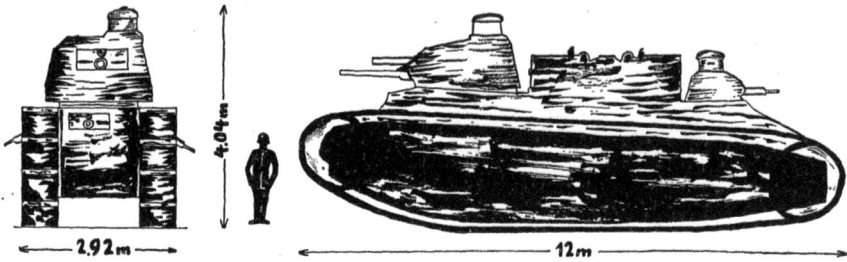

Bild 14. Frankreich: 74 t Durchbruchs-Panzerkampfwagen.

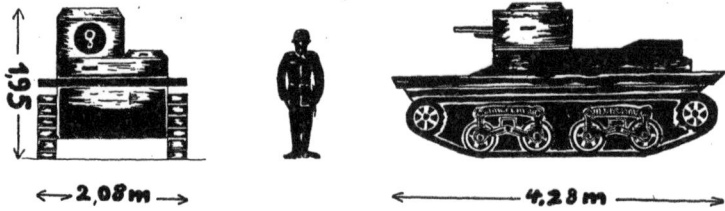

Bild 15. Rußland: Leichter Panzerkampfwagen. 3,2 t „Schwimmkampfwagen".

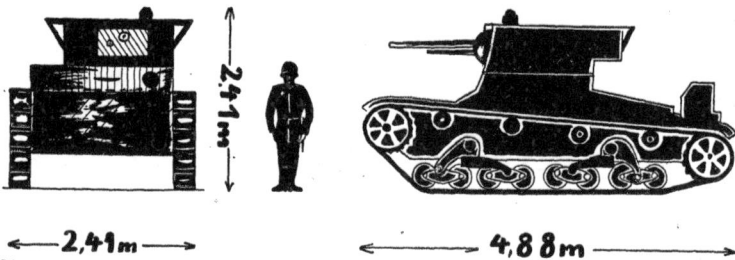

Bild 16. Rußland: Leichter Panzerkampfwagen. 6 t „Geschützkampfwagen".

Bild 17. Rußland: Mittlerer Panzerkampfwagen. 10,2 t="Schnellkampfwagen".

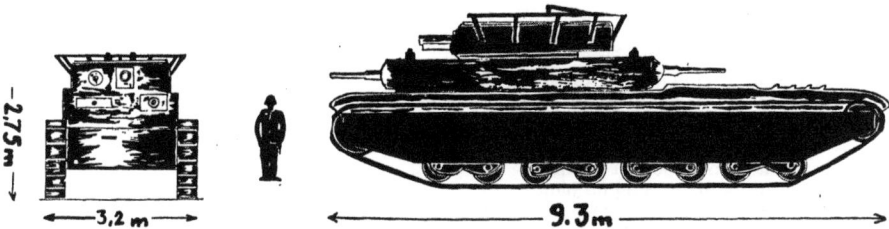

Bild 18. Rußland: Schwerer Panzerkampfwagen. 33 t="Sowjet-Kampfwagen".

III. Zieldarstellung.

Bei allen Zweigen der Schießausbildung an der Pak ist eine maßstabsgerechte Zieldarstellung zu verlangen. Da mit den Richt= und Schießübungen stets der Panzererkennungsdienst verbunden ist, bezieht sich dieses „maßstabsgerecht" nicht nur auf Ausmaß und Form, sondern auch auf die Geschwindigkeit, mit der ein Ziel sich bewegt. Nur so wird die Schießausbildung vollen Erfolg haben.

1. **Scheiben für Richtausbildung und Kleinkaliberschießen** (Vorschlag). Die Scheiben werden von den einzelnen Stuben in den Arbeitsstunden nach den Kampfwagentafeln und mit folgender Tabelle angefertigt:

	1 m Zielgröße entspricht bei einer Zielentfernung von		
	15 m	25 m	50 m
auf die gedachte Entfernung von 400 m	4 cm	6 cm	12,5 cm
= = = = = 600 m	2,5 cm	4 cm	8 cm
= = = = = 800 m	2 cm	3 cm	6 cm

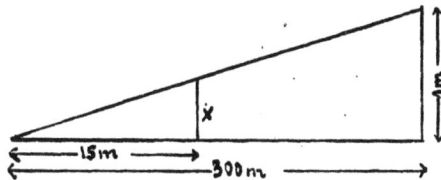

Bild 19.

Rechnerisch:

$$\frac{x}{1} = \frac{50}{400},$$

$$x = 0,125 \text{ m},$$

$$x = 12,5 \text{ cm}.$$

Der Schütze sieht dann im Zielfernrohr die Scheiben so, wie er feindliche Panzerfahrzeuge auf 800, 600 und 400 m sehen würde.

Zielgeschwindigkeit.

Ein Panzerkampfwagen fährt in einer Sekunde bei einer Geschwindigkeit von:

$$
\begin{array}{ll}
8 \text{ km/Std.} & \ldots \ldots \quad 2,2 \text{ m,} \\
16 \text{ km/Std.} & \ldots \ldots \quad 4,4 \text{ m,} \\
24 \text{ km/Std.} & \ldots \ldots \quad 6,6 \text{ m,} \\
32 \text{ km/Std.} & \ldots \ldots \quad 8,8 \text{ m.}
\end{array}
$$

Diese Maße werden in die Tabelle für Zielgröße eingesetzt; man erhält so die Strecken, welche die Ziele in einer Sekunde zurücklegen müssen, damit sie eine maßstabsgerechte Geschwindigkeit haben.

Zieldarstellungen in natürlicher Größe.

Den Ausmaßen nach entsprechen:

die **Kampfwagennachbildung** etwa dem
franz. 6 t-Renault-Kampfwagen oder dem
engl. 3,6 t leichten Kampfwagen;
der **Protzkw.** etwa dem
franz. 6 t-Zwitter-Pzkw.;
der **leichte gl. Lkw.** etwa dem
franz. 11 t-Renault-Kampfwagen oder dem
russ. 10,2 t-Christie-Schnellkampfwagen;
der **mittlere gl. Lkw.** ohne Verdeck dem
engl. 16 t-Vickers-Kampfwagen.

Die Zielgeschwindigkeit kann der Fahrer hierbei mittels seines Tachometers genau einhalten.

Entfernungsschätzen.

Jeder Schütze, besonders der Richtschütze, muß unter Berücksichtigung des Fahrzeugtyps und an der Größe des Ziels die richtige Entfernung blitzschnell ermitteln können. Panzererkennungsdienst und Entfernungsschätzen, später auch das Geschwindigkeitsschätzen, werden deshalb ausbildungsmäßig eng verbunden. Zum Entfernungsschätzen prägt sich der Schütze zunächst die Größe der Ziele auf den in Frage kommenden Entfernungen ein. Auf 400, 600 und 800 m Entfernung werden maßstabsgerechte Scheiben verschiedener Kampfwagentypen so aufgestellt, daß sie von vorn oder von der Seite sichtbar sind.

Sodann werden diese Scheiben auf verschiedenen Entfernungen aufgebaut:

a) in ebenem unbedecktem Gelände,
b) in ebenem bedecktem Gelände,
c) in welligem und hügeligem Gelände.

Die Schützen schätzen die Entfernung bis zu den verschiedenen Zielen unter verschiedenen Licht- und Witterungsverhältnissen, später auch unter der Gasmaske.

Zum Schluß erfolgt das Entfernungsschätzen auf bewegliche Ziele.

Sobald das Ziel einen vorher vermessenen, versteckt markierten Punkt erreicht, ruft der Ausbilder: „Entfernung!", worauf die Schützen innerhalb von 5 Sekunden ihre Ergebnisse einzutragen haben. Die Entfernungsschätzbücher werden nach Bild 21 ausgefüllt.

Geschwindigkeitsschätzen.

Die Eigenart des Kampfes zwischen der Pak und den Panzern erfordert, daß der Schütze bei Ausschaltung jeder Denkarbeit zuletzt die richtige Entfernung und Geschwindigkeit sofort ermittelt, um danach das richtige Vorhaltemaß wählen zu können. Das Geschwindigkeitsschätzen wird ebenfalls stufenweise erlernt.

Auf die Entfernungen 400, 600, 800 m fahren die Zieldarstellungen senkrecht zur Schußrichtung mit den bekanntgegebenen Geschwindigkeiten 8, 16 und 24 km/Std. vorbei. Dies wird oft wiederholt, damit der Schütze sich die Geschwindigkeitseindrücke auf den verschiedenen Entfernungen einprägen kann.

Hat der Schütze genügende Sicherheit im Schätzen der drei Geschwindigkeiten bei Fahrtrichtung senkrecht zur Schußrichtung erlangt, so wird zum Schätzen auf Ziele übergegangen, die aus verschiedenen Richtungen und mit verschiedenen Geschwindigkeiten anfahren.

Der Leitende führt mittels einer genauen Fahrskizze, die im Gelände unauffällig für die übende Abteilung abgesteckt ist, das Schätzen durch (Bild 20).

An Hand dieser Skizze, die auch im Besitz der Fahrer der Zieldarstellungen ist, fahren diese ihre Fahrstrecke unter unbedingter Einhaltung der befohlenen Ge-

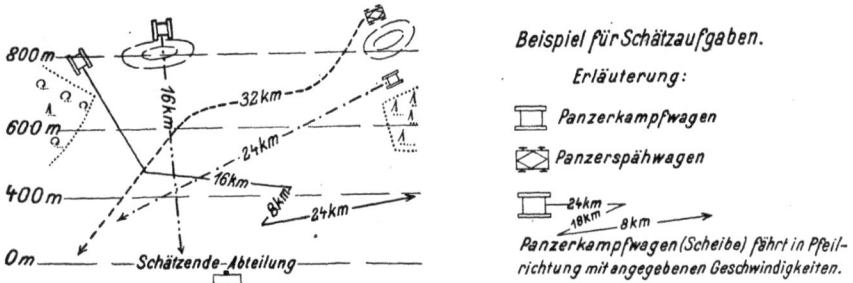

Beispiel für Schätzaufgaben.

Erläuterung:

⊡ Panzerkampfwagen

⬡ Panzerspähwagen

Panzerkampfwagen (Scheibe) fährt in Pfeilrichtung mit angegebenen Geschwindigkeiten.

Bild 20.

schwindigkeiten ab. Zur Verbindung zwischen dem Leitenden und den Zieldarstellungen dienen verabredete Zeichen. Mit dem Geschwindigkeitsschätzen kann auch immer wieder das Entfernungsschätzen geübt werden. Eintragungen und Wertung für b e i d e Schätzarten nach Bild 21.

Um den Schützen ihre Schätzfehler klarzumachen, fährt jede Zieldarstellung unmittelbar nach dem Schätzen mit angesagter Geschwindigkeit und Entfernung noch einmal. Bei höheren Geschwindigkeiten werden Panzerspähwagen angenommen.

Schema für Entfernungsschätzen (Bild 21).

Tag: . . . . Wetter: . . . .
Ort: . . . .

Ziel	Geschätzte Entfernung	Wirkliche Entfernung	Schätzfehler	Fehlerpunkte

17*

a) **Entfernungsſchätzen:** Ein Schätzfehler von 50 m wird als 1 Fehlerpunkt, einer von 25 m als ½ Fehlerpunkt gerechnet. Fehler von 1 bis 13 m gelten als 0, von 13 bis 25 m als ½ Fehlerpunkt.

b) **Geſchwindigkeitsſchätzen:** Es werden nur die Geſchwindigkeiten 8—16—24—32—40 km geſchätzt. Schätzfehler beiſpielsweiſe:

$$
\begin{aligned}
&\text{von } 8 \text{ auf } 16 \text{ km wird als } 1 \text{ Fehlerpunkt,}\\
&\text{= } 16 \text{ = } 32 \text{ km = = } 2 \text{ Fehlerpunkte,}\\
&\text{= } 8 \text{ = } 32 \text{ km = = } 3 \text{ Fehlerpunkte,}\\
&\text{= } 8 \text{ = } 40 \text{ km = = } 4 \text{ Fehlerpunkte}
\end{aligned}
$$

und ſo fort gerechnet.

Dreieckzielen mit Vorhaltemaßen.

Mit der Darſtellung des Fadenkreuzes aus Draht (Bild 5) kann man das Vorhaltemaß auf den verſchiedenen Entfernungen und für die verſchiedenen Geſchwindigkeiten leicht erklären (ſiehe Tabelle, Seite 230). Vorhaltemaße werden grundſätzlich in Zielbreiten (Bild 4) ausgedrückt, nicht in Metern, da im Gelände für Metermaße Anhaltspunkte fehlen. Eine gründliche Schulung der Vorhaltemaße wird durch das **„Dreieckzielen"** erreicht.

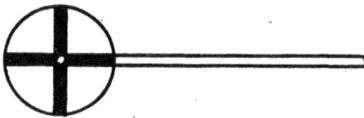

Zielkelle ¹⁄₁₀ nat. Gr.

Bild 22.

Bild 23.

Hierzu ſind erforderlich:

ein Geſchütz, eine Zielkelle (Bild 22), eine Scheibe (Bild 23).

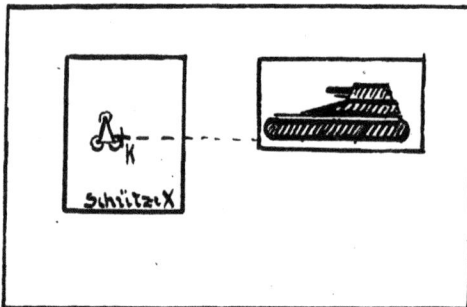

Durchführung: Die Scheibe ſteht auf 25 oder 50 m Entfernung vor dem Geſchütz. Die Kampfwagenbilder werden maßſtabsgerecht für dieſe Entfernungen von den einzelnen Stuben angefertigt (Panzererkennungsdienſt).

Beiſpiel für eine Aufgabe: **Von rechts nach links fahrender Panzerkampfwagen — 600 m — 16 km/Std.!**

Zunächſt mißt der Leitende auf Grund der geſtellten Aufgaben das richtige Vorhaltemaß — den Kontrollpunkt — aus und markiert ihn auf dem Zettel, der vor dem maßſtabsgerechten Bild eines leichten Panzerkampfwagens auf der Scheibe angeheftet wird (Bild 23). Sodann richtet der Richtſchütze ſein abgedrehtes Rohr ein und ruft: „Fertig!" Nun bringt er die vom Hilfsausbilder geführte Zielkelle mit ſeinem Haltepunkt in Übereinſtimmung, ohne daß an der Richtmaſchine noch verbeſſert werden darf. Dieſer Vorgang wird dreimal, bei jeweils abgedrehtem Rohr, wiederholt. Gewertet wird die Lage der Haltepunkte zum Kontrollpunkt und die Lage der Haltepunkte untereinander. Bei vorgeſchrittener Ausbildung wird zudem noch die Zeit von „Richten!" bis „Fertig!" geſtoppt.

Bei Schräganfahrt iſt die Durchführung die gleiche wie bei Querfahrt, da die Vorhaltemaße infolge entſprechender Verkürzung der Zielbreite unverändert bleiben.

Richten mit Vorhaltemaß.

1. Die Mitte des sich seitlich bewegenden Zieles anrichten und mitgehen.
2. Vorhaltemaß nehmen und in diesem Abstand mitgehen.
3. Im weiteren Mitgehen den Schuß auslösen.

Diese Tätigkeiten müssen ineinander übergehen. Die Vorhaltetätigkeiten können vorgeübt werden:

1. An der beweglichen Kurvenscheibe (Bild 8).
2. Auf gezogene Kampfwagenmodelle auf dem Kasernenhof.

Der Ausbilder überprüft mit dem Zielspiegel. Diese Vorübungen haben aber nur Sinn, wenn maßstabsgerechte Ziele vorhanden sind und die Zielgeschwindigkeit der Wirklichkeit entspricht (im richtigen Verhältnis).

3. Im Gelände auf Kübelwagen, Protzkw. und Kampfwagennachbildungen.

Dem Richtschützen werden zunächst Entfernung und Geschwindigkeit des Ziels (Mitarbeit der Entfernungsmesser) genau bekanntgegeben. Erst am Ende der Ausbildung, nachdem er durch häufiges Üben genügend Sicherheit erlangt hat, wird das „gefühlsmäßige" Vorhalten von ihm verlangt.

Das Vorhalten kann auch beim Kleinkaliberschießbetrieb geübt werden. Das Geschütz wird dann so eingeschossen, daß der Haltepunkt bei dem richtigen Vorhaltemaß liegt. Zielgröße und Zielgeschwindigkeit müssen aber dann im richtigen Verhältnis zur Wirklichkeit stehen.

IV. Schießen mit Zielmunition Kal. 5,6 mm.

Zur Förderung der Fertigkeit im Richten und Schießen auf bewegliche Ziele wird mit Zielmunition Kal. 5,6 mm auf dem Kleinschießplatz oder im Gelände geschossen.

A. Schießen auf dem Kleinschießplatz.

Beim Schießen auf dem Kleinschießplatz, der sich in der Nähe der Kaserne befinden soll, ist zu beachten, daß die Geschützrohre zum Schießen immer in den Sicherheitsrahmen befinden, die auf den Entfernungen zwischen 13 m und 50 m stehen können (Bild 24), außer bei den Vorübungen für das Schulschießen (hier

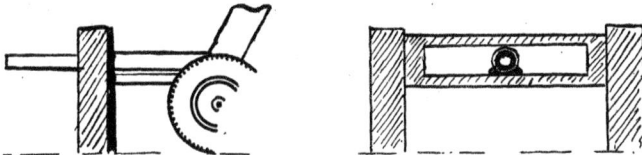

Bild 24.

gelten die Sicherheitsbestimmungen der D 140 Nr. 46—47). Zielgröße und Zielgeschwindigkeit müssen beim Kleinkaliberschießbetrieb maßstabsgerecht sein, damit die Schützen keine falschen Vorstellungen über Zielgröße und Zielgeschwindigkeit bekommen (siehe „Zieldarstellung", Seite 237).

Vor jedem Schießen werden die Geschütze mit Hilfe der „Einstellvorrichtung zum Zielfernrohr der 3,7 cm Pak" eingeschossen. Durch sie wird die Ausschaltung des Seiten- und Höhenunterschiedes zwischen optischer Visierlinie und Seelenachse getätigt. Um am Geschütz eine kriegsmäßige Feuergeschwindigkeit und gute Treffergebnisse zu erzielen, ist es zweckmäßig, durch besonders geübte Unteroffiziere für jedes Geschütz den mittleren Treffpunkt von mindestens zwei Einsteckläufen zusätzlich zu erschießen.

Die folgenden Übungen sind ein Anhalt für die Durchführung des Schießens auf dem Kleinschießplatz.

Anhalt für Vorübungen oder besondere Übungen auf dem Kleinschießplatz.

m	Scheibe	Patronenzahl	Zeit	Bedingung	Anzug
25	Ausgangsstellung für das Ziel: Mitte des linken Zielfeldrandes Ausgangsrichtung für das Rohr: Mitte d. rechten Zielfeldrandes Zugrichtung: Von linker nach rechter Mitte des Zielfeldrandes	4 4 4	20 Sekund. 20 = 20 =	2 Treffer 3 = 4 =	Leibriemen, Seitengewehr, Stahlhelm
25	Ausgangsstellung für das Ziel: Rechte obere Ecke des Zielfeldrandes . . . . Ausgangsrichtung für das Rohr: Linke untere Ecke des Zielfeldes Zugrichtung: Von rechts oben nach links unten	5 5 5	25 Sekund. 25 = 25 =	3 Treffer 4 = 5 =	Wie vor
50	Ausgangsstellung für das Ziel: Mitte d. rechten Zielfeldrandes Ausgangsrichtung für das Rohr: Mitte des linken Zielfeldrandes Zugrichtung: Von rechter nach linker Mitte des Zielfeldrandes	2 2 3	10 Sekund. 10 = 10 =	1 Treffer 2 = 3 =	Wie vor
50	Ausgangsstellung für das Ziel: Linke obere Ecke des Zielfeldes Ausgangsrichtung für das Rohr: Rechte untere Ecke d. Zielfeldes Zugrichtung: Von links oben n. rechts unten	3 3 3	15 Sekund. 15 = 15 =	1 Treffer 2 = 3 =	Wie vor, mit aufgesetzter Gasmaske
25	Ausgangsstellung für das Ziel: Mitte d. oberen Zielfeldrandes Ausgangsrichtung für das Rohr: Mitte d. unteren Zielfeldrandes Zugrichtung: Zwei Kampfwagenziele gleichzeitig: eins über Mitte des linken, das andere über Mitte des rechten Zielfeldrandes, beide nach Mitte unten	5 5 5	25 Sekund. 25 = 25 =	2 Treffer, beide Ziele getroffen 3 Treffer 4 =	Wie vor, ohne Gasmaske

B. Schießen im Gelände (Sicherheitsbestimmungen).

Sobald als möglich wird mit dem Kleinkalibergerät im Gelände geschossen. Bis zu 75 m Entfernung kann einwandfrei getroffen werden. Scheibenzuganlagen aus einfachen Mitteln zeigt Bild 25. Die Scheiben hierfür sind nach Seite 237 „Zieldarstellung" und Bild 26 anzufertigen.

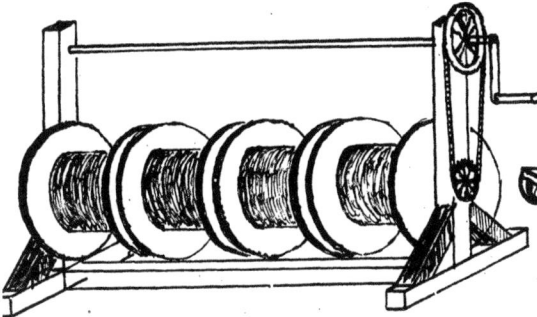 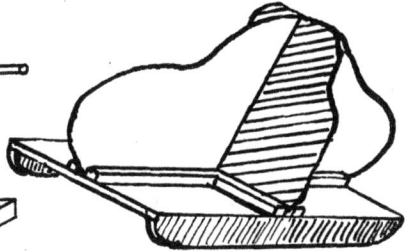

Bild 25.   Bild 26.

Es können hier Aufgaben aus dem Schulgefechts= und Gefechtsschießen (wie auf Seite 246) durchgespielt werden.

Bedingung für dieses Schießen ist, daß im Gelände folgende Sicherheits= bestimmungen eingehalten werden.

Gefahrenbereich: in der Schußrichtung . . . . 1300 m,
            rechts und **links** der äußeren Schußlinien . . . 150 m.

V. Schulschießen mit Schießgerät 35.

Das Schießen mit Schießgerät 35 ist auf Grund der annähernden Gleichheit der Flugbahnen ein genügender Ersatz für den scharfen Schuß mit Panzer= granaten 3,7 cm.

Die Schulschießen mit Schießgerät 35 werden mit sS=Munition auf den Schul= schießständen für M. G. und auf 25 m Entfernung geschossen.

Hierzu sind die Geschütze mit Hilfe der Einstellvorrichtung genau einzuschießen.

A. Die Schulschießübungen.

Nr. der Übung	Scheibe	Zeit Sek.	Bedingung		Anzug
			Schußzahl	Getroffene Figuren	
II. Schießklasse.					
1	300 m=Scheibe	beliebig	5	mindestens 4	Leibriemen, Seitengewehr, Stahlhelm
2	300 m=Scheibe	30	mindestens 6	mindestens 5	
3	600 m=Scheibe	beliebig	10	mindestens 7	
4	600 m=Scheibe	40	mindestens 7	mindestens 5	
5	600 m=Scheibe	40	mindestens 7	mindestens 5	wie vor, mit auf= gesetzter Gasmaske

Nr. der Übung	Scheibe	Zeit Sek.	Bedingung		Anzug
			Schußzahl	Getroffene Figuren	
	I. Schießklasse.				
1	600 m-Scheibe	beliebig	10	mindestens 8	Leibriemen, Seitengewehr, Stahlhelm
2	600 m-Scheibe	40	mindestens 8	mindestens 7	
3	600 m-Scheibe	30	mindestens 7	mindestens 6	
4	600 m-Scheibe	30	mindestens 7	mindestens 6	wie vor, mit aufgesetzter Gasmaske
5	800 m-Scheibe	40	mindestens 8	mindestens 6	wie 1 bis 3
	Scharfschützenklasse.				
1	600 m-Scheibe	30	mindestens 8	mindestens 6	Leibriemen, Seitengewehr, Stahlhelm
2	800 m-Scheibe	40	mindestens 9	mindestens 6	
3	800 m-Scheibe	30	mindestens 7	mindestens 6	
4	800 m-Scheibe	30	mindestens 7	mindestens 6	wie vor, mit aufgesetzter Gasmaske

Scheiben.

Grundfarbe der Scheibe ist braun.

Die Figuren sind schwarz. Zum Verkleben der Schußlöcher sind viereckige schwarze und braune Blättchen zu verwenden.

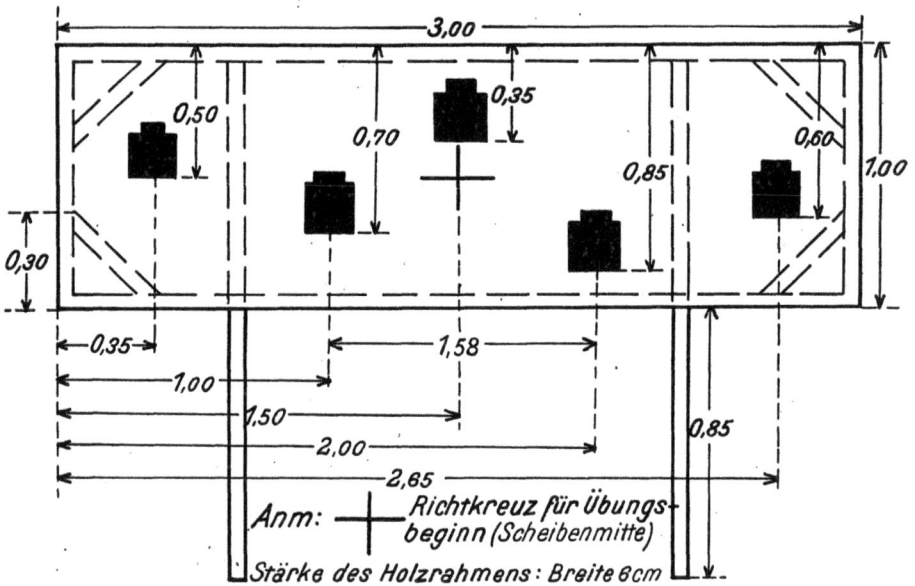

Scheibe für 400m-Übung

Anm: ┼ Richtkreuz für Übungsbeginn (Scheibenmitte)

Stärke des Holzrahmens: Breite 8cm

Scheibe für 600m=Übung
(zugleich für 800m)

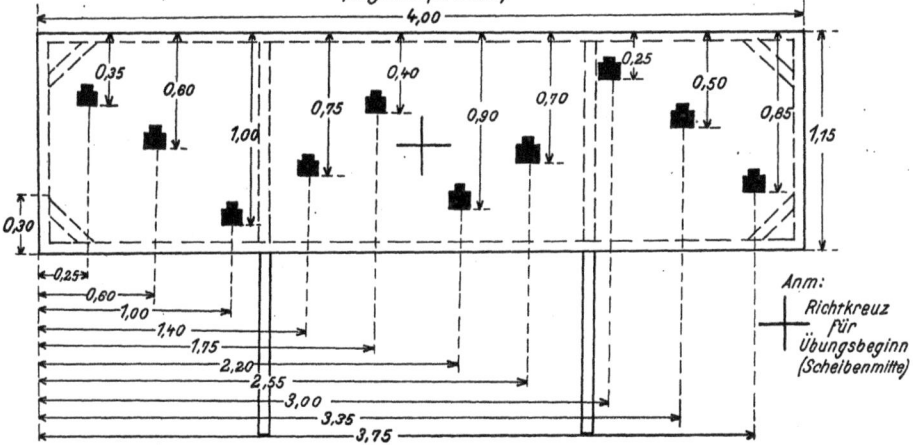

Anm:
Richtkreuz
für
Übungsbeginn
(Scheibenmitte)

Scheibenblatt mit Figur für die 400m=Schulscheibe.

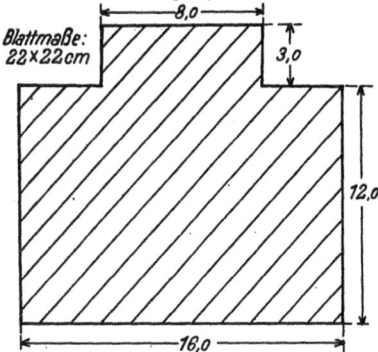

Blattmaße:
22×22cm

Grundfarbe wie die der Scheibe: braun.
Farbe der Figur: schwarz.

Scheibenblatt mit Figur für
die 600m=Schulscheibe.

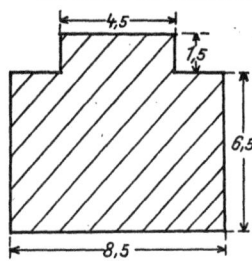

Scheibenblatt mit Figur für
die 800m=Schulscheibe.

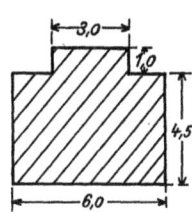

Farbe und Blattmaße wie bei 1 (400m=Schulscheibe)

B. Einteilung in Schießklassen.

Die Schützen werden mit steigenden Anforderungen eingeteilt in:

II. Schießklasse,
I. Schießklasse,
Scharfschützenklasse.

Der Kompaniechef versetzt die Schützen am Schluß des Schießjahres in die nächsthöhere Schießklasse, wenn sie alle Übungen ihrer Schießklasse erfüllt haben. (Es dürfen in der II. Schießklasse höchstens zwei Übungen, in der I. Schießklasse höchstens eine Übung wiederholt worden sein.)

Schützen, die den Anforderungen ihrer Schießklasse nicht genügt haben, können am Ende des Schießjahres in Ausnahmefällen vom Kompaniechef in die nächst= niedere Schießklasse zurückversetzt werden.

C. Schießauszeichnungen für Patschießen.

Der Kompaniechef kann jährlich den besten Schützen in den Schießklassen Schützenabzeichen verleihen. Außerdem findet in jedem Jahre ein Ehrenpreis= schießen mit dem Geschütz statt. Einen Ehrenpreis zu erhalten, bedeutet eine ganz besonders hohe Auszeichnung.

D. Sicherheitsbestimmungen für das Schulschießen auf dem 25 m=Stand.

Vor der Trefferaufnahme entladet Schütze 2 (Ladeschütze), meldet: „Entladen!" und tritt zurück. Der Schießende und der etwa eingeteilte Schütze 3 treten ebenfalls vom Geschütz weg. Der Verschluß bleibt geöffnet. Der Unteroffizier als Geschütz= führer prüft nach, daß das Geschütz entladen ist und meldet dem Leitenden: „Geschütz ist entladen!"

Erst dann darf auf Befehl des Leitenden zum Aufnehmen der Treffer vor= gegangen werden.

Ein Herantreten an das Geschütz und das Berühren des Geschützes während der Trefferaufnahme ist verboten.

Nur auf Befehl des Leitenden darf wieder geladen und das Schießen fortgesetzt werden.

Richtübungen auf dem Schießstandgelände sind verboten.

VI. Schießen mit Panzergranatpatronen (Üb.).

Dieses Schießen findet meist auf Truppenübungsplätzen statt.

Die Sicherheitsbestimmungen sind bei den Kommandanturen einzusehen. Das Schießen mit Panzergranatpatronen (Üb.) erfolgt nur als Schul= und Belehrungs= schießen. In erster Linie haben die planmäßigen Richtschützen und Ersatzschützen zu schießen, ferner nach Bestimmung des Kompaniechefs Offiziere und Unteroffiziere. Für die jungen, bewährten Richtschützen bedeutet das Scharfschießen mit Panzer= granatpatronen (Üb.) stets eine besondere Auszeichnung.

Zu Beginn des Schießens muß der Richtschütze ausnahmsweise so lange mit den Augen 30 bis 35 cm vom Zielfernrohreinblick abbleiben, bis die Sporen des Geschützes fest im Boden sitzen.

VII. Schulgefechts= und Gefechtsschießen.

Man unterscheidet: Schulgefechtsschießen und Gefechtsschießen.

Während die Schulgefechtsschießen einen Übergang vom Schulschießen zum Gefechtsschießen bilden, sind die Gefechtsschießen Gefechtsübungen mit scharfer Munition (mit sm KL'spur aus dem Schießgerät 35).

Schulgefechts= und Gefechtsschießen sollen das beim Schulschießen und das bei der Gefechtsausbildung Erlernte verbinden.

Alle Übungen sind auch mit Gasmaske zu schießen.

A. Übungen für Schulgefechtsschießen.

Beispiele.

1. Übung. Auf 300 bis 800 m Entfernung stehen 10 bis 15 Kampfwagen= scheiben (Bild 27).

Aufgabe: Richten und Zielwechsel.

Durchführung: Auf das Kommando des Geschützführers, z. B.: „**Geradeaus — 600! — Panzerkampfwagen — Dritter von rechts! — Feuer frei!**" eröffnet der Richtschütze das Feuer auf den befohlenen Kampfwagen.

Der Geschützführer verbeſſert die Lage der Schüſſe durch Zurufe, z. B.: „**Eine halbe Zielbreite weiter links!**" oder „**Höher!**", oder er beſtätigt einen Treffer im Ziel mit dem Zuruf: „**Gut!**" Sobald ein Panzer niedergekämpft iſt (bei Übungen

Bild 27.

iſt dies durch den Schießlehrer anzuſagen), ſchwenkt der Richtſchütze ſelbſtändig oder auf den Zuruf des Geschützführers, z. B.: „**Nächster links!**" auf das nächſte Ziel über. Der Zweck dieſer Übung iſt, daß der Richtſchütze in kürzeſter Zeit ſo viel Ziele wie möglich vernichten lernt.

Die Aufgabe kann mit ſtehenden und fahrenden Zielen durchgeübt werden.

2. Übung. Zielaufbau nach Bild 28.

Aufgabe: Schießen mit Vorhaltemaß.

Durchführung: Auf den Entfernungen 400, 600 und 800 m fahren Kampf= wagenſcheiben mit den Geschwindigkeiten 16 oder 24 km/Std. ſenkrecht zur Schuß=

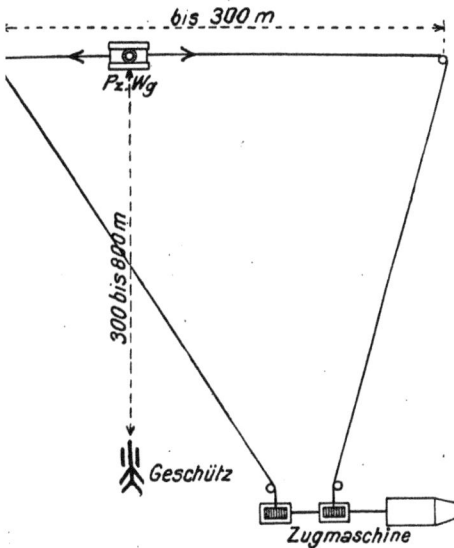

Bild 28. **Scheibenzuganlage.**

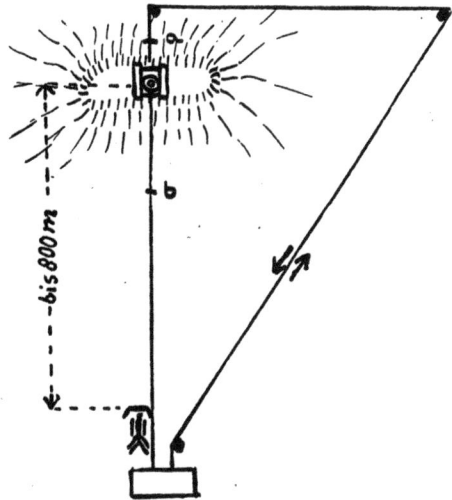

Bild 29. **Scheibenzuganlage.**

richtung hin und her. Entfernung und Geschwindigkeit werden nicht angesagt. Der Schütze bekommt für jede der drei Entfernungen drei Schuß.

3. Übung. Zielaufbau nach Bild 29.

Aufgabe: Schießen mit „Drunterhalten".

Ziel fährt mit 16 km/Std. auf 700 m Entfernung einen Hang herunter; es muß mit der Marke 800 etwa eine halbe Zielhöhe darunter gehalten werden.

Durchführung: Eine Kampfwagenscheibe fährt einen nach dem Geschütz zu abfallenden Hang herunter. Entfernung bis zu 900 m. Geschwindigkeit bis 16 oder 24 km/Std. Jeder Schütze drei Schuß.

4. Übung.

Aufgabe: Schießen auf im Zickzackkurs anfahrende Kampfwagenscheiben (überprüfen des Gelernten).

Durchführung: Aus 1000 m Entfernung wird bis auf 300 m ein Kraftwagen im Zickzackkurs herangezogen. Geschwindigkeit 16 oder 24 km/Std. Feuereröffnung auf 800 m. Jeder Schütze beschießt eine Minute lang das Ziel. Länge der Zickzackfahrtstrecke von „Entfernung 800 m" bis „Entfernung 300 m" = 800 m, Fahrzeit (bei 24 km/Std. Geschwindigkeit) zwei Minuten.

5. Übung.

Schießen auf Ziele, die so hinter Deckung stehen, daß sie gerade mit ihrer Waffe diese überschießen können. Vom schießenden Geschütz aus ist also nur der Turm zu sehen (Bild 30).

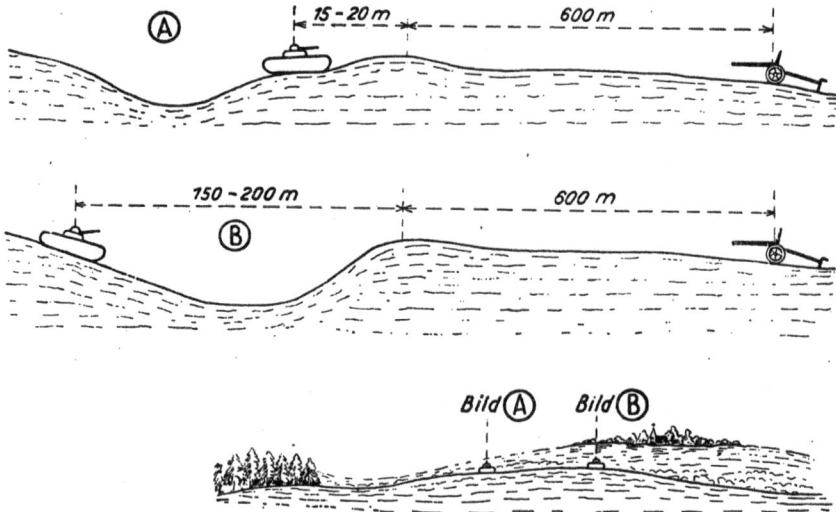

Bild 30. Zielaufbau für 5. Übung.

Schießen auf Ziele, die so hinter Deckung stehen, daß sie gerade mit ihrer Waffe diese überschießen können. Vom schießenden Geschütz aus ist nur der Turm zu sehen.

B. Übungen für Gefechtsschießen.

Beispiele.

1. Geschütz in Feuerstellung (getarnt). Auf den Feuerbefehl Tarnung herunter= reißen und Feuer eröffnen.

2. Während des Feuerkampfes auf anfahrende Panzerkampfwagen (800 m bis 600 m) tauchen plötzlich links oder rechts in nächster Entfernung Panzerkampfwagen auf, die auf das Geschütz losfahren. Auf den Befehl des Geschützführers wird das Geschütz herumgeworfen und das Feuer auf diese Kampfwagen eröffnet.

3. (Wettkampfübung.) Geschütz steht in Deckung. Feuererlaubnis ist gegeben, Feuerstellung vorbereitet. Der Geschützführer beobachtet. Ein oder mehrere Ziele laufen an. Zielansprache in Deckung.

Auf das Kommando: „Stellung — Feuer frei!" wird das Geschütz in Stellung gebracht und auf das befohlene Ziel das Feuer eröffnet. Es kommt darauf an, das Geschütz blitzschnell in Stellung zu bringen und mit dem ersten Schuß das Ziel zu vernichten. Jedes Geschütz bekommt drei Schuß. Die Zeit vom Kommando: „Stellung — Feuer frei!" bis zur Abgabe des ersten Schusses wird gestoppt.

4. Geschütz im Mannschaftszug beim Vormarsch auf dem Gefechtsfeld. Plötz= licher Zusammenstoß mit Panzerkampfwagen. Sofort Feuerstellung und Feuer eröffnen.

5. Geschütz in schneller Vorfahrt auf dem Gefechtsfelde. Plötzlicher Zusammen= stoß mit Panzerkampfwagen. Sofort Feuerstellung und Feuer eröffnen.

C. Trefferaufnahme und Bewertung.

Die Trefferaufnahme wird unter Aufsicht des Leitenden durchgeführt. Die Ergebnisse werden in die Schießkladde für jeden Schützen eingetragen. § 139 W. St. G. B. ist zu beachten.

Die Bewertung richtet sich nach folgendem Grundsatz:

1. Wieviel Ziele wurden in der zur Verfügung gestellten Zeit getroffen?

2. Wieviel Treffer wurden erreicht?

Wieviel Munition dabei eingesetzt wurde, ist gleichgültig, da es immer darauf ankommt, in möglichst kurzer Zeit möglichst viele Panzer zu vernichten. Nach jedem Schießen muß jeder Schütze wissen, warum z. B. zu wenig getroffen worden ist.

Der Leitende muß daher überprüfen und besprechen:

Beim Schulgefechtsschießen:

Die geschätzte Entfernung, Visierwahl, Haltepunkt und Vorhaltemaß, Ziel= fehler des Richtschützen und die Zusammenarbeit der Bedienung.

Beim Gefechtsschießen außerdem noch:

Den Zeitpunkt der Feuereröffnung, die Zielwahl und die Feuerverteilung, die Zeit und den Munitionseinsatz bis zum Niederkämpfen der Ziele.

D. Sicherheitsbestimmungen.

Der Gefahrbereich beim Schießen mit Schießgerät 35 reicht in der Schuß= richtung bis 5000 m, rechts und links der äußersten Schußlinie bis 1000 m.

Zehnter Abschnitt.

Feld- und Gefechtsdienst.

1. Allgemeine Grundsätze.

„Die Gefechtsausbildung und die Ausbildung im Felddienst sind die wichtigsten Ausbildungszweige. Das Ziel ist geschicktes Verhalten auf dem Gefechtsfeld sowie zweckvolle und sichere Verwendung der Waffen im Kampf. Gute waffen= und schießtechnische Ausbildung sind Vorbedingung." (A. V. J. 2 a, Ziff. 129.)

Das neuzeitliche Gefecht verlangt selbständig denkende und handelnde Kämpfer, die jede Lage überlegt, entschlossen und kühn ausnutzen. Deshalb hat sich der Soldat trotz aller Entbehrungen und Gefahren des Krieges volle Überlegung und Entschlußkraft zu bewahren. Die Gewöhnung an körperliche Strapazen, das rücksichtslose Einsetzen seiner Person, das feste Selbstvertrauen und ein kühner Wagemut müssen ihn befähigen, die schwersten Lagen zu meistern.

Im einzelnen wird von dem Soldaten im Feld= und Gefechtsdienst verlangt:

Peinlichste Befolgung (oft sinngemäß) aller Befehle.

Größte Aufmerksamkeit auf den Führer.

Ständige Beobachtung des Gefechtsfeldes. Bewegungen und Ver= änderungen beim Feind müssen sofort erkannt werden.

Bei Dunkelheit und Nebel ist volle Ruhe und Lautlosigkeit notwendig; jedes Sprechen, Klappern mit Ausrüstungsstücken, Rauchen, Zeigen von Licht usw. können die Truppe verraten und ihr verhängnisvoll werden.

Hat sich der Führer die Feuereröffnung vorbehalten, so darf keines= falls geschossen werden.

Aller Rücksicht auf Deckung geht doch die eigene Feuerwirkung vor.

Mit der Munition ist sparsam umzugehen. Niemals weiß man, wie lange das Gefecht dauert, wann Ersatz eintrifft oder welche Aufgaben noch bevorstehen.

Die eiserne Portion darf nur in äußersten Notfällen auf Befehl eines Vorgesetzten angegriffen und verbraucht werden.

Jeder Soldat muß kennen und wissen:

1. Feindlage, soweit sie ihm bekannt sein kann.
2. Auftrag seines Zuges.
3. Wo sich sein nächster Führer befindet.
4. Wer rechts, links, vor und hinter ihm ist.

2. Geländekunde und Kartenlesen.

Der Soldat muß lernen, das **Gelände,** d. h. die Formen der Erdoberfläche und ihre Bedeckung, mit militärisch geschultem Blick zu betrachten. Neben der richtigen

Bild 1. Bodenformen.

Bezeichnung der Bodenformen (Bild 1) und Bodenbedeckungen (Bild 2) ist es wichtig, das Wesentliche in einem Geländeabschnitt herauszufinden (z. B. Höhe mit Steinbruch, Hecke mit Durchlaß, Haus mit rotem Dach).

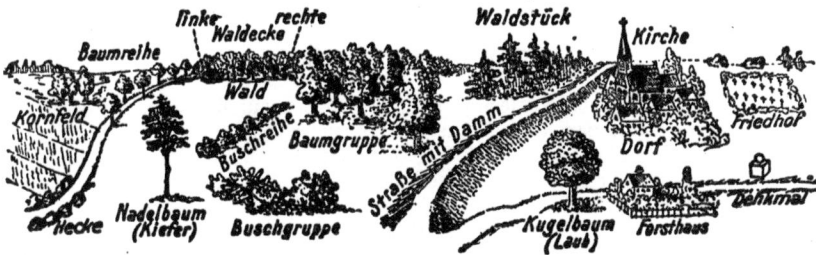

Bild 2. Bodenbedeckungen (Grundriß).

Die Karte

ist die bildliche Darstellung eines Teiles der Erdoberfläche in der Ebene des Geländes, in dem der Karte zugrunde liegenden Maßstabe. Je größer der Maßstab, desto mehr Einzelheiten kann die Karte enthalten, desto deutlicher und naturgetreuer ist die Darstellung der Erdoberfläche. Der **Maßstab** einer Karte ist das Verhältnis vom Gelände zur Karte. So z. B. besagt der Maßstab 1 : 25 000 (sprich: 1 zu 25 000), daß die Natur 25 000mal größer ist als die Karte sie zeigt. Es sind bei den Karten:

1 : 25 000 (4 cm der Karte = 1 km der Natur).

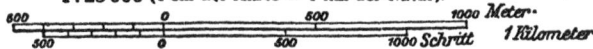

1 : 100 000 (1 cm der Karte = 1 km der Natur).

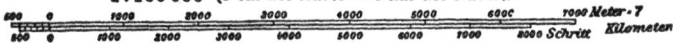

1 : 300 000 (1 cm der Karte = 3 km der Natur).

Die Karte:

1 : 25 000 ist zum Ermitteln von Schießgrundlagen die geeignetste Karte, also **Schießkarte**

1 : 100 000 ist bei der Truppe als Einheitsblatt vorhanden und ist ein zusammengestelltes Kartenbild mit genügend genauer Grundlage. Sie ist **Marschkarte** (gegebenenfalls auch Schieß- karte gegen Ziele von größerer Flächenausdehnung);

1 : 300 000 ist nur ein Kartenbild und dient dem **Kraftfahr- und Flugverkehr.**

Man mißt die Entfernungen auf der Karte mit Hilfe eines Kilometermessers oder Lineals. Als Hilfsmittel können auch die bekannten Größen einer Finger- breite, Gliedlänge eines Fingers oder Spannweite von Daumen und kleinem Finger dienen.

Für Übermittlung von Meß- und Aufklärungsergebnissen sind die amtlichen Karten mit **Gitternetz** versehen. Die Maschenweite beträgt

bei der Karte 1 : 25 000   1 km (4 cm),

=   =   =   1 : 100 000   5 km (5 cm),

=   =   =   1 : 300 000   10 km (3,33 cm).

Auf jeder Karte mit Gitternetz befindet sich ein Kärtchen mit Linien gleicher **Nadelabweichung** für den Bereich der Karte und ein aufgedruckter **Plan- zeiger** mit Gebrauchsanweisung im Maßstabe der Karte.

Der **Inhalt einer Karte** setzt sich zusammen aus dem **Grundriß,** den **Bodenformen** und der **Beschriftung.**

Der Kartengrundriß

ist das auf der Kartenebene wiedergegebene Bild der auf der Erde vorhandenen Gegenstände (Häuser, Eisenbahnen, Straßen, Wege, Flüsse, Wald, Wiesen- grenzen usw.). Im allgemeinen sind alle Grundrißgegenstände im richtigen Maß- stabsverhältnis auf der Karte dargestellt. Für einige Gegenstände aber würde die maßstabgerechte Wiedergabe dem Auge kaum erkennbar bleiben. So würden z. B. Wege von 5 m Breite in der Karte 1 : 25 000 nur 0,2 mm, in der Karte 1 : 100 000 nur 0,05 mm breit erscheinen. Es sind deshalb für Eisenbahnen, Straßen, Wege, Brücken, Einfriedigungen und einzelne andere Gegenstände von **besonderer** Bedeutung bestimmte Zeichen vorgeschrieben (siehe Kartenzeichen!), die abweichend vom Maßstab der Karte diese Dinge ihrer Wichtigkeit entsprechend besonders deut- lich hervortreten und ihre Beschaffenheit erkennen lassen.

Gewässer (Seen, Teiche usw.) sind maßstabgerecht wiedergegeben. Die Darstellung der **Wasserläufe** erfolgt, soweit irgend angängig, in natürlicher, maßstäblich verjüngter Breite. Hierbei sind Gräben und Wasserläufe, die für das Überqueren infolge ihrer Breite ein besonderes **Hindernis** bilden, in **doppelter** Liniendarstellung gezeichnet, auch wenn auf Grund der Maßstabs- verhältnisse noch keine Notwendigkeit vorliegt. Die Laufrichtung ist durch einen Flußpfeil angegeben.

Die ständige **Bodenbewachsung** ist durch besondere Zeichen kenntlich gemacht (siehe S. 257).

Wohnplätze (Städte, Dörfer, Siedlungen und einzelne Gehöfte) sind, soweit es in den Maßstäben 1 : 25 000 und 1 : 50 000 möglich ist, maßstabgerecht und lagerichtig wiedergegeben. Im Maßstab 1 : 100 000 und darunter ist durch Zusammenfassung kleinster Teile in größere Einheiten das Gesamtbild dargestellt.

Die Bodenformen

bestehen aus der natürlichen, außerordentlich verschiedenartigen Gestalt der Erd=
oberfläche (Gelände im engeren Sinn). Dementsprechend ist das Gelände als eben,
flachwellig, hügelig, bergig oder felsig zu betrachten mit weiten Tiefebenen oder
engen, flach oder tief eingeschnittenen Tälern, denen Bodenwellen, Berge, Hoch=
ebenen, Gebirge und das Hochgebirge gegenüberstehen.

Die topographische Darstellung der Bodenformen erfolgt bei der Karte:

1 : 25 000 durch S c h i c h t l i n i e n ,

1 : 100 000 durch S c h r a f f e n (Bergstriche)

und nimmt folgende Formen an: Rücken, Kuppe, Kegel, Nase, Grat, Mulde,
Schlucht, Kessel, Sattel, Gleitufer, Prallufer (siehe S. 251, Bild 1, und S. 254,
Bild 4).

Bei der Darstellung der Bodenformen auf der **Karte 1 : 25 000** denkt man sich
die Erdoberfläche durch waagerechte Schichtflächen in gleichem, senkrechtem Abstand,

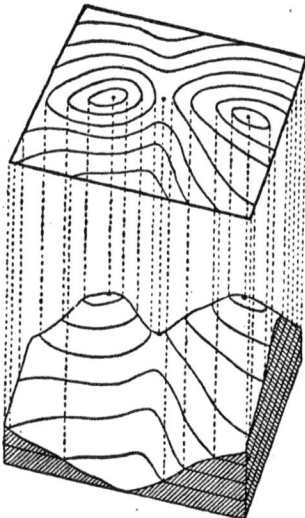

Die Höhen sind in Metern über
Normal-Null angegeben

Bild 2. **Schichtlinien.**

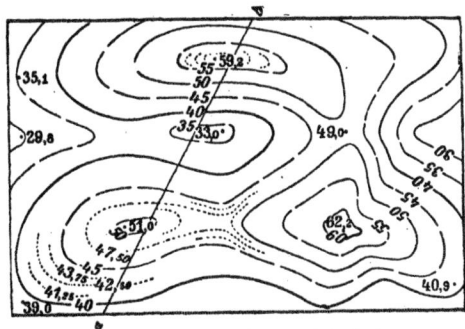

Bild 1. **Perspektivisches Bild.**

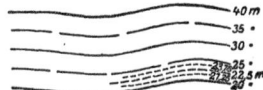

Bild 3. **Bergform in Schichtlinien**
(1 : 25 000).

in Schichthöhe, durchschnitten (siehe Bild 1, 2 und 3). Die Schnittlinien dieser
Schichtflächen geben auf eine waagerechte Fläche übertragen die Bodenformen
wieder und heißen Schichtlinien. Jede Schichtlinie verbindet Punkte gleicher Höhe.
Es sind gezeichnet die

20, 40, 60 usw. m=Schichtlinien als dicke durchzogene Linien,

10, 30, 50 usw. m=Schichtlinien als dünne durchzogene Linien,

 5, 15, 25 usw. m=Schichtlinien als unterbrochene durchzogene Linien,

2½ und 1½ m=Schichtlinien als gerissene durchzogene Linien (s. Bild 4 und 5).

Häufig sind auf der Karte Höhenzahlen eingetragen. Durch sie und mit Hilfe
der Schichtlinien kann man jede beliebige Höhe sicher bestimmen. Da Kessel und
Kuppe die gleichen Schichtlinien haben, ist der Kessel durch einen Pfeilstrich
gekennzeichnet.

R e i b e r t , Der Dienstunterricht im Heere. XI., Panzerabwehrschütze.   18

Der Darstellung der Bodenformen auf der **Karte 1 : 100 000** liegt die Tatsache zugrunde, daß waagerechte Flächen, wenn parallele Lichtstrahlen senkrecht von oben auf sie fallen, ganz hell erscheinen. Ist eine Fläche schräg, so fallen weniger Licht= strahlen auf sie, und sie erscheint dunkel. Je nach der Steigung erscheint sie dunkler oder heller. Dieses Verhältnis von hell und dunkel (Licht und Schatten) wird durch das Verhältnis der Stärke der Schraffen (Bergstriche) und der Breite der sie trennenden Zwischenräume auf der Karte zum Ausdruck gebracht. Die Schraffen laufen stets in Richtung des steilsten Falls, d. h. in der Richtung, die Wasser zum Abfluß wählt, wenn es auf die Oberfläche geschüttet würde. Je steiler der Hang ist, desto dunkler und dichter sind die Schraffen (Bergstriche). Auf diese Weise ergibt sich ein plastisches Bild der dargestellten Bodenformen (siehe Bild 4, 5 und 6).

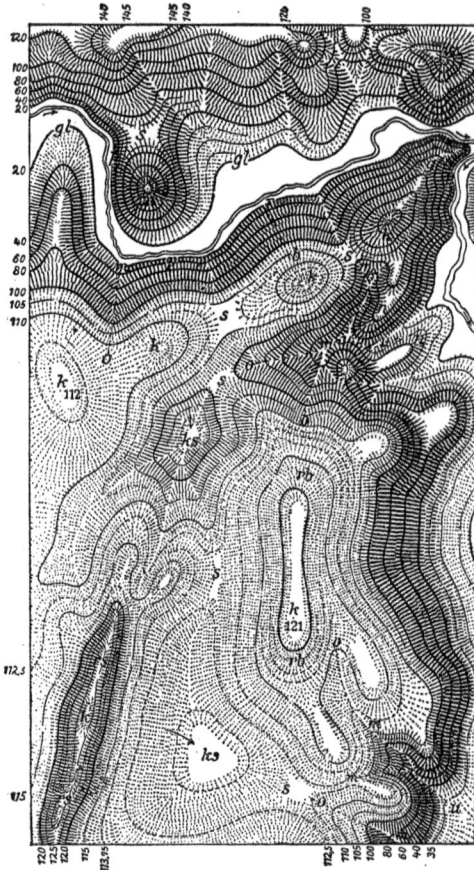

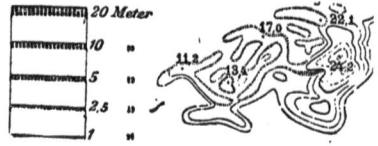

Bild 5. Darstellung der Steilränder und Dünen.

Bild 6. Darstellung von Boden= formen in:

a) B e r g s t r i c h e n (1 : 100 000),

Die Böschungen werden in Bergstri= chen von 1°–5° nach Müffling'schem, über 5° nach Lehmann'schem System dargestellt, im Hochgebirge kommen außerdem Schichtlinien in Stufen von 100 m zur Anwendung.
In der Buntausgabe geben die Schicht= linien Stufen von 50 m an.

b) S c h r a f f e n (1 : 300 000),

rb = Rücken, breit, stumpf; rs = Rücken, schmal, scharf;
k = Kuppe; kg = Kegel; n = Nase; g = Grat;
om = Mulde; mu = Schlucht; ks = Kessel; s = Sattel;
gl = Gleitufer; p = Prallufer.

Bild 4. Darstellung der Bodenformen in Schichtlinien und Bergstrichen.

c) S c h u m m e r u n g (1 : 300 000).

Die Kartenzeichen.

	1 : 25 000	1 : 100 000	1 : 300 000
Grenzen:			
Reichs= oder Landesgrenze . .			
Provinz= oder Regierungs= bezirksgrenze			
Kreisgrenze	(– – –)		
Gemeindegrenze			
Eisenbahnen:			
Mehrgleisige Haupt= und voll= spurige Nebenbahn (Bild 1)			*Bhf. Tunnel*
Eingleisige Haupt= und voll= spurige Nebenbahn (Bild 2)			*Hp.*
Vollspurige nebenbahnähnliche Kleinbahn			*Klbhf.*
Schmalspurige Nebenbahn .			
Schmalspurige nebenbahnähn= liche Kleinbahn			
Straßen= und Wirtschaftsbahn			
Seil= und Schwebebahn . . .			
Straßen:			
Reichsautobahn			
Fernverkehrsstraße	54	12	56
I A etwa 5,5 m Mindestnutz= breite mit gutem Unterbau, für Lastkraftwagen zu jeder Jahreszeit unbedingt brauch= bar (Bild 3)		*Größere Steigungen*	
I B weniger fest, etwa 4 m Mindestnutzbreite, für Last= kraftwagen nur bedingt brauchbar			
Wege:			
II A Unterhaltener Fahrweg, für Personenkraftwagen zu jeder Zeit brauchbar, abge= sehen von außergewöhnlichen Witterungsverhältnissen . .			
II B Unterhaltener Fahrweg			
III Feld= und Waldwege A/B (Bild 4)			
IV Fußweg . . .			

Bild 1.
Mehrgleisige Hauptbahn

Bild 2
Vollspurige Nebenbahn
mit Bahnunterführung.

Bild 3. Straße I A
mit Straßenunterführung.

Bild 4. Feldweg III A
zugleich Hohlweg.
18*

	1 : 25 000	1 : 100 000	1 : 800 000
Damm (Bild 5)			
Drahtzaun			
Fels			
Hecke			
Knick (kleiner Wall mit Hecke)			
Mauer			
Trockener Graben			
Wall (Feldeinfriedigung)			
Zaun			
Alte Schanze			
Bergwerk im Betrieb und verlassen			
Bruchfeld (durch Bergbau unterhöhlt)			
Denkmal	Denkm.		
Einzelgrab, Feldkreuz			
Erratischer Block	Err. Block		
Oberförsterei (Forstamt)	O.F.	O.F'EA	O.F
Försterei, Waldwärter, Forstwart	F.W.W.	F.W.W.	
Friedhof für Christen			
Friedhof für Nichtchristen			
Funkstelle	F.St.	F.St.	
Funkturm (über 60 m hoch)		F.T.	
Gradierwerk, Saline (Bild 6)			
Grenzgraben, Grenzwall, Grenzzeichen			
Grube, Steinbruch			
Heiligenbild, Kapelle (Bild 7)	Kp.	(Kp.)	
Hervorragender Baum			
Höhenpunkt	113,5	358	364
Höhle		Hhl.	
Hünenstein, Hünengrab		Hüng.	
Kalkofen		K.O.	
Kilometerstein	120		Fabrik
Kirche	K.		
Landwehr, Ringwall			
Luftfahrtfeuer, freistehend und auf Haus	Luft.	Luft.	
Meilenstein (Bild 8)	Mst.		
Naturschutzgebiet	N.S.G.	N.S.G.	
Nivellem. Punkt	9,13		
Pegel	P.		
Ruine	R.	R.	
Schlacht-, Gefechtsfeld	20.8.1914	1813	
Schornstein (weit sichtbar)	(S.)	(S.)	
Steinriegel, Steinhaufen			
Teerofen		T.O.	
Terrasse, Steilrand und Schutthalde	50		
Trigonom. Punkt	76,4		
Turm, Warte	T.W.	T.W.	
Turm auf Haus (weithin sichtb.)	(T.)		weit sichtbar

Bild 5. Damm.

Bild 6. Gradierwerk, Saline.

Bild 7. Kapelle.

Bild 8. Meilenstein.

	1 : 25 000	1 : 100 000	1 : 300 000
Umformer	↓ U.		
Wassermühle	✿	●	●
Wasserturm	○ W.T.		
Wegweiser	⸸		
Windmotor (Bild 9)	⚡	⚡	
Bock- und Holländ. Windmühle (weit sichtbar)	⚙ (M.) ⚙	⚡ (M.)	⚡

Bild 9. Windmotor.

Besondere Zeichen im Maßstab 1 : 300 000.

⋏ *Einzelhöfe*   ⚘ *Gut, Schloß*   ⚲ *Vorwerk, Meierei*   ⸸ *Wirtshaus, Krug*

⸶ *Kloster*   ✝ *Flughafen*   ▪ *Fabrik, Hochofen, Ziegelei u. dergl.*

Die Bodenbewachsung.

	1 : 25 000	1 : 100 000	1 : 300 000
Laubwald			
Nadelwald			
Mischwald (Bild 10) . . .			
Buschwerk und Weidenanpflanzung (Bild 11)			
Heide und Ödland			
Hutung			
Sand oder Kies (Bild 12) . .			
Wiese (nasse Wiese)			
Bruch mit Torfstich . . .			
Nasser Boden			
Weingarten			
Hopfenanpflanzung . . .			
Baumschule			
Park			

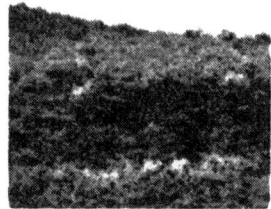

Bild 10. Mischwald

Bild 11. Buschwerk.

Bild 12. Kiesboden.

Wohnplätze.

1 : 25 000

Häuser und Höfe
mit und ohne Gärten.

Altes Zeichen für
massive Häuser

Gut
mit Schloß und Park.

Dorf.

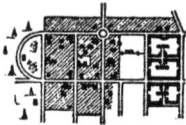

**Villenkolonie und
Siedlung**

Fbr.

Schule

(S.)

Fabrik
und
größere bauliche Anlage

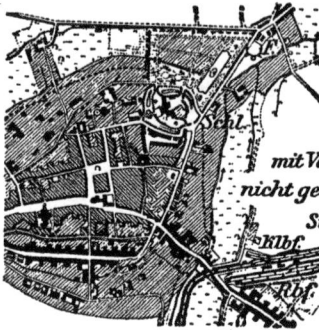

Stadt
mit Vorstadt und
nicht geschlossenen
Stadtteilen.

1 : 100 000

**Gut mit Park
u. Einzelhöfe**

**Villenkolonie
und Siedlung**

Dorf

Stadt mit Vorstadt u. Gärten

1 : 300 000

Dörfer u. Weiler als Gemeindeteile	Städte unter 5000 Einw. (Altes Zeichen für Marktflecken über 300 Einw.)
Landgemeinden oder Gutsbezirke unter 400 Einw.	Städte über 5000
von 400-1000	
über 1000	30000
(Altes Zeichen für Kirchdorf)	

Gewässer.

1 : 25 000

Steg · Teich · Bach · Quelle · Schiffbarer Fluß · Furt · Kanal · Schiff · Holz-Br. · Nasser Graben · Schlse. · Wehr · See · Insel · Badeanst. · E.F. · Stein-Br. · Trockenes Flußbett · Tonne · P.F. · Buhne · Holzbrücke · Stauschleuse · W.F. · STROM · Nicht schiffbar · Eiserne Brücke · Brunnen · Schiffbrücke · Steinbrücke · Schleuse · Leuchtturm · Bake · Hafen · Sand · Uferbekleidung · Strandhafer · Fels. Riff · Leuchtfeuer · Steinmole · Wattenweg · Strauchbesen · Dampferanlegestelle · Seetang

1 : 100 000

Stauschleuse · Schiff · Talsperre · Qu. Quelle · Teich · Ft.Furt · Brücke · Steg · Beginn der Schiffbarkeit · Landungsbrücke · Wßh. Wasserbehälter · Bake · Leuchtturm L.T. · Mole · Watten · Schlse. · Stangen seezeichen · Leuchtbake · Insel · Feuerschiff · F Sch

Abkürzungen.

A.	Alp	Hbf.	Hauptbahnhof
Abl.	Ablage	Hp.	Haltepunkt
Adl.	Adlig	Hs.	Haus
Anst.	Anstalt	Htr.	Hinter
A. T.	Aussichtsturm	H. O.	Hochofen
B.	Bach	Hügelgr.	Hügelgrab
Bäuerl.	Bäuerlich	Hünenst.	Hünenstein
Bew. M.	Bewässerungs= mühle	Jg. Hb.	Jugendherberge
Bf.	Bahnhof	(K.)	Kirche (weithin sichtbar)
Bge. B.	Berge, Berg	Kan.	Kanal
Bgr. Pl.	Begräbnisplatz für Nichtchristen	Kas.	Kaserne
		K. D.	Kulturgeschicht= liches Denkmal
Blst.	Blockstation	K. F.	Kahnfähre
Brk.	Braunkohle	Kgr.	Kiesgrube
Br.	Brunnen	Khf.	Kirchhof
Brn.	Brennerei	Kl.	Klein
B. W.	Bahnwärter	Klbf.	Kleinbahnhof
Chs. od.	Chausseehaus	K. O.	Kalkofen
Ch. Hs.		Kol.	Kolonie
D. A.	Dampferanlege= stelle	Kap.	Kapelle
		Kr.	Krug
Denkm.	Denkmal	Lgr.	Lehmgrube
Denkst.	Denkstein	L. M.	Lohmühle
D. M.	Dampfmühle	Lpl.	Ladeplatz
Dom.	Domäne	Lst.	Ladestelle
Dtsch.	Deutsch	(M.)	Mühle (weithin sichtbar)
D. W.	Dammwärter		
E. F.	Eisenbahnfähre	Mag.	Magazin
ehem.	ehemalig	Mlst.	Meilenstein
Ehr. Fdhf.	Ehrenfriedhof	Mgr.	Mergelgrube
El. W.	Elektrizitätswerk	Mitl.	Mittel
Entw. M.	Entwässerungs= mühle	Molk.	Molkerei
		Mus.	Museum
Erbbgr.	Erbbegräbnis	N. D.	Naturdenkmal
Err. Block	Erratischer Block	N. S. G.	Naturschutzgebiet
Exerz. Pl.	Exerzierplatz	Ndr.	Nieder
Fbr.	Fabrik	Obr.	Ober
F.	Fähre	O. F.	Oberförsterei
F.	Försterei	Ö. M.	Ölmühle
Fl.	Fluß	Pap. M.	Papiermühle
F. St.	Funkstelle	Pav.	Pavillon
F. T.	Funkturm (üb. 60 m)	P. F.	Personenfähre
Ft.	Furt	Pl.	Platz
Gr.	Graben	Pr.	Preußisch
Gr.	Groß		
H.	Hütte		

Pvhs.	Pulverhaus	S.	See
Pumpw.	Pumpwerk	Sgr.	Sandgrube
Qu.	Quelle	Sch.	Scheune
R.	Ruine	Schießst.	Schießstand
Rbf.	Reichsbahnhof	Schießstde.	Schießstände
(S.)	Schornstein (weiter= hin sichtbar)	Schl.	Schloß
		Schlf. M.	Schleifmühle
		Schlse.	Schleuse
		S. H.	Sennhütte
		Schp.	Schuppen
		Soldgr.	Soldatengrab
		Sportpl.	Sportplatz
		St.	Stall
		Staatl.	Staatlich
		St. Br.	Steinbruch
		Steingr.	Steingrab
		Stk.	Steinkohle
		Stsbf.	Staatsbahnhof
		S. W.	Sägewerk (elek= trisch od. Dampf)
		T. O.	Teerofen
		T.	Teich
		T.	Turm
		T. W.	Turmwärter
		U.	Umformer
		Unt.	Unter
		Vdr.	Vorder
		Vw.	Vorwerk
		W.	Warte
		Wasserw.	Wasserwerk
		Wbh.	Wasserbehälter
		W. F.	Wagenfähre
		Whr.	Weiher
		Whs.	Wirtshaus
		Wltg.	Wasserleitung
		W. T.	Wasserturm
		W. W.	Waldwärter
		Zgl.	Ziegelei
		Zollhs.	Zollhaus

Erläuterungen zum Gebrauch der Karte.

Der unterhaltene Fahrweg II B sowie die Feld- und Waldwege sind nicht zu jeder Zeit brauchbar. Sie bedürfen für ihre Benutzung der Erkundung auf Breite, Zustand und Tragfähigkeit.

Fußwege sind auf den Karten nur dann eingezeichnet, wenn sie eine dauernde Verbindung darstellen, z. B. zwischen zwei Dörfern.

Wassertiefe, Gefälle, Uferbeschaffenheit usw. von Flüssen, Bächen, Kanälen und Furten (oft auch Brücken und Stegen) sind aus der Karte nicht zu ersehen. Daher ist auch hier Erkundung nötig.

Neben Laub-, Nadel- und Mischwald unterscheidet man oft auch Hochwald und Schonungen. Dichte und Gangbarkeit von Wald sind aus der Karte nicht zu ersehen.

Im allgemeinen stellen dar:

dünne Schichtlinien oder Bergstriche einen fahrbaren,
mittelbicke Schichtlinien oder Bergstriche einen gangbaren,
dicke Schichtlinien oder Bergstriche einen ersteigbaren Hang.

Straßen und Wege, die senkrecht zu den Schichtlinien oder gleichlaufend zu den Bergstrichen verlaufen, haben an der betreffenden Stelle ihre größte Steigung.

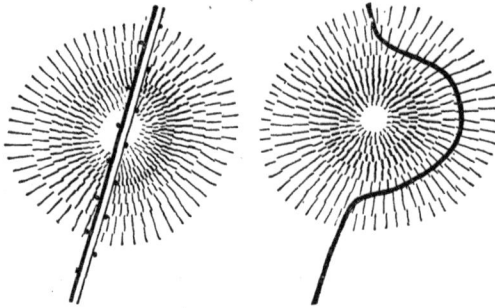

Bild 1.   Bild 2.

Beispiele des Steigungsgrades.

Straßen mit besonders starker Steigung sind auf der Karte 1 : 100 000 mit Querstrichen versehen. Straßen und Wege, die gleichlaufend zu den Schichtlinien oder senkrecht zu den Bergstrichen verlaufen, haben je nach der Größe des Winkels, den sie mit den Schichtlinien oder Bergstrichen bilden, eine entsprechende Steigung (s. Bild 1 und 2, S. 253).

Die Benutzung der Karte im Gelände ist grundsätzlich nach den Bodenformen, die unveränderlich sind, zu richten (z. B. nach Bergen und Mulden). Die Bodenbedeckung (Wald, Häuser usw.) soll nur zur Unterstützung dienen. Wird sie herangezogen, so ist ihre Übereinstimmung mit der Karte genau zu prüfen, z. B. Wald wird abgeholzt, neue Häuser entstehen usw. Folgende Reihenfolge beim Gebrauch der Karte ist zu merken:

1. **Festlegen der Himmelsrichtungen** (siehe S. 262).

2. **Bestimmen des eigenen Standpunktes** (durch Vergleichen der Karte mit der Natur, z. B. den Verlauf einer Straße mit ihrer Zeichnung auf der Karte in Übereinstimmung bringen).

3. **Einzeichnungen der Karte im Gelände suchen.**

3. Der Schütze im Feld- und Gefechtsdienst.

Zurechtfinden im Gelände.

Das Zurechtfinden im Gelände (vielfach Orientieren oder Orten genannt) ist nicht nur für den Führer aller Grade, sondern für jeden Mann, insbesondere für Melder, Späher usw. von größter Wichtigkeit. Zum Orientieren gehören (und werden auch am besten in der folgenden Reihenfolge vorgenommen):
- a) Festlegen der Himmelsrichtungen,
- b) Bestimmen des eigenen Standpunktes,
- c) diesen zu anderen Punkten in Beziehung bringen und sich danach richten.

Mittel zum Orientieren sind:

1. **Marschkompaß und Karte:** Zunächst sind vom Marschkompaß der Richtungszeiger und das „N" durch Drehen der Teilscheibe aufeinanderzustellen. Dann ist der Kompaß so auf die Karte zu legen (bei Karten mit Gitternetz Anlegekante an die Nord-Süd-Linie), daß der Richtungsanzeiger zum oberen Kartenrand (Kartennordrand) zeigt. Karte mit Kompaß sind nun so zu drehen, daß sich Magnetnadel und Mißweisung (Abweichung der Magnetnadel vom geographischen Nordpol) decken. Jetzt ist die Karte (nach Norden) eingerichtet (Bild 1). Nimmt man die Front in diese Richtung, so ist im Rücken Süden, rechts Osten, links Westen. Nachdem nun der eigene Standpunkt bestimmt ist (s. S. 260), liegen von ihm alle Geländepunkte in derselben Richtung wie die entsprechenden auf der Karte.

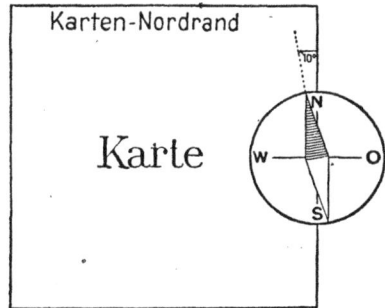

Bild 1. **Eingerichtete Karte.**

Soll man Punkte benennen (oder zeigen), so sind zunächst alle Punkte des Vorder-, dann die des Hintergrundes von rechts nach links zu benennen. So z. B. halbrechts Berg mit Steinbruch: Galgenberg!, eine Handbreit links davon Gehöft: Marienhof! usf.

2. **Marschkompaß:** Er ist beim Gebrauch von Stahl- und Eisengegenständen (z. B. Stahlhelm, Gewehr) möglichst weit entfernt zu halten, da sonst die Nadel abgelenkt wird. Mit seiner Hilfe kann man nicht nur Karten und Skizzen einrichten (siehe oben!), sondern auch jederzeit die Himmelsrichtungen bestimmen und den Weg nach ihm wählen.

Bild 2. **Marschkompaß.**

Feſtſtellen einer Marſchrichtung (Kompaßzahl).

A. Muß der Marſchrichtungspunkt auf der Karte feſtgelegt werden, dann ſind:

a) Abmarſch= und Richtungspunkt auf der Karte durch einen Bleiſtiftſtrich zu verbinden,

b) die Karte nach Norden einzurichten (ſiehe oben!),

c) der Kompaß mit der Anlegeſchiene ſo an die gezogene Verbindungslinie zwiſchen Abmarſch= und Richtungspunkt anzulegen, daß der Pfeil nach dem Richtungspunkt zeigt,

d) die Nordnadel durch Drehen an der Scheibe auf den 0=Punkt einſpielen zu laſſen.

Der Pfeil zeigt nun die Kompaßzahl an.

B. Iſt der Richtungspunkt vom Abmarſchpunkt zu ſehen, dann ſind:

a) der Richtungspunkt über Kimme und Korn unter hoch= geklapptem Spiegel anzuviſieren (Bild 3),

b) die Drehſcheibe dabei ſo zu drehen, daß die Nordnadel auf das „N" der Drehſcheibe einſpielt (was im Spiegel zu ſehen iſt).

Der Pfeil zeigt nun die Kompaßzahl an.

Marſchieren nach der Kompaßzahl. Dazu iſt die Dreh= ſcheibe ſo einzuſtellen, daß der Pfeil auf der Kompaßzahl ſteht, und der Kompaß ſo zu drehen, daß die Nordnadel auf den Nullpunkt zeigt. Die Marſchrichtung iſt durch Anviſieren über Kimme und Korn, bei Nacht durch Verlängern der Linie, Leuchtpfeil—Leuchtſtrich, zu finden.

Bild 3.
Anviſieren des Richtungspunktes.

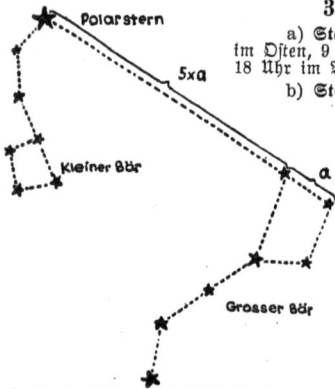

Bild 4. **Finden des Polarſterns.**

3. Feſtſtellung der Himmelsrichtung nach:

a) **Stand der Sonne:** Die Sonne ſteht 3 Uhr im Nordoſten, 6 Uhr im Oſten, 9 Uhr im Südoſten, 12 Uhr im Süden, 15 Uhr im Südweſten, 18 Uhr im Weſten, 21 Uhr im Nordweſten, 24 Uhr im Norden.

b) **Stand des Mondes:** Vollmond: Der Vollmond ſteht genau der Sonne **entgegen**, alſo um 3 Uhr im Südweſten, um 6 Uhr im Weſten uſw.

Erſtes Viertel: Das erſte Viertel des (zunehmen= den) Mondes ſteht dort, wo die Sonne **vor** 6 Uhr geſtanden hat, z. B. um 24 Uhr im Weſten.

Letztes Viertel: Das letzte Viertel des (abnehmen= den) Mondes ſteht dort, wo die Sonne **nach** 6 Stunden ſtehen wird, z. B. um 24 Uhr im Oſten.

c) **Stand des Polarſterns:** Der Polarſtern, ein ſchöner, heller Stern, ſteht ſtets im Norden. Man findet ihn durch fünfmaliges Verlängern der Hinterräder des Großen Wagens (Großen Bären). Bild 4.

4. Feſtſtellung der Himmelsrichtung nach Kompaß und Taſchenuhr: Man bringt die Uhr ſo in die Waage= rechte, daß der kleine Zeiger auf die Sonne gerichtet iſt. Dann iſt im Süden in der Mitte zwiſchen dem kleinen Zeiger und der 12 des Zifferblattes, und zwar am Vormittag nach vorwärts und am Nachmittag nach rückwärts geleſen (Bild 5).

5. Sonſtige Hilfsmittel: Die Türme der Kirchen und Kapellen ſtehen im allgemeinen nach Weſten, die Altäre nach Oſten. Häuſer, Schuppen uſw. ſind oft von der Wetterſeite her (von Nordweſten) verwittert, ebenſo ſind Bäume, Steinblöcke uſw. nach die= ſer Seite hin meiſtens bemooſt.

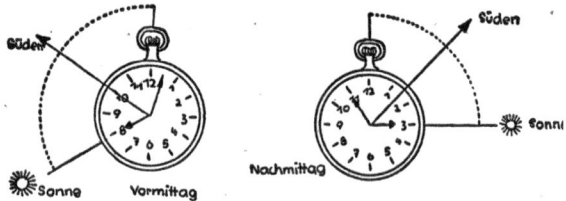

Bild 5. **Uhr als Kompaß.**

Geländebeschreibung, =erkundung und =beurteilung.

Die **Geländebeschreibung** bezieht sich auf das Beschreiben der Bodenformen und Bodenbedeckungen. Wendiges Sprechen und die richtige Ausdrucksweise ist wichtig (s. S. 253 ff.). Die Beschreibung kann sich auf einen einzusehenden oder nur kurz eingesehenen Geländeabschnitt beziehen. Sie muß kurz sein, das Wichtigste wiedergeben und dem Zuhörer ein klares Bild verschaffen. Am besten beginnt sie vom eigenen Standpunkt oder einem auffallenden Geländepunkt und wird von rechts, im Vordergrund beginnend, nach links vorgenommen. Z. B. halbrechts, etwa 30 m hellgrünes Saatfeld, in der Mitte Kugelbaum mit schiefem Stamm, nach links hinziehend Hecke mit Durchlaß usw.

Die **Geländeerkundung** erstreckt sich auf Einzelheiten des Geländes. Ihr Inhalt richtet sich nach dem Auftrag. Im allgemeinen ist zu erkunden bei:

1. Straßen und Wegen: Länge — Breite — Beschaffenheit — Hindernisse — Steigungen — Engen — Brücken — Ortschaften — Nebengelände.
2. Bahnen: Gleiszahl — Dämme — Einschnitte — Unterführungen — Brücken — Wegkreuzungen — Steigungen — Kurven — Tunnel — Haltestellen — Bahnhöfe — Signalanlagen — Wagenmaterial — Ausweichstellen — Wasserbehälter — Zugverkehr in einer bestimmten Zeit.
3. Gewässer: Breite — Tiefe — Grund — Richtung — Stromgeschwindigkeit — Ufer- und Anmarschwege — Brücken und ihre Bauart (Holz, Stein, Eisen, Beton) — Tragfähigkeit (Fahrzeuge, beladene Lastkraftwagen) — Furten (Tiefe) — Übersetzmittel (Kähne, Fähren, Flöße) — Baustoffe für Brücken — Schiffbarkeit.
4. Wald: Ausdehnung — Gangbarkeit — Form — Waldsäume (Winkel) — Baumbestand — Pfade — Wege — Schneisen — Unterholz — Dichte des Laubdaches.
5. Wiesen und Felder: Gangbarkeit — Bewässerung — Gräben — Art der Bodenerzeugnisse.
6. Erhebungen: Höhe — Übersicht — Steilheit — Ausdehnung und Form (Kuppe, Fläche, Rücken).
7. Senkungen und Täler: Ausdehnung — Ränder — Abhänge — Sohle — Gewässer — Sperrmöglichkeit.
8. Engwege: Ein- und Ausgänge — Breite — Gangbarkeit — Umgehungsmöglichkeit — Sperrbarkeit.
9. Ortschaften: Größe — Saum — Inneres — Straßenbreite, Beschaffenheit — Baulichkeiten — Quartiere — Brunnen — Post — Fernsprecher — Vorräte — Sicherungsmöglichkeit.

Die **Geländebeurteilung** schafft die Voraussetzung für die Geländebenutzung und erstreckt sich auf die Beurteilung, ob die Bodenformen und die Bodenbedeckungen für einen bestimmten militärischen Zweck günstig oder ungünstig erscheinen. Bei der Beurteilung für eine Kampfhandlung ist zu ermitteln, ob das Gelände Deckungen bietet und dabei die Verwendung der eigenen Waffen nicht beeinträchtigt. (Über Deckungen siehe weiter unten!) Ferner ist zu berücksichtigen, wie das Gelände unter Ausnutzung der Deckungen überwunden werden kann, z. B. durch Anschleichen, Kriechen, Vorarbeiten durch Trichterfeld oder sprungweises Vorgehen. Dabei ist zu bedenken, daß Bewegungen auf dem Gefechtsfeld unter Ausnutzung kleinster Bodenvertiefungen und Deckungen vor sich gehen. Es ist also nötig, daß sich der Schütze in die entsprechende Lage begibt, sich z. B. hinlegt, kniet usw.

In der Regel ist das Gelände zu beurteilen, ob es geeignet ist für:

Späher und Melder,
den Angriff,
die Abwehr, z. B. von Panzerkampfwagen.

Am Schluß jeder Beurteilung ist ein Gesamturteil abzugeben. Im allgemeinen ist:

für den Angriff, für Spähtrupps usw.

günstig: bedecktes und welliges Gelände,
ungünstig: offenes und ebenes Gelände;

für die Abwehr

günstig: Stellungen mit offenem und unbedecktem Vorgelände und in denen die schweren Waffen überhöhend und flankierend eingesetzt werden können,

ungünstig: Stellungen mit bedecktem und welligem Vorgelände.

Zielerkennen, Zielbezeichnen und Entfernungsermittlung.

Zielerkennen. Nur das Ziel, das der Schütze erkannt hat, kann er wirksam bekämpfen. In der Regel sind die Ziele, die sich ihm bieten, sehr klein, z. B. liegender, getarnter oder eingegrabener Feind. Deshalb ist das Erkennen von Zielen überaus wichtig. Es wird in allen Körperlagen geübt und durch Gewehreinrichten auf das Ziel usw. nachgeprüft.

Neben häufigen Sehübungen hat sich der Schütze in erster Linie die Umrisse von gefechtsmäßigen Zielen schlechthin, sowie auf die verschiedensten Entfernungen und bei wechselnder Beleuchtung einzuprägen. Die Farbe des Ziels mit der seiner Umgebung zu vergleichen, ist hiefür ein gutes Hilfsmittel. Im Gefecht können auch aus den Bewegungen des Ziels, der Art seines Feuers (Raucherscheinung, Zündungsknall) und dem Verhalten bei Beschießung Schlüsse gezogen werden.

Zielbezeichnen. Ein erkanntes Ziel wird mit Stichworten in folgender Reihenfolge angesprochen:

1. Angabe der groben Richtung und ungefähren Entfernung. Z. B.: „**Halbrechts! — 600 m!**"
2. Namen eines (oder mehrerer) auffallenden Geländepunktes (Hilfsziel) in Zielnähe. Z. B.: „**Zwei Kugelbäume — davor weißer Fleck!**"
3. Mit Zwischenzielen und Entfernungen den Zuhörer mit den Augen auf das Ziel führen. Z. B.: „**Links davon — 50 m — Hecke mit Durchlaß — davor 20 m — dunkle Punkte — am zweiten von rechts!**"
4. Nähere Beschreibung des Zieles (Zielart). Z. B.: „**M. G.!**" (oder: „Ein hockender Schütze!").

Ein Antworten der Zuhörer, wie z. B. „Ziel erkannt!", ist **falsch**; ebenso die Angabe von Hilfszielen **während** der Zielansprache. Dagegen ist zum **Schluß** ein Hilfsziel oder das Charakteristische des Ziels anzugeben. Z. B.: „**Dahinter brauner Fleck!**" (oder: „Der Schütze bewegt sich!").

Ist die Zielbeschreibung schwierig, so wird mit Hilfe von Finger-, Daumenoder Handbreite, Daumensprung oder der Strichplatte des Fernglases das Ziel angesprochen. Zur Zielbezeichnung nach der Karte dient der Planzeiger oder die Zielgevierttafel.

Daumenbreite: Dazu wird ein Arm ausgestreckt, Daumen nach oben, und ein Auge geschlossen. Mit einer Kante des Daumens wird das Ziel anvisiert. Die Fläche, die der Daumen deckt, ist die Daumenbreite (Bild 1). Das Verfahren der Finger- und Handbreite ist dasselbe. Die Daumenbreite deckt etwa 35 Teilstriche des Fernglases.

Bild 1. Daumenbreite. **Bild 2. Daumensprung.**

Daumensprung: Dazu wird der rechte (linke) Arm ausgestreckt, Daumen nach oben und mit dem rechten (linken) Auge unter Schließen des linken (rechten) Auges das Ziel über eine Kante des Daumens anvisiert. Dann wird das geöffnete Auge geschlossen und das geschlossene geöffnet. Der Daumen springt dann um den Daumensprung nach rechts (links). Er beträgt etwa 100 Teilstriche des Fernglases. Das sind auf 1000 m Entfernung etwa 100 m.

Strichplatte des Fernglases (Bild 3): Die Strichplatte im Fernglase ist so eingerichtet, daß der Seitenabstand der waagerechten Einteilung von Strich zu Strich immer $^1/_{1000}$ der Entfernung wiedergibt. Beträgt z. B. die Entfernung bis zum Ziel (geschätzt, gemessen oder von der Karte abgegriffen) 2000 m und befindet sich das Ziel seitlich auf dem 25. Strich, so beträgt die seitliche

Entfernung: $^{25}/_{1000}$ der Entfernung, das sind $\dfrac{25 \cdot 2000}{1000} = 50$ m.

Die Meldung des mit dem Fernglas ausgerüsteten Schützen würde nach Bild 3 lauten: **„M. G.-Nest 12 Strich links vom Kirchturm!"** Beträgt die Entfernung vom Schützen bis zum Ziel z. B. 1000 m, dann befindet sich das M. G.-Nest 12 m links vom Kirchturm, bei 2000 m Entfernung = 24 m links vom Kirchturm.

Da nicht jeder Schütze ein Fernglas besitzt, muß die Strichzahl zur Daumenbreite (Daumensprung) nachgerechnet werden. Dazu ist der Nullstrich der Strichplatte auf einen von allen erkannten Punkt zu richten, der Teilstrich zu suchen, auf dem das Ziel liegt und den anderen Schützen die Strichzahl zu melden. (Umrechnung siehe oben!)

Planzeiger (Bild 4): Will man einen Geländepunkt oder ein erkanntes Ziel nach der Karte bestimmen, z. B. für die schweren Waffen, so wird der Planzeiger verwendet. Dabei wird seine waagerechte Teilung so an eine waagerechte Gitterlinie gelegt, daß die senkrechte Einteilung den zu bezeichnenden Kartenpunkt berührt. Alsdann wird an der waagerechten Teilung bei der nächsten senkrechten Gitterlinie zuerst der Rechtswert und an der senkrechten Teilung der Hochwert abgelesen. Beide Werte sind stets mit fünfstelligen Zahlen zu bezeichnen. (3. B. bei Bild 4 ist der Rechtswert 67680, der Hochwert 62440. Der Rechtswert ist stets zuerst anzugeben, Bild 4.)

Zielgevierttafel (Bild 5, S. 266). Sie ist für die Karten jedes Maßstabes verwendbar und soll die Zielbezeichnung erleichtern, wenn Karten mit eingezeichnetem Gitternetz fehlen. Sie wird stets so auf die Karte gelegt, daß die an ihrem Rande befindlichen Pfeilstriche in die Himmelsrichtungen der Karte zeigen.

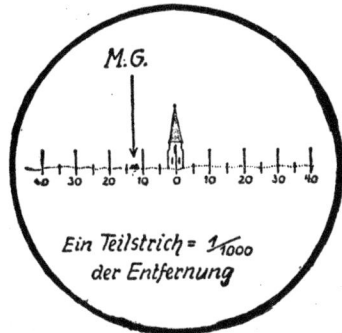

Bild 3.
Strichplatte des Fernglases.

Zur Zielbezeichnung ist zu bestimmen, welches der fünf Kreuze benutzt wird und auf welchen leicht auffindbaren und eindeutig zu bestimmenden Kartenpunkt das bezeichnete Kreuz zu legen ist. 3. B. Einheitsblatt 67, linkes unteres Kreuz: Kirche A.-Dorf.

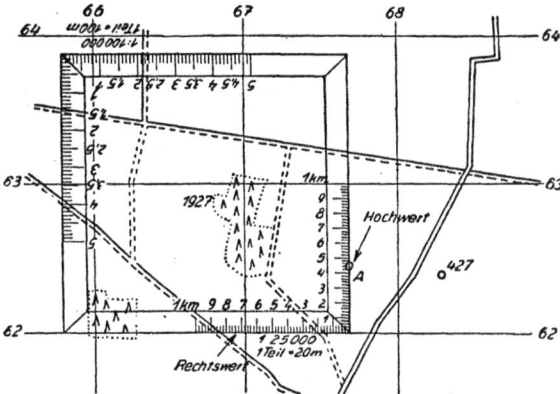

Bild 4. **Planzeiger.**

Die weiteren Angaben erfolgen durch vier Ziffern, von denen die beiden ersten die senkrechte Spalte, die beiden letzten die waagerechte Spalte der Zielgevierttafel, zwischen denen der zu bezeichnende Punkt liegt, angeben.

Zum genauen Bezeichnen denkt man sich das angegebene Viereck noch in vier Untergevierte geteilt.

B e i s p i e l: „Karte Halle a. d. Saale (Nord) 1 : 100 000, mittleres Kreuz auf Kirche Thurland. Ziel (Sch. 2 km südostw. Wadendorf) liegt 23/50."

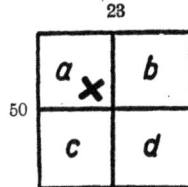

Bild 6.

Die Zahlenangabe wird erst nach rechts in der waagerechten, dann hoch in der senkrechten Zahlenreihe abgelesen. Das so bezeichnete Geviert denkt man sich noch in vier Untergevierte a, b, c, d geteilt (Bild 6), also liegt Ziel hier genau: 23/50 a.

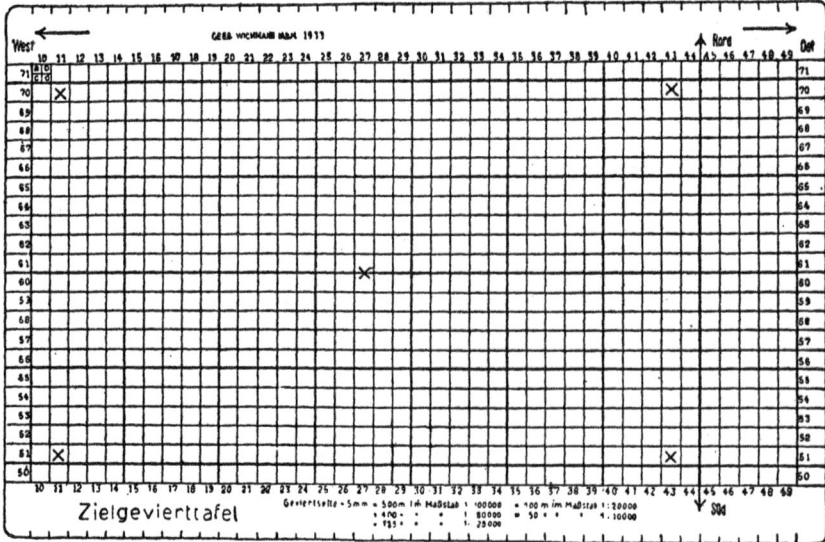

Bild 5. Zielgevierttafel (neuer Fertigung).

Entfernungsermittlung. Man unterscheidet: nächste Entfernungen bis zu 100 m, nahe Entfernungen von 100 bis 400 m, mittlere Entfernungen von 400 bis 800 m, weite Entfernungen über 800 m.

Die Entfernung zum Ziel wird ermittelt durch Schätzen, Messen mit dem Entfernungsmesser und bei Karten durch Abgreifen von der Karte.

1. **Entfernungsschätzen.** Es besteht in der Überlegung: wie weit ist es bis zum Ziel, und wird in allen Körperlagen geübt.

Zum Entfernungsschätzen hat sich der Schütze einzuprägen:

einige Entfernungen, z. B. von 100 bis 400 m,

den Grad der Erkennbarkeit verschieden großer Ziele, in wechselndem Gelände, auf verschiedenen Entfernungen, bei wechselnder Beleuchtung und Witterung,

die Doppelschritte, die er braucht, um 100 m zurückzulegen (je nach der Größe des Mannes etwa 55 bis 60),

die **Schätzungsfehler.**

Man schätzt:

zu kurz	zu weit
bei grellem Sonnenschein,	bei flimmernder Luft,
bei reiner Luft,	bei dunklem Hinter- und Untergrund,
bei Stand der Sonne im Rücken,	gegen die Sonne,
auf gleichförmigen Flächen (Wasser, Schnee),	bei trübem, nebligem Wetter,
bei hellem Hintergrund,	in der Dämmerung,
bei nicht völlig einzusehenden Strecken,	im Walde,
nach Regen,	gegen schlecht, nur teilweise sichtbaren Gegner
bergab.	an langer, gerade Straße,
	bergauf.

Das Entfernungsschätzen kann nach folgenden Schätzungsarten vorgenommen werden (siehe Bild 7):

a) Halbieren der Strecke in eine oder mehrere Teilstrecken mit Hilfe der eingeprägten Entfernungen.

b) **Annehmen der Höchst- und Mindestentfernungen**, d. h. man überlegt sich, wie groß die Strecke höchstens sein **kann**, aber mindestens sein **muß** und nimmt davon das **Mittel**.

c) **Übertragen oder Vergleichen** mit anderen Strecken, vor allem dann, wenn die zu schätzende Strecke nicht ganz einzusehen ist.

d) **Zeitermittlung**, d. h. man fragt sich, wie lange man geht, um die Strecke zurückzulegen (in der Regel 1 Minute für 100 m).

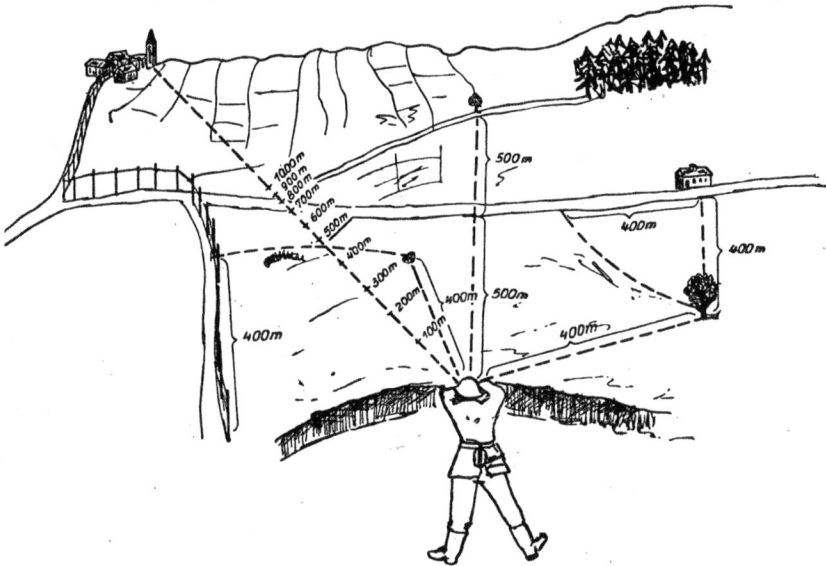

Bild 7. **Arten des Entfernungsschätzens.**

Allgemein ist zu merken, daß bei **schräg** laufender Entfernung die **Streckenverkürzung** bei zunehmender Entfernung zu berücksichtigen ist.

Hilfsmittel zum Entfernungschätzen sind z. B. die Abstände von regelmäßig gepflanzten Baumreihen, Telegraphenstangen usw. oder die Schallgeschwindigkeit. Der Schall legt in der Sekunde 330 m zurück. Beträgt die Zeit von der Abgabe eines Schusses (oft Mündungsfeuer oder Rauch zu sehen) bis zum Hören des Knalls 3 Sekunden, so ist das Ziel etwa 1000 m entfernt.

Entfernungsmesser (Em.). Zum Entfernungsmessen wird dem Em. mit Hilfe des Suchers die ungefähre Richtung auf das Ziel gegeben. Hierauf sieht man in den Einblick. Bietet sich dem Auge kein scharfes Bild, muß der Einblick durch Drehen auf Sehschärfe eingestellt werden. Wird das Auge durch zu große Helligkeit geblendet, so ist das Blendglas vor den Einblick zu setzen. Man erblickt in dem kreisrunden Gesichtsfeld das vom linken Ausblick aufgenommene Bild umgekehrt. Am linken, rechten bzw. unteren Rande des Gesichtsfeldes ist die Entfernungsteilung sichtbar, die sich beim Drehen der Meßwalze an einer feststehenden dreieckigen Marke vorbeibewegt. Diese feststehende dreieckige Marke dient zum Ablesen der gemessenen Entfernungen. Nunmehr werden durch Drehen des Entfernungsmessers um seine Längsachse die beiden Zielbilder zur Berührung mit der unteren Begrenzungslinie des fensterartigen Ausschnitts (der Trennungslinie) gebracht und dann durch Drehen der Meßwalze genau untereinandergestellt (Bild 8).

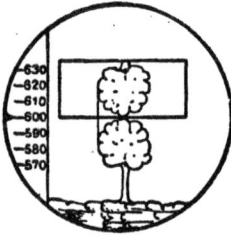  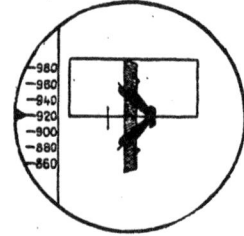

Bild 8. Bild im Em.   Bild 9.   Bild 10.

Verlaufen die Linien nicht senkrecht, dann muß der Entfernungsmesser so gekippt werden, daß die Trennungslinie die Linie am Ziel rechtwinklig schneidet. Dies ist notwendig, weil sonst ein in dem Em. etwa vorhandener Höhenfehler auch einen Fehler der Entfernungsmessung herbeiführt (Bild 9 und 10).

Allgemein ist mit folgenden durch den Em. bedingten Meßfehlern zu rechnen:

| Entfernung | Theoretischer | Annähernd wirklicher | Entfernung | Theoretischer | Annähernd wirklicher | Entfernung | Theoretischer | Annähernd wirklicher |
| | Meßfehler | | | Meßfehler | | | Meßfehler | |
m	± m	± m	m	± m	± m	m	± m	± m
200	0,28	1,04	800	4,2	16,8	2 500	40,6	162,4
250	0,4	1,6	900	5,3	21,3	3 000	58,4	233,6
300	0,58	2,33	1000	6,5	26,5	3 500	79,5	318,0
350	0,8	3,1	1200	9,4	37,6	4 000	104,0	416,0
400	1,0	4,0	1400	12,7	50,8	4 500	131,5	526,0
450	1,3	5,3	1600	16,6	66,4	5 000	162,0	648,0
500	1,6	6,4	1800	21,0	84,0	6 000	233,8	935,2
600	2,3	9,3	2000	26,0	104,0	10 000	648,3	2597,2
00	3,2	12,8						

Grundsätzlich ist jede Entfernung zweimal zu messen und danach die mittlere Entfernung zu errechnen.

Abgreifen der Entfernung von der Karte. Dieses Verfahren setzt voraus, daß eigener Standpunkt und Ziel auf der Karte genau bestimmt sind. Mit einem Kilometermesser, Lineal usw. wird dann die Entfernung auf der Karte gemessen und nach dem Maßstab umgerechnet (s. S. 251).

Geländebenutzung.

Die zweckmäßige und volle Geländebenutzung erspart Verluste. Sie ermöglicht es:

Spähern, Meldern usw., den Auftrag auszuführen,
im Angriff die Nahkampfwaffen des Schützen an den Feind zu bringen,
in der Abwehr unerkannt den feindlichen Angriff durch Feuer zu vernichten.

Der Drang nach Geländeausnutzung darf aber nicht so weit gehen, daß die eigene Waffenwirkung dadurch behindert wird. Diese geht jeder Deckung vor.

Die Geländebenutzung besteht in dem Anpassen an die Umgebung (Tarnung) und in dem Ausnutzen von Deckungen. Der Schütze wird am besten das Gelände ausnutzen, der sich selbst mit dem geistigen Auge von der Feindseite her kritisiert.

Durch die **Tarnung** (unsichtbar machen, Tarnkappe) sollen sich der Schütze, Gerät und Anlagen der feindlichen Erd- und Luftbeobachtung entziehen oder diese durch Scheinhandlungen oder Scheinanlagen irregeführt werden. Die Tarnung darf aber die Beweglichkeit und den Gebrauch der Waffen nicht behindern.

Möglichkeiten der Tarnung sind entweder: den zu tarnenden Gegenstand durch Ausnutzen von Bodenbedeckungen (Häuser, Wald, Bäume), Dunkelheit, Nebel, Schatten usw. der Sicht zu entziehen oder ihn in F o r m und F a r b e der Umgebung anzupassen. Es ist also ausgeschlossen, daß sich im Gefecht z. B. ein Schütze auf hellen Hintergrund oder vor hellen Hintergrund legt oder das M. G. so trägt, daß es als solches zu erkennen ist. Oft wird er auch das helle Gesicht und die Hände zu verdecken sowie Tarnmittel an Gerät, Waffen und Ausrüstung vor allem am Stahlhelm anzubringen haben.

Man unterscheidet zwischen n a t ü r l i c h e n T a r n m i t t e l n, wozu alles zählt, was der Bodenbedeckung entnommen ist, und künstlichen Tarnmitteln, wie z. B. Tarnnetz, Zeltbahn, Schneehemd usw.

Falsch!   **Richtig!**

Bild 1. **Tarnen.**

Falsche Tarnung oder solche, die nicht gewechselt wird (Bild 4), verrät den Schützen. Auch können unvorsichtige Bewegungen, z. B. Laufen anstatt Erstarren bei plötzlicher Luftbeobachtung oder Sprechen den Schützen verraten.

richtig   falsch   falsch   richtig   falsch

Bild 2. **Geländebenutzung.**

Unter **Deckung** versteht man alles, was zum Verstecken oder Verdecken des Schützen, der Waffen, des Geräts usw. vor der feindlichen Beobachtung und dem feindlichen Feuer dient. Man unterscheidet zwischen Deckungen gegen Sicht und Deckungen gegen Schuß.

Als **Deckung gegen Sicht** ist jede Bodenform und Bodenbedeckung, ebenso jede Tarnung geeignet, die den Schützen der Sicht des Feindes entzieht. So z. B. sind gegen E r d b e o b a c h t u n g Wald, Hecken, hohes Getreide, Schatten usw.

geeignet, dagegen gegen L u f t b e o b a ch t u n g nur solche Deckungen, die einen Schutz nach oben bieten, wie z. B. belaubte Bäume und dichtes Gebüsch.

Deckungen gegen Schuß bieten Erdhöhlen, Gräben, Mulden, Erdhaufen, dicke

Richtig!　　　　　　　**Falsch!**

Bild 3.

Bäume, dicke Mauern usw., wobei jedoch ihre Beschaffenheit (s. S. 263) und die Art des feind= lichen Feuers (Infan= terie=, Artillerie= usw. Feuer) zu berücksichtigen sind. Wegen ihrer Split= terwirkung sind Stein= haufen und dünne Mau= ern zur Deckung gegen Schuß nicht geeignet.

Der Schütze hat **volle Deckung,** wenn er sich in einer Deckung befin= det, die ihm Schutz gegen Sicht und möglichst auch gegen Schuß bietet. Volle Deckung ist auf dem Gefechtsfeld immer zu nehmen, wenn der Schütze nicht feuern oder beobachten soll. Niemals darf er dem Feinde „S ch e i b e l i e g e n" !

Manche Deckun= gen, z. B. einzelner Busch, einzelner Baum oder auffallender Erd= haufen, ziehen die Auf= merksamkeit des Fein= des auf sich und sind deshalb n i ch t auszu= nützen. Auffallende Ge= ländepunkte und Linien bieten dem Feinde gute Anhaltspunkte für die Zielbezeichnung (Bild 5).

Richtig!　　　**Falsch!**

Bild 4.

Bei allen **Bewegungen** auf dem Gefechtsfeld sind stets Schatten, Nebel und deckendes Gelände auszunutzen. Bewegungen am Waldrand haben wenigstens

Falsch!　　Bild 5.　　**Richtig!**

15 bis 20 Schritt wald= einwärts zu erfolgen und vor allem dann, wenn noch die Sonne schräg in den Wald scheint. Deckungsarmes Gelände ist schnell zu überwinden. Beim Vorarbeiten ist die nächste Deckung zu er= spähen und in sie zu stürzen. Niemals ist auf oder vor die Dek= kung zu legen, sondern

es ist vor sie hinzuwerfen und dann von hinten in sie zu kriechen usw.

Feuerstellungen sollen möglichst hinter Deckungen liegen. Der Schütze nutzt die Deckung aus, legt sich z. B. hinter den Baum anstatt seitlich von ihm und zeigt sich nur so lange, als es zum Feuern nötig ist. Stellungen am Waldrand müssen etwas waldeinwärts gewählt werden. Stellungen, die sich gegen den Horizont abheben, sind immer falsch.

Geländeverstärkung: Wo die vorhandenen Deckungen nicht ausreichen, ist das Gelände mit Hilfe des Schanzzeuges (Spaten!) zu verstärken. In erster Linie sind die vorhandenen natürlichen Deckungen, wie Gräben, Ackerfurchen, Feldraine, Gruben usw., auszunutzen und mit Hilfe des Schanzzeuges herzurichten (Bilder 7 und 8). Nur im ebenen Gelände müssen Deckungen geschaffen werden (Eingraben!).

Bei jeder Geländeverstärkung ist darauf zu achten, daß sie als solche nicht zu erkennen ist. Deshalb ist zu tarnen und Regelmäßigkeit in der Anlage oder scharfe Kanten, die Schatten werfen, sind zu vermeiden. Bei jeder Deckung für den Feuerkampf ist in erster Linie

Bild 6.
Der Schütze geht niemals auf, sondern stets hinter der Deckung in Stellung.

das Schußfeld zu prüfen. Über das Anlegen von Geländeverstärkungen siehe die folgenden Bilder!

Eingraben. Ist der Schütze keiner Feindeinwirkung (Sicht und Schuß) ausgesetzt, so schafft er sich je nach der verfügbaren Zeit eine Deckung nach Bilder 9

Bild 7. **Ausnutzen eines Feldraines.**

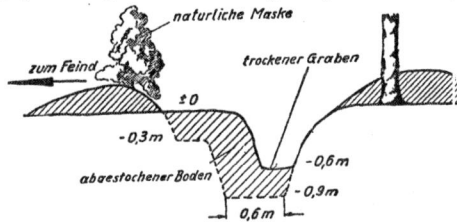

Bild 8. **Ausnutzen eines Straßengrabens.**

bis 11. Muß er sich in feindlichem Feuer eingraben, was oft der Fall sein wird, so schafft er sich durch Zusammenscharren von Erde mit Spaten (Kreuzhacke) oder

Bild 9. **Eingraben!**

den Händen oder durch Ausnutzen geringer Bodenvertiefungen usw. zunächst eine Gewehrauflage und Deckung gegen Erdsicht. Unter diesem Schutz hebt der Schütze im Liegen, neben sich von vorn nach hinten arbeitend (Bild 8) eine **Schützenmulde** nach Bild 9 aus. Der Bodenaushub ist zunächst für die Gewehrauf-

19*

lage und Bruſtwehr, dann für Deckung nach den Seiten und nach rückwärts zu verwenden.

Sollen Schützenlöcher für kniende und ſtehende Schützen (Bild 11 und 12) geſchaffen werden, ſo iſt der Grundriß ſo groß zu nehmen, daß man das Schützen=

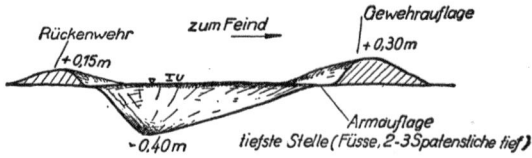

Bild 10.

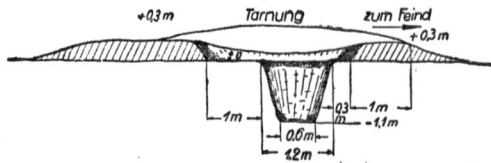

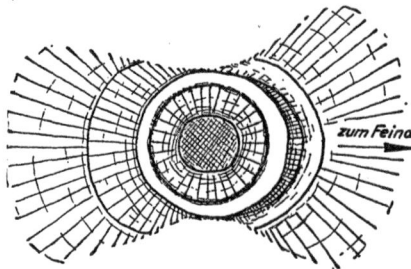

Bild 11. **Schützenloch für knienden Schützen.**

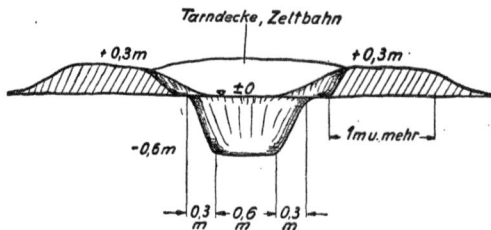

Bild 12. **Schützenloch für ſtehenden Schützen.**

loch für kniende Schützen, ohne die Erde doppelt zu bewegen, zum Schützenloch für ſtehende Schützen erweitern kann. Den zuerſt ausgehobenen Boden wirft man mindeſtens 3 m über die Armauflage. Böſchungen im feſten Boden hält man ſteil, in loſem flach. Mit der abgeſtochenen Bodennarbe ſind die Schüttungen zu tarnen.

Unterschlupfe (Bild 13) bieten Schutz gegen Witterung und Geschoßsplitter, vor allem, wenn die feindliche Artillerie Abpraller schießt. Geeignete Stellen für Unterschlupfe sind Mulden, Hohlwege, Gräben und Dämme.

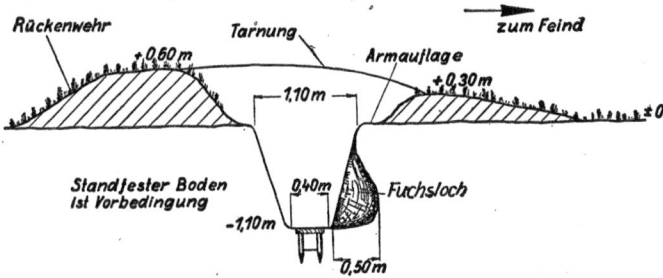

Bild 13. **Unterschlupf** (Fuchsloch).

Panzerdeckungsloch (Bild 14) bietet Schutz vor feindlichen Panzerkampf= wagen. Bei ihrer Herstellung kommt es darauf an, daß sie so schmal wie mög= lich (Schulterbreite!) gehalten werden und s e n k r e c h t e , nicht schräge Wände erhalten.

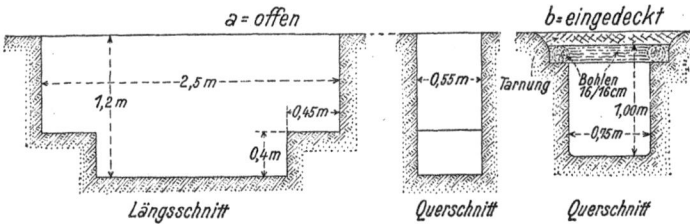

Bild 14. **Panzerdeckungsloch.**

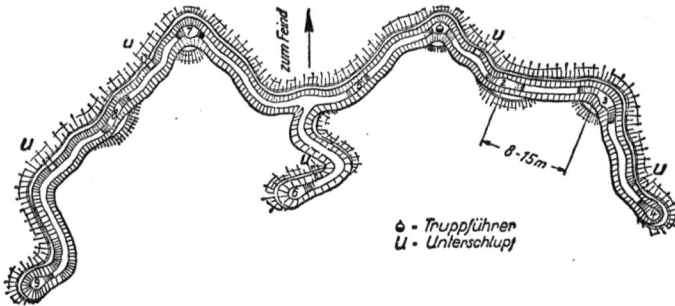

Bild 15. **Nest mit Unterschlupfen für einen Schützentrupp.**

Nester: Werden mehrere Schützenlöcher durch Gräben verbunden, so entstehen Nester, die durch Einbau von Unterschlupfen verstärkt werden können (Bilder 15 und 16).

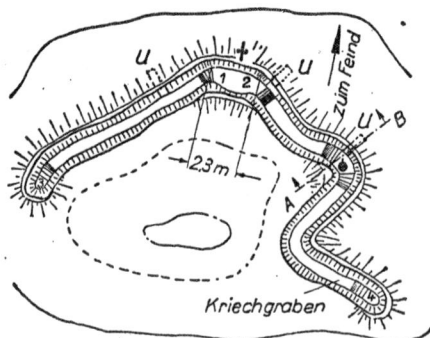

● = Gruppenführer
U · Unterschlupf

Bild 16. **Nest für einen l. M. G.-Trupp.**

Ist das Eingraben bei Übungen nicht erlaubt (Flurschaden!), so ist es durch Einstecken des Schanzzeuges in den Boden anzudeuten.

Allgemeines Verhalten bei Feindeinwirkung.

Der Schütze muß lernen: das Verhalten im feindlichen Feuer und das Decken gegen seine Wirkung. Die Hauptsache ist: **im Feuer die Nerven behalten!** „Jede Kugel trifft ja nicht", und die Erfahrung zeigt, daß bei richtigem Verhalten, selbst im stärksten Feuer die Verluste gering sind. Der Drang nach Deckung vor dem Feindfeuer darf aber den Drang nach vorwärts nicht aufhalten. Die Art des Vorgehens (Gehen, Laufen, Kriechen usw.) wird oft vom Feindfeuer bestimmt. Im allgemeinen ist es immer richtig, dort vorzugehen, wo Gräben, Mulden, Bodenbewachsung usw. einen Schutz bieten und Deckungen vorhanden sind.

M. G.-Feuer ist, wenn möglich, zu umgehen. Feuerpausen, Ladehemmungen usw. beim Feinde sind zum Vorwärtsstürzen auszunutzen. Merkt der Schütze an dem Feuer, daß er erkannt ist, so ist je nach Lage ein Orts- oder Stellungswechsel (durch Kriechen oder Gleiten) nötig. Ohne genügende Deckung oder Feuerschutz der eigenen schweren Waffen kann der Schütze in der Regel nicht gegen fremde M. G. vorgehen. Deshalb hat er durch Meldung an seinen Führer dafür zu sorgen, daß erkannte M. G. den schweren Waffen gemeldet werden und daß mit vorgeschobenen Beobachtern stets Verbindung aufgenommen wird.

Artilleriefeuer ist ebenfalls zu umgehen. Ist dies nicht möglich, so ist es in den Feuerpausen zu durcheilen. Hört der Schütze eine Granate ankommen oder schlägt sie in seiner Nähe ein, so wirft er sich blitzschnell ohne Befehl dort zu Boden, wo er sich befindet. Falsch ist es, in die nächste Deckung zu laufen.

Gegen eingegrabenen Feind schießt die Artillerie Granaten mit Zeitzündern, gegen ungedeckten oder Feind in der Bewegung Granaten mit empfindlichen Zündern (siehe S. 172) oder Abpraller.

Verhalten gegen **chemische Kampfstoffe:** siehe S. 132.

Bei Erscheinen von **Beobachtungsfliegern** ist es wichtig, daß sich der Schütze s o f o r t hinwirft — möglichst aber n ä c h s t g e l e g e n e Deckung ausnutzen —,

Gesicht zur Erde und regungslos liegen=
bleibt. Laufen und Bewegung verraten
ihn. In der Regel wird beim Auftreten
von Fliegern das Signal „Fliegerwar=
nung" vorausgehen.

Fliegerangriffe wirken durch Bom=
ben und M. G.=Feuer. Der Schütze ver=
hält sich gegen ihre Wirkung ähnlich wie
gegen Granaten und M. G.=Feuer von
der Erde aus. Nächstgelegene Deckung
aufsuchen, Gesicht zur Erde und regungs=
los liegen bleiben!

Verhalten gegen **Kampfwagen:** Ihrem
Auftreten geht in der Regel das Signal
„Panzerwarnung" voraus. Der Schütze
entzieht sich ihrer Waffenwirkung (M. G.,
u. U. auch Granatfeuer) durch Aufsuchen

**Ungezieltes
Artilleriefeuer ist möglichst zu umgehen.**

von Deckung. Von hier aus hat er aber s o f o r t die Bekämpfung der den Kampf=
wagen folgenden Infanterie aufzunehmen. Die Waffenwirkung der Kampfwagen
ist oft geringer als ihre seelische Wirkung. Der Schütze darf sich also nicht beirren
lassen.

Verwendung der Waffen.

In erster Linie wird verlangt, daß der Schütze V e r t r a u e n zu seiner
Waffe besitzt. Gewehr und M. G. leisten Hervorragendes, wenn sie gepflegt,
richtig bedient und von einem b e h e r z t e n Mann geführt werden. Es ist
Sache der eigenen Erziehung des Schützen, daß z. B. Laufaufbauchungen nicht
vorkommen.

Täuschung und Überraschung.

Beide ersparen Blut. Der Schütze muß sie stets anwenden und darin
e r f i n d e r i s c h sein. In dem aus einer Deckung überraschend angebrachten
Schuß und dem sofortigen Verschwinden in der Deckung hat der Schütze Meister

**Bild 1. Vorgetäuschte Stellung zieht das Feindfeuer auf sich und ermöglicht es,
den Feind aus der sicheren Deckung heraus zu bekämpfen.**

zu sein. Er hat anzustreben, immer dort aufzutauchen, wo ihn der Feind nicht
erwartet.

Täuschung und Überraschung sind in allen Gefechtslagen angebracht. Ist der
Schütze in einer Deckung oder Stellung erkannt, so muß er sie, ohne vom Feind

bemerkt zu werden, durch Kriechen oder durch überraschenden Sprung verlassen. In gewandtem Anschleichen, schnellem Auftauchen und ebenso schnellem Verschwinden muß er den Feind so überraschen, daß dieser zum Gebrauch seiner Waffe nicht kommt. Ein bekanntes Täuschungsmittel ist das Vortäuschen des Getroffenseins (Arme in die Luft strecken, hinstürzen), um später den nichts ahnenden Feind von einer sicheren Deckung aus zu erledigen.

Beobachtungs- und Meldedienst.

Die **Beobachtung** ist ein wesentlicher Teil der Gefechtsaufklärung. Es gilt der Grundsatz: **Viel sehen und selbst nicht gesehen werden!** Sehen kann der Schütze nur, wenn er sich auch dort hinbegibt, von wo er etwas sehen kann (z. B. erhöhtes Gelände, auf Bäume usw.) und wenn er mit dem Fernglas umzugehen versteht. Schnelles Einstellen des Fernglases auf Augenweite und

Bild 1. **Falsch!**

Bild 2. **Richtig!**

Sehschärfe (die der Schütze wissen muß) hat er zu üben. Die Beobachtungsstelle muß dem Feinde verborgen bleiben. Auf Hintergrund, Umgebung und Tarnung ist zu achten.

Aus den Beobachtungen muß der Schütze die F o l g e r u n g e n ziehen. Sieht er z. B. langsam aufsteigende Staubwolken, so liegt der Schluß auf eine marschierende, bei schnellem Aufsteigen der Staubwolke auf eine reitende, fahrende oder motorisierte Truppe nahe. Trampelwege deuten auf Befehlsstellen, auffliegende Vögel, Hundegebell usw. auf Menschennähe; Nebelschwaden auf Gasgefahr usw.

Wahrnehmungen über den Feind sind von dem Beobachter s o f o r t zu melden (bei drohender Gefahr auch fremden, vorbeikommenden eigenen Truppen).

Übermitteln von Meldungen. Meldungen und Befehle werden durch technische Nachrichtenmittel (Fernsprecher, Funk- und Blinkgerät), Meldehunde usw. und durch das sicherste Mittel, den **Melder,** übermittelt. Dieser muß im Orientieren, Laufen, Geländeausnutzen usw. besonders gut ausgebildet sein. Die Kommandierung zum Melder ist ein Zeichen des Vertrauens!

Bei mündlicher Übermittlung einer Meldung oder eines Befehls hat der Überbringer den Wortlaut dem Befehlenden oder Meldenden zu wiederholen, dem Überbringer einer schriftlichen Meldung wird das Wesentliche ihres Inhalts, soweit es die Verhältnisse gestatten, bekanntgegeben.

Fällt der Melder dem Feind in die Hände, so hat er die schriftliche Meldung zu vernichten.

Melder dürfen durch ungeschicktes Verhalten auf dem Gefechtsfeld die absendende oder empfangende Stelle nicht verraten (Anhäufungen, Trampelpfade). Bei drohender Gefahr teilt der Melder begegnenden eigenen Truppen seine Wahrnehmungen und den Inhalt seiner Meldung mit.

Jeder Überbringer einer wichtigen Meldung oder eines wichtigen Befehls ist verpflichtet, eine Besprechung oder Befehlsausgabe bei der empfangenden Stelle, z. B. durch den Zuruf „Bataillonsbefehl!" oder „Wichtige Meldung!", zu unterbrechen. Bevor der Melder die empfangende Stelle verläßt, hat er zu fragen, ob Befehle mitzunehmen sind.

Meldungen müssen kurz, aber vollständig sein. Bei jeder Meldung ist zu unterscheiden zwischen p e r s ö n l i c h e n   W a h r n e h m u n g e n und ü b e r = m i t t e l t e n. Letztere sind wörtlich wiederzugeben, z. B. „Ich habe von einem Spähtrupp der 1./J. R. 87 gehört, daß . . ."

Beispiel einer Meldung.

Absendestelle:	1te Meldg.	Ort	Tag	Zeit
Spähtrupp Schulze 4./J.R.15	Abgegangen	*Waldrand 300 m ostw. Ostheim, 600 m südl. • 217*	*11.7. 38*	*20¹⁰ Uhr*
	Angekommen			

An   *4./J·R·15*

20⁰⁰ Uhr feindl. Inf.=Spähtrupp in Stärke von 5 Mann auf Straße Mörlen · Bauerbach vorgehend beobachtet.
Ich bin auf Waldrand 300 m ostwärts Ostheim Laubbaumbogen. Dort traf ich einen Spähtrupp der 5./J.R.14, der von Mörlen zurückkehrte und mitteilte: „Feindliche Infanterie, etwa 2 Komp., rastet seit 18⁰⁰ Uhr am Ostrand Mörlen; habe dort auch Kraftfahrzeuge und Panzerfahrzeuge (Panzertransportwagen?) beobachtet."
Ich gehe in Gegend Höhe · 217 und beobachte Feind bei Mörlen.

Schulze,
Gefr. 4./J.R.15

Die beste Meldung ist wertlos, wenn sie zu spät eintrifft. Eine Meldung, die falsch ist, kann ungeheuren Schaden anrichten.
Die schriftliche Meldung muß so geschrieben sein, daß sie auch bei schlechter Beleuchtung gelesen werden kann. Tintenstift ist nicht zu verwenden (Regen!). Über Schreibweise der Ortsnamen usw. siehe S. 126 ff. Während des Abfassens einer Meldung muß die Beobachtung gewährleistet sein.
Jede Meldung über den Feind hat zu enthalten:
1. **Wann,** d. h. um wieviel Uhr wurde die Beobachtung gemacht?
1. **Wer** (was) wurde festgestellt?
Waffengattung, Marschlänge, ungefähre Stärke des Feindes; z. B. 1 l. M. G. und 8 Krabschützen.

3. **Wie** wurde der Feind gesehen?

> Marschierend, vorbeigehend (in welcher Richtung?), beobachtend, in Ruhe, bei Schanzarbeiten usw.

4. **Wo** wurde der Feind festgestellt?

> Der Ort ist genau zu bezeichnen, z. B. an Brücke 500 m südlich A-Dorf.
>
> Am Schluß einer Meldung können **Vermutungen** kurz zum Ausdruck gebracht werden. Z. B. „Ich vermute, daß der mir begegnete feindliche Spähtrupp die rechte Flanke der Schützen-kompanie sichern soll, die auf der Straße von A-Dorf—B-Dorf marschiert."

Skizzen.

Skizzen einfachster Art können Meldungen ersetzen. Im übrigen dienen sie der Erläuterung der Meldung. Sie dürfen keinesfalls das Absenden der Meldung verzögern. Truppen usw. sind zuletzt nach den taktischen Truppenzeichen, Feind rot, eigene Truppe blau, einzutragen (siehe S. 281).

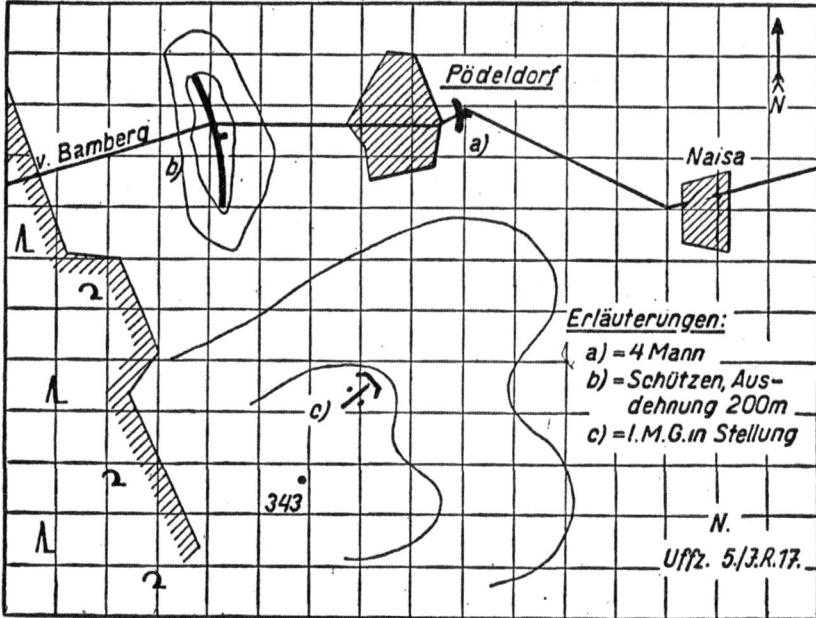

Feindbesetzung Pödeldorf 11.5.38 8³⁰ Uhr

v. Bamberg — b) — Pödeldorf — a) — Naisa

Erläuterungen:
a) = 4 Mann
b) = Schützen, Aus-
dehnung 200m
c) = l.M.G.in Stellung

343

N.

Uffz. 5./J.R.17.

Bild 1. **Grundrißskizze.**

Die **Grundrißskizze** (Bild 1) muß in beschränkter Zeit mit wenigen Blei-stiftstrichen die Örtlichkeit darstellen. Meist kann sie nach dem Augenmaß erfolgen. Entfernungen und Abmessungen, auf die es ankommt, z. B. Breite eines Baches an einer bestimmten Stelle, sind in Zahlen anzugeben.

Das **Kroki** ist eine ziemlich kartenmäßige Darstellung eines Gelände-abschnittes, nach Norden orientiert, meist im Maßstab 1 : 25 000.

Die **Ansichtsskizze** (Bild 2 und 3) gibt das Gelände so wieder, wie es der Zeichner sieht. Sie ist deshalb für Feldposten und Beobachter zweckmäßig.

Für die Ansichtsskizze teilt man das darzustellende Gelände ein, deutet diese Einteilung auf dem Zeichenblatt an und trägt in dieses Gerippe die Hauptpunkte

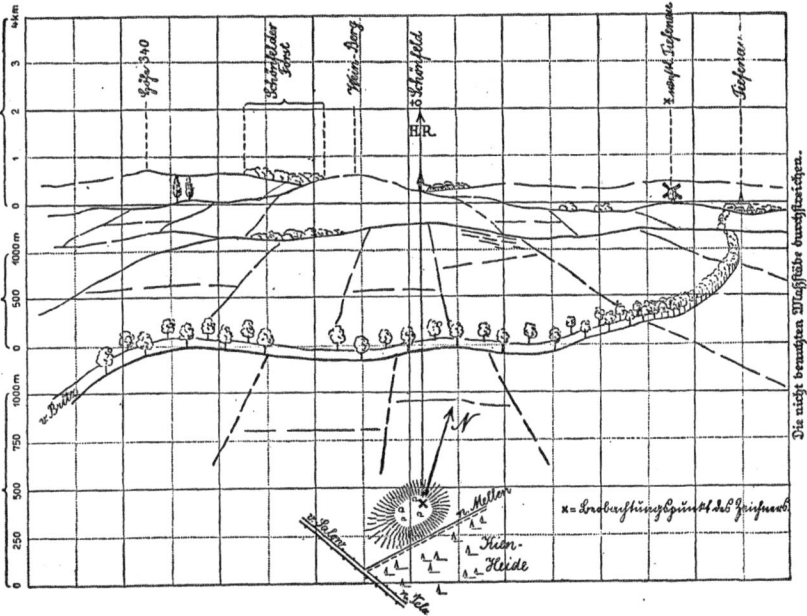

Bild 2. Ansichtsskizze.

und -linien des Landschaftsbildes mit weichen, dunklen Bleistiftlinien ein. Da-nach stellt man mit zarten, schwachen Bleistiftstrichen den Hintergrund, schließlich mit kräftigeren Strichen den Vordergrund her. Alle überflüssigen Einzelheiten sind fortzulassen. Der Ort, von wo, und die Richtung, in der die Ansichtsskizze gezeichnet ist, werden angegeben. Die Namen von Örtlichkeiten werden über oder unter das Bild gesetzt, Truppen angedeutet und erläutert.

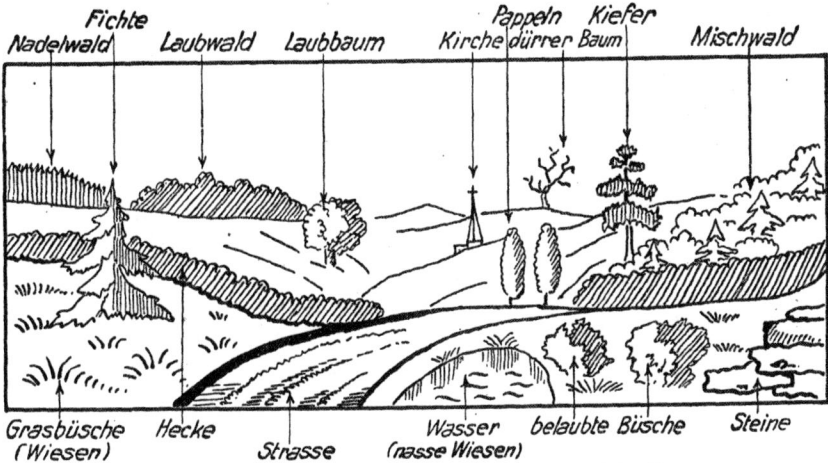

Bild 3. Wichtige Darstellungsformen für Ansichtsskizzen.

Aufklärungs- und Sicherungsdienst.

Alle im Aufklärungs- und Sicherungsdienst eingesetzten Soldaten haben mit ihren sonstigen Aufgaben, soweit es ihr Auftrag gestattet, ohne besonderen Befehl zu verbinden:

1. die Erkundung des Geländes (siehe S. 263 ff.),

2. die Prüfung auf Vorhandensein feindlicher Kampfstoffe (siehe S. 131 ff.),

3. die Warnung vor Annäherung feindlicher Kampffahrzeuge (j. S. 303, 315).

Spähtrupps sollen v i e l s e h e n (aber möglichst nicht gesehen werden) und m e l d e n.

Sie sollen mit Fernglas, Blei- und Buntstiften, Meldekarten, Kompaß, Leuchtpistole (nachts Taschenlampe), Karte usw. ausgerüstet sein. Jeder Mann des Spähtrupps muß den Auftrag und die beabsichtigte Durchführung kennen.

Das Vorgehen des Spähtrupps geschieht unter Ausnutzung des Geländes, gedeckt von Beobachtungspunkt zu Beobachtungspunkt.

Spähtrupps sollen sich genau an Zeit und Auftrag halten. Sie sollen das, was sie gesehen oder festgestellt haben, sofort m e l d e n; die erste Berührung mit dem Feind ist immer zu melden. Spähtrupps sollen, wenn irgend möglich, den Kampf mit dem Gegner vermeiden. Deshalb sind z. B. feindliche Postierungen zu umgehen, feindlichen Spähtrupps ist auszuweichen, wenn nicht gerade der Auftrag das Gegenteil erfordert.

An geeignete Geländepunkte können s t e h e n d e Spähtrupps vorgeschoben werden. Sie bleiben dort bis zur befohlenen Zeit bzw. bis zur Ablösung.

Im Angriff und in der Verfolgung gehen unabhängig von der Gefechtsaufklärung jedem in vorderer Linie eingesetzten Zuge in der Regel zwei Mann als **Sicherer** voraus (Nahsicherung). Sie sollen die nachfolgende Truppe vor Überraschungen sichern und zugleich das Gelände vor der Truppe erkunden.

Die Sicherer bleiben so nahe zusammen, daß sie sich verständigen können. Bei drohender Gefahr warnen sie durch schnell aufeinanderfolgende Schüsse.

Treten die vordersten Gruppen in den Feuerkampf, so lassen sich die Sicherer aufnehmen.

Für **Luftspäher** und **Gasspürer** sind die besonderen Vorschriften maßgebend.

Sicherungen sind an die zu sichernde Truppe örtlich gebunden. Sie können sich also nicht wie die im Aufklärungsdienst eingesetzten Kräfte frei bewegen und nach dem Feinde richten. Der Grad der Gefechtsbereitschaft richtet sich nach dem Feinde und dem Gelände.

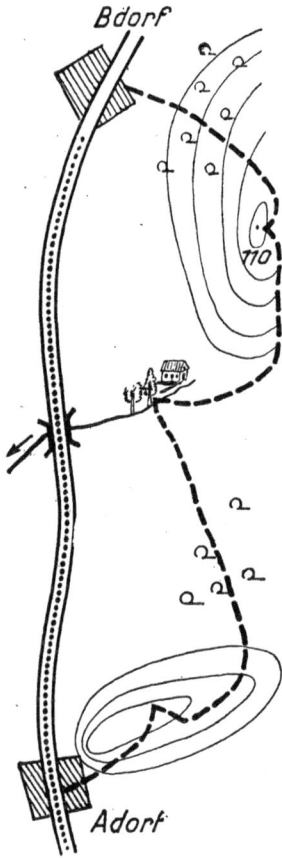

·········· Falsches Vorgehen
‒ ‒ ‒ ‒ Richtiges " "
< Beobachtungspunkt

Weg eines Spähtrupps, der feststellen soll, ob B=Dorf und die Straße dorthin vom Feinde frei ist.

Vor Abmarsch bespricht der Führer den Auftrag und das Vorgehen. Dieses wird in Feindnähe oft so erfolgen, daß einige beobachten, während die anderen vorgehen.

4. Wichtige taktische Zeichen des Heeres.

Oberbefehlshaber des Heeres	Heeresgruppenkommando	Armeeoberkommando

Infanterie.

Stab eines Inf. Rgt.	Panzerabwehr-Kp.	schwerer Granatwerfer
Stab eines Gebirgsjäger-Rgt.	Inf.-Geschütz-Kp.	Panzerabwehrkanone (Pak)
Stab eines M. G. Btl. (mot)	Inf.-Reiterzug	Pak in Stellung
Stab eines Inf. Btl.	Nachrichtenzug	leichtes Inf.Geschütz
Stab eines Gebirgsjäger-Btl.	Granatwerferzug	schweres Inf.Geschütz
Stab eines Radfahrer-Btl.(tmot)	leichte Inf.Kolonne	Feldposten, Spähtrupp
Kompanieführer	leichte Inf.Kolonne (mot)	F.W. Feldwache
Schützen-Kp.	Inf. Btl. (Beispiel für die Darstellung in Kriegsgliederungen)	Beobachtungsstelle
Gebirgsjäger-Kp.		Schützennest
Radfahrer-Kp.		Schützen in Entwicklung
Kraftradschützenzug	l. M. G.	Marschkolonne d. Inf.
M. G. K.	l. M. G. in Stellung	
GebirgsjägerM. G. K.	s. M. G.	Hauptkampflinie
M. G. K. (mot)	s. M. G. in Stellung	Schützen- und M. G.-Nester
	leichter Granatwerfer	Scheinstellungen

Kavallerie.

Stab eines Kav. Rgt. (Reiter)

Stab einer Aufkl. Abtlg. einer Inf. Div.

Führer einer Schwadron

Reiterschwadron

Maschinengewehr-schwadron

Kavallerie-Geschützzug

Reiterabmarsch
Reiterspähtrupp
Reiterfeldposten

Radfahrer-schwadron

Kav.-Pionierzug (mot)

Kav.-Nachrichten-zug

Kav.-Nachrichten-zug (tmot)

leichte Kav.-Kolonne

Bewegungen von Kav.

Kav.-Marsch-kolonne

Radfahrerfeld-posten
Radfahrerspäh-trupp

Artillerie.

Stab eines Art.Rgt.

Stab eines Art. Rgt. (mot)

Stab einer l. ob. schwer. Art. Abtg.

Stab einer l. oder schweren Art. Abtg. (mot)

Stab einer reitend. Art. Abtg.

Stab einer Gebirgs-art. Abtg. (mot)

Stab einer Beobachtungs-Abt. (mot)

Vermessungsbattr. (mot)

Druckereitrupp (mot)

Wettertrupp (mot)

Wetterzug (mot)

Nachrichtenzug des Stabes eines Art. Rgt. oder einer Art. Abtg. oder Beob. Abtg.

Lichtmeßstelle

Schallmeßstelle

Gebirgsbattr.

Battr. leichte Feld-haubitzen

Battr. leichte Feld-haubitzen in Stellung

reitende Battr. Feldkanonen

Batterie 10 cm-Kanonen

Battr. schwere Feldhaubitzen 18

leichte Art.-Kolonne

leichte Art.-Kolonne (mot)

Art.-Vermessungs-trupp

Nachrichtenzug des Stabes eines Art. Rgt. oder einer Art. Abtg.

Nachrichtenzug ein. Gebirgsart.Abtg.

Beobachtungsstelle

Art.-Marschkolonne

Panzertruppe.

Stab einer Aufkl. Abtg. (mot)

Stab einer Panzer=abwehr=Abtg. (mot)

Stab einer Panzer=Abtg.

Stab eines Schützen=Btl. (mot)

Stab eines Kraft=radschützen=Btl.

Führer einer Kp. der Panzer=truppe

Kraftradschützen=Kp.

Kradschützen=Btl.

l. leichte Kraftrad=schützenkp

Schützen=Kp. (mot)

M. G. K. (mot)

Kraftrad=M. G. K.

Panzerabwehr=Kp.

S schwere Kp. (mot)

Panzer=Kp.

Nachrichtenzug (mot)

Gruppe Panzer=kampfwagen

Bewegungen moto=risierter Kräfte

Pioniere.

Stab eines Pi. Btl. (tmot)

Kompanieführer einer Pi. Kp.

Pionier=Kp.

leichte Gebirgs=Pi.=Kolonne

Sₚ Pi.=Sperrkolonne

M Munitions= und Maschinentrupp

Werkstattzug des Pi.=Btl.

Brückenbau=Kp.

Pionierpark=Kp.

Pi.=Kp. (mot)

l leichte Pi. Kp. (mot)

Gebirgs=Pi. Kp.

Pi.=Gerätstaffel (mot)

Brückenkolonne (mot)

leichte Pi.=Kolonne (mot)

Sperrdienst (Scheinsperren erhalten neben dem Zeichen ein S).

× × × × × × × Drahtzaun (Flandern=zaun)

× × × × × × Flächendraht=hindernis

×—×—× Maschendraht=hindernis

—•——•— Stolperdraht

zur Zer=störung vorbereitet

zerstört

Minenfeld

Baum=sperren

Stauanlage

Anstauung (blaue Farbe)

Abgeholzter Wald

Niedergelegtes Gehöft

Nachrichtentruppe.

Stab einer Nachr. Abtg. (mot)

Kompanieführer d. Nachr.-Truppe

Nachr. Kp.

Fernsprech-Kp. (tmot)

Fernsprech-Kp. (mot)

Fernsprechbau-Kp. (mot)

Fernsprechbetriebs-Kp.

Funk-Kp. (mot)

leichte Nachr.-Kolonne (mot)

schwerer Fernsprechtrupp

leichter Fernsprechtrupp

Fernsprech-anschlußtrupp

schwerer Funktrupp (mot)

leichter Funktrupp (mot)

Kleinfunktrupp (mot)

Tornisterfunktrupp

Blinktrupp

Meldehundtrupp

feste Brieftaubenstelle

Blinkverbindung

Feldkabeleinfachleitung

Feldkabeldoppelleitung

Funklinie

Karteneinzeichnung von Verbänden.

Infanteriebataillon

Kavallerie-(Reiter-)Regiment

Abteilung l. F. H.

Aufklärungsabteilung

Pionierbataillon

Panzerabwehrabteilung

Taktische Grenzen.

Armeegrenze

Korpsgrenze

Divisionsgrenze

Regimentsgrenze

Btl.-Grenze

Kp.- usw. Grenze

Zielgrenze

Aufklär.-Grenze

5. Kampf gegen ungepanzerten Gegner.

Der Panzerabwehrschütze im infanteristischen Feuergefecht.

Der Panzerabwehrschütze wird nicht nur in der Bekämpfung von Panzer=
fahrzeugen ausgebildet; er muß auch in der Lage sein, einen Infanterieangriff
abzuwehren, denn es ist keine Seltenheit, daß Panzerabwehrverbände von
Infanterie= oder Kradschützen angegriffen werden. Er wird deshalb im Infanterie=
Gefechtsdienst so weit ausgebildet, daß er sich auch des ungepanzerten Gegners
erfolgreich erwehren kann.

Im Fall eines Infanterieangriffs werden alle Schützen zusammengefaßt, die
an den Geschützen zu entbehren sind. Ein Mann bleibt am Geschütz, der Rest ver=
teidigt die Stellung mit M. G. und Gewehr.

Eine für die Panzerabwehr in Frage kommende infanteristische Form
ist die **Feuerkette,** d. h. die Schützen nisten sich zum Feuerkampf, dem Gelände
angepaßt, etwa in Höhe des Führers ein und bilden so eine „Feuerkette". Sie
erfolgt auf das Kommando „Feuerkette!" oder „3 Schritt Zwischenraum — Feuer=
kette!" oder „Hinter dieser Höhe — Feuerkette!" Der Führer befiehlt die Feuer=
eröffnung.

Der Schütze bekämpft das befohlene Ziel, bei breiten Zielen den ihm gegen=
überliegenden Teil des Ziels. Ist die Wahl des Ziels dem Schützen überlassen,
so sucht sich dieser sein Ziel. Alle Schützen müssen daher den Kampfauftrag kennen
und wissen, wie der Führer diesen ausführen will. Bei günstiger Munitionslage
können auch Ziele, deren Bekämpfung durch den Kampfauftrag nicht bedingt ist,
unter Feuer genommen werden, wenn die Bekämpfung einen besonders guten
Erfolg verspricht und die Gefechtslage es erlaubt.

Das **Visier** wird nach der ermittelten Entfernung eingestellt. An dem Ver=
halten des Feindes und an den Geschoßeinschlägen kann der Schütze erkennen,
ob sein Feuer richtig liegt. Nach Sprüngen ist das Visier selbständig zu ändern.

Der günstigste **Haltepunkt** ist gegen kleine Ziele „Zielaufsitzen", gegen große
Ziele „Mitte des Ziels". Gegen Ziele, die sich seitwärts bewegen, müssen
Schnelligkeit der Bewegung und Flugzeit des Geschosses berücksichtigt werden.
Deshalb Vorhalten oder gleichzeitiges Mitgehen mit der Bewegung des Ziels.
Bei Seitenwind ist seitlich anzuhalten.

Feuerzucht: Auch in schwierigen Lagen des Kampfes hat der Schütze die
für den Gebrauch der Waffen und das Verhalten im Gefecht gegebenen Richt=
linien jederzeit genau zu befolgen. Hierzu gehören: Ausnutzen des Geländes
zum Steigern der Wirkung und zur eigenen Deckung, richtige Wahl des Halte=
punktes, Sorgfalt im Stellen des Visiers und in der Abgabe des Schusses, stete
Aufmerksamkeit auf Führer und Feind und zweckmäßige Verwendung der
Munition.

Der Feuerkampf des l. M. G.=Trupps.

Gegen kleine Ziele ist das l. M. G. wirksam

mit Vorderunterstützung bis 1200 m,
mit Mittelunterstützung bis 800 m.

Es ist jedoch mit Vorderunterstützung so lange zu schießen, bis das Anbringen
der Mittelunterstützung unbedingt nötig ist; z. B. bei Schwenken der Schuß=
richtung.

Das l. M. G. feuert in Feuerstößen von 3 bis 8 Schuß. Die Pausen sollen
nur so lang sein, als zum neuen Anvisieren nötig ist. Es ist stets Punktfeuer ab=
zugeben, bei breiten Zielen ist das Punktfeuer aneinanderzureihen.

Feuerstellungen gegen Erdziele werden festgelegt und bei Feindeinbruch besetzt.

In der Regel leitet der Führer des l. M. G.=Trupps das Feuer.

Damit die Stellung eines M. G. nicht vom Feinde erkannt und von seinen
schweren Waffen niedergekämpft wird, ist oft Stellungswechsel nötig. Auf das

Kommando „Stellungswechsel!" wird das M. G. entladen. Der Schütze 1 setzt ein volles Magazin ein, ohne den Kammergriff zurückzuziehen. Sobald der Schütze 1 sprungbereit ist, meldet er „Fertig!" Schütze 2 sorgt dafür, daß beim Instellung= gehen in der neuen Feuerstellung Munition verfügbar ist. Auf das Kommando „Auf! Marsch! Marsch!" stürzen die Schützen in die Wechselstellung. Der Führer des M. G.=Trupps kann zum Festlegen der neuen Feuerstellung voreilen. Der Stellungswechsel muß vom Feinde unerkannt bleiben.

Die M. G.=Trupps werden in erster Linie zum Fliegerbeschuß eingesetzt, um Bereitstellung oder Feuerstellung gegen Fliegergefahr zu schützen. Im Flieger= beschuß muß der M. G.=Schütze besonders gut ausgebildet sein.

Der Feuerkampf der Schützen.

Stets ist Überraschung anzustreben!

Bei der Breite und Tiefe einer Feuerkette ist unter der Einwirkung des feindlichen Feuers eine F e u e r l e i t u n g d u r c h d e n F ü h r e r der Schützen nur a u s n a h m s w e i s e möglich. Der S c h ü t z e muß daher im Rahmen seines Trupps den Feuerkampf meistens s e l b s t ä n d i g führen. D i e s i s t a u c h d a n n d e r F a l l , w e n n d e r F ü h r e r d a s F e u e r s e i n e r S c h ü t z e n a u f e i n Z i e l z u s a m m e n g e f a ß t h a t .

Die Art der Feuereröffnung ist stets der Lage und dem Gelände anzupassen. Erfolgt der Einsatz der Schützen aus der D e c k u n g heraus zum F e u e r ü b e r = f a l l , so wird der Führer den Schützen vor dem Feuerbeginn häufig, möglichst u n a u f f ä l l i g , das Ziel zeigen. Er befiehlt das Visier, das von den Schützen in Deckung zu stellen ist. Auf „**Stellung! Feuer frei!**" gehen die Schützen etwa in Höhe des Führers des Schützentrupps in Stellung. Sie bringen das Gewehr vor, entsichern und eröffnen sofort das Feuer (Beispiel 1).

Leicht erkennbare Ziele können in Deckung angesprochen werden (Beispiel 2).

Können die Ziele beim Instellunggehen nicht erkannt werden, so läßt der Führer des Schützentrupps seine Schützen zunächst in Stellung gehen und nimmt dann die Zielansprache vor. Auch die **Feuereröffnung** auf **Zeichen** oder **Pfiff** ist dabei möglich (Beispiel 3).

Beispiele:

1. (Das Ziel ist schlecht sichtbar.)
   „250 m vor uns eine Wegegabel, zwo Daumenbreiten rechts davon M. G. Alles kurz über Deckung sehen und volle Deckung! Visier 250! — Stellung! Feuer frei!"
2. (Das Ziel ist leicht zu erkennen.)
   „Halbrechts vor dem Waldstück auf der Höhe Schützen! Visier 350! (Jeder Schütze 5 Schuß!) — Stellung! Feuer frei!"
3. (Die Stellung liegt so versteckt, daß die Ziele beim Instellunggehen nicht erkannt werden können.)
   „Stellung! Rechts vor dem Strohschober M. G.! Visier 400! — Feuer= eröffnung erfolgt auf Pfiff!"

Ist E i l e g e b o t e n oder muß die Feuereröffnung im offenen Gelände angesichts des Gegners erfolgen, so bleiben Ziel und Visier meist den S c h ü t z e n überlassen.

Das Instellunggehen und die Feuereröffnung erfolgen auf:

„Stellung! Marsch! Marsch! (Stellung!) Feuer frei!"

Soll das Feuer abgebrochen werden, so ist von dem Führer **„Stopfen!"** und in der Regel unmittelbar danach **„Volle Deckung!"** zu kommandieren. Bevor der Schütze auf „Volle Deckung!" die Stellung räumt, muß er sichern.

Ist die für einen Feuerüberfall befohlene Munition verschossen, so unterbrechen die Schützen selbständig das Feuer. Sie sichern und gehen in volle Deckung.

„Stopfen!" und **„Volle Deckung!"** sind von allen Schützen **laut** durchzurufen. A l l e a n d e r e n K o m m a n d o s u n d B e f e h l e w e r d e n n u r d u r c h g e r u f e n , w e n n e s e r f o r d e r l i c h i s t .

6. Waffen und Kampfarten der Infanterie.

Waffen der Infanterie.

Die Waffen der Infanterie gliedert man in leichte und schwere. Es gehören:

a) zu den **leichten Infanteriewaffen:**

Gewehr. Hauptwaffe des Einzelkämpfers, wirkt in der Hauptsache auf nächste und nahe Entfernung;

Leichtes Maschinengewehr (l. M. G.). Hauptfeuerkraft der Schützenkompanie, schießt vornehmlich in Feuerstößen, beste Wirkung unter 1200 m;

Leichter Granatwerfer (l. Gr. W.). Steilfeuerwaffe des Zuges; Einsatz zwischen 50 und 550 m;

Pistole. Nahkampfwaffe mit schneller Feuergeschwindigkeit;

Handgranate. „Steilfeuerwaffe" des Schützen, Nahkampfwaffe bis 40 m, Wirkung durch Luftdruck von 3 bis 6 m, durch Splitter von 10 bis 15 m im Umkreis;

Blanke Waffen. Nahkampfwaffen durch Stich, Stoß oder Schlag;

b) zu den **schweren Infanteriewaffen:**

Schweres Maschinengewehr (s. M. G.). Wirksamste infanteristische Waffe, schießt im direkten Richten bis 3000 m, im indirekten Richten bis 3500 m;

Schwerer Granatwerfer (s. Gr. W.). Steilfeuerwaffe des Bataillons; Schußweiten zwischen 125 und 2200 m;

Leichtes Infanteriegeschütz (l. J. G.). Steil- und Flachfeuerwaffe des Inf. Rgt. mit Schußweite bis 3500 m;

Panzerabwehrkanone (Pak). Waffe gegen Panzerfahrzeuge, Durchschlagswirkung je nach der Entfernung gegen fast alle Panzerfahrzeuge.

Kampfarten der Infanterie.

Der **Angriff** soll den Feind vernichten, die Entscheidung bringen. Er wirkt durch Bewegung, Feuer, Stoß und durch die Richtung, in der er geführt wird. Im allgemeinen verspricht er aber nur Erfolg, wenn der Angreifer dem Gegner überlegen ist. Die Überlegenheit braucht nicht in der größeren Zahl der Kämpfer

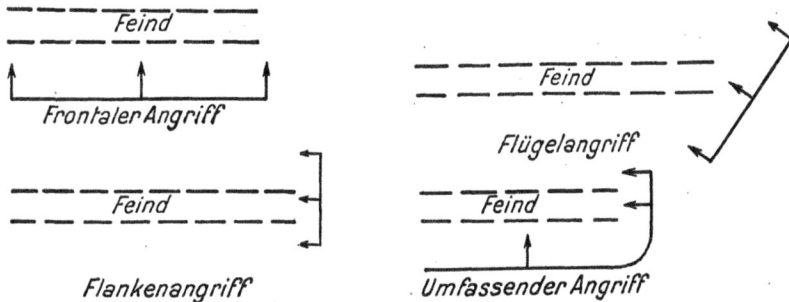

Frontaler Angriff

Flankenangriff

Flügelangriff

Umfassender Angriff

oder Waffen zu bestehen, sondern kann sich aus einer günstigen Lage, z. B. Überraschung des Feindes, Stoß in Flanke oder Rücken ergeben oder sich auf bessere Waffenwirkung, bessere Führung, Ausbildung oder besseren Geist der Truppe gründen.

Der Angriff kann gegen die Front, den Flügel, die Flanke oder den Rücken (umfassend) des Feindes geführt werden. Umfassender Angriff ist immer anzustreben.

20*

Oft wird der Angriff rechts und links angelehnt geführt werden müssen. Überraschender Angriff kann zu großem Erfolge führen.

Der Angriff erfolgt nach vorausgegangener Aufklärung und Erkundung in der Regel aus einer Bereitstellung möglichst in einem Gelände, das Deckung gegen Sicht und Feuer bietet.

Stößt der Angreifer auf eine feste Stellung des Gegners oder ist ihm diese bekannt, so kann der Angriff nur mit Unterstützung der schweren Waffen der Infanterie und der Artillerie geführt werden. In solchem Falle müssen die Schützenkompanien auf den Einsatz und die Feuerbereitschaft der schweren Waffen usw. warten, damit sie sich nicht ungeschützt der feindlichen Waffenwirkung aussetzen. Die Wartezeit wird zum Bereitstellen, zur Aufklärung und Beobachtung ausgenutzt.

Wo auf Grund vorausgegangener Erkundung das Gelände die beste Annäherung bietet oder der Feind schwache Stellen hat, wird der Angriff am stärksten geführt. Durch Vereinigung der Waffenwirkung, zahlenmäßige Überlegenheit und sonstige Maßnahmen erhält der Angriff einen Schwerpunkt. Dieser kann im Verlauf des Angriffs verlegt oder erst gebildet werden.

Die Truppeneinheiten werden zum Angriff in ihrer seitlichen Ausdehnung durch Gefechtsstreifen oder festgelegte Angriffsziele begrenzt. Die Mindest-

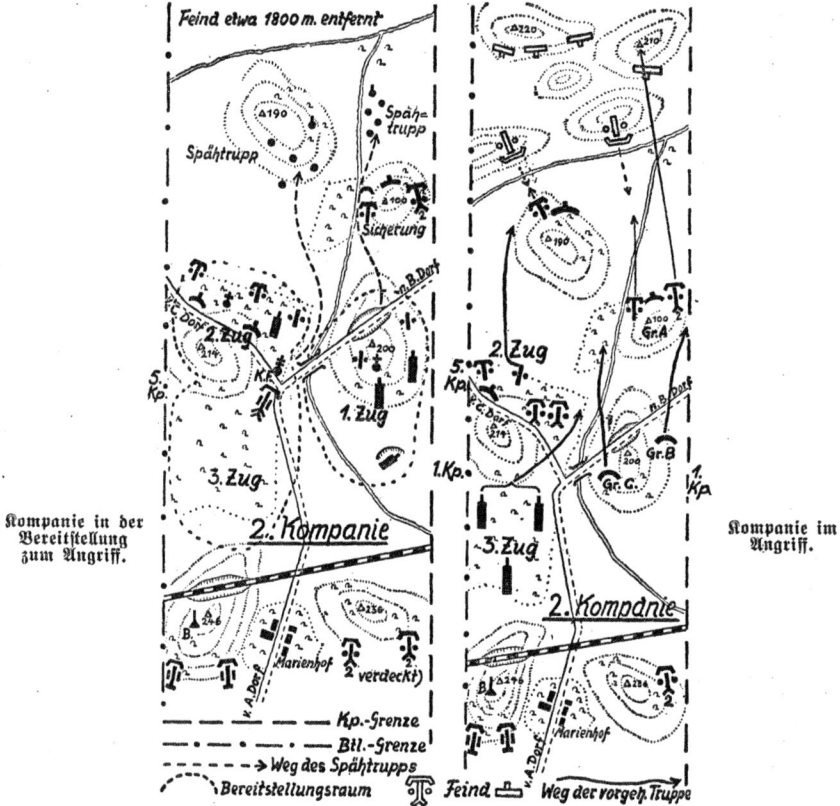

Bild 1. **Gefechtsstreifen einer Kompanie** (schematisch).

breite einer Schützenkompanie beträgt 200 m. Ist eine Anschlußtruppe befohlen, so haben sich die Nachbarverbände nach ihr zu richten. Im Verlauf des Gefechtes hat aber stets die am weitesten vorgedrungene Truppe den Anschluß.

Abgesehen von der Bereitstellung kann man den Angriff in folgende Teile zerlegen:

1. das Heranarbeiten an den Feind bis auf Einbruchsentfernung,
2. den Einbruch,
3. das Verhalten nach dem Einbruch.

Das **Heranarbeiten an den Feind** hat unter Ausnutzung des Geländes und des Feuerschutzes der schweren Waffen zu geschehen. Die l. M. G. eröffnen auf etwa 1000 bis 1200 m das Feuer (l. M. G. mit Vorderunterstützung!), während das Feuer der Gewehrschützen in der Regel erst auf nahe und nächste Entfernungen zu eröffnen ist und Erfolg verspricht. Der Feuerkampf der Infanteriewaffen soll durch **Feuerüberfälle** auf den Gegner geführt werden.

Je näher die Infanterie an den Gegner herankommt, desto mehr muß der Drang der Schützentrupps nach vorwärts als Stoßkraft sich bemerkbar machen.

Der **Einbruch** erfolgt unter Gebrauch der Handgranate, der Schuß= und Nahwaffe. Ist er gelungen, so müssen die l. M. G. sofort nacheilen, soweit sie zurückgeblieben sind, und sofort muß das „Durchfressen" durch die feindliche Stellung, von Nest zu Nest, erfolgen. Es ist von den vordersten Teilen durch das

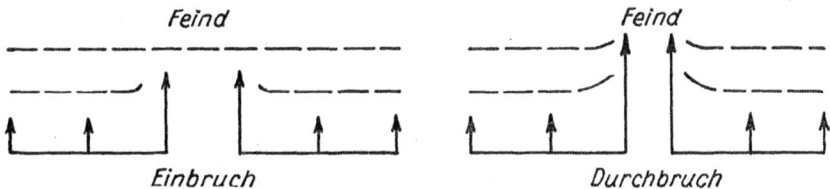

feindliche Hauptkampffeld hindurchzustoßen (kein Aufrollen nach der Seite, dies ist Sache nachfolgender Truppen). Erst der Durchbruch und die „Umfassung" des Feindes in Flanke oder Rücken bringt den endgültigen Sieg.

Ist der Durchbruch nicht möglich, so ist auf jeden Fall die Einbruchsstelle zu halten. Dabei muß sich der Schütze darüber klar sein, was ihn nach dem Einbruch von der Feindseite her erwarten kann. Dies kann in der Regel dreierlei sein:

entweder er findet fliehenden Feind, dann muß er ihn mit Feuer verfolgen und ihm auf den Fersen bleiben,

oder der Feind legt Feuer auf die Einbruchsstelle, dann muß er sich decken,

oder der Feind macht einen Gegenstoß, dann muß dieser abgewehrt werden.

Abwehr.

Die Abwehr wartet den Gegner ab. Sie wirkt vorwiegend durch Feuer. Die natürliche Stärke des Geländes wird geschickt ausgenutzt, die Besatzung, Waffen usw. werden getarnt und so der feindlichen Aufklärung und Erkundung entzogen. Reicht die natürliche Verstärkung des Geländes nicht aus, so wird es künstlich verstärkt (Eingraben, Verdrahten, Sperren, Hindernisse usw.). Scheinanlagen zersplittern das feindliche Feuer.

Je nach Lage oder Absicht der Führung kann die Abwehr in Verteidigung oder hinhaltendem Widerstand bestehen. Hierzu werden den Truppeneinheiten **Abschnitte** zugewiesen. Diese sind bei günstigem Gelände für eine Schützen= kompanie in der Verteidigung etwa doppelt so groß wie ihr Gefechtsstreifen im Angriff, und im hinhaltenden Widerstand etwa doppelt so groß wie der Abschnitt in der Verteidigung.

Die **Verteidigung** wird in tiefer Gliederung geführt, d. h. die Schützen und l. M. G. sind einzeln in Nestern oder Stützpunkten verteilt. Sie sollen mit dem Feuer gegenseitig flankierend wirken. Die vordersten Verteidigungsanlagen des Hauptkampffeldes sind durch die Hauptkampflinie (H. K. L.) begrenzt. Sie ist die Linie, vor der der Angriff des Gegners spätestens zusammenbrechen muß.

Die s ch w e r e n Waffen und die l. M. G. bilden das Gerippe der Verteidigung. Sie sind im Hauptkampffeld so aufzustellen, daß sie den Feind überall mit ihrem Feuer fassen können. Die Schützen haben mit ihnen eng zusammenzuarbeiten (Feuerplan!).

Die Gewehrschützen beteiligen sich in der Regel erst auf nahe Entfernungen an dem Abwehrfeuer. Bis dahin bleiben sie in voller Deckung. Ihre Haupt=

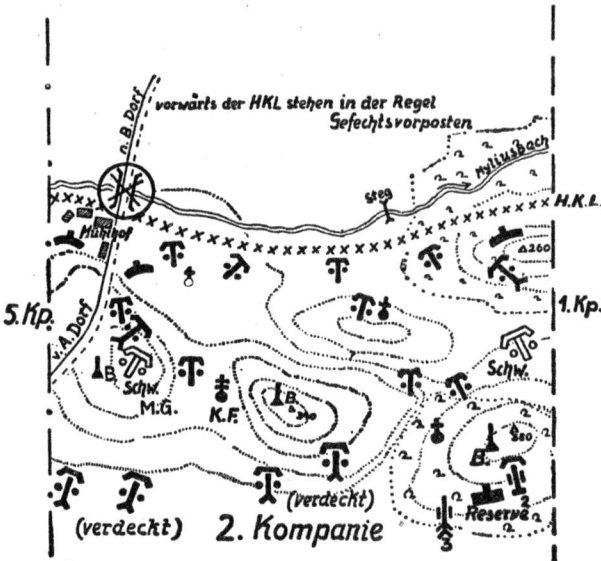

Bild 2. Abschnitt einer Kompanie in der Verteidigung (schematisch).

aufgabe besteht darin, etwa eingebrochenen Feind durch sofort einsetzende Gegenstöße zurückzuwerfen.

Im Hauptkampffeld hat jeder Soldat bis zum Letzten auszuhalten.

Beim Einrichten zur Verteidigung können zur Sicherung und Verschleierung des Hauptkampffeldes G e f e ch t s v o r p o s t e n vorgeschoben werden. Sie gehen auf das Hauptkampffeld zurück, wenn sie ihren Auftrag erfüllt haben.

Der **hinhaltende Widerstand** wird aus W i d e r s t a n d s l i n i e n geleistet. Diese richten sich vor allem nach den Einsatz= und den Wirkungsmöglichkeiten der schweren Waffen. Letztere sind die Hauptträger des Kampfes bei dieser Kampfart und eröffnen auf weiteste wirksame Schußentfernungen das Feuer. Die Hauptaufgabe der Schützenkompanien besteht in der unmittelbaren Sicherung dieser Waffen. Die l. M. G. nutzen ihre wirksamsten Schußentfernungen möglichst aus, während die Schützen in der Regel nur bei Dunkelheit, Nebel und in .unübersichtlichem Gelände eingesetzt werden.

Der hinhaltende Widerstand soll den Gegner zu zeitraubenden und verlust=
reichen Angriffsvorbereitungen zwingen.

Die Widerstandslinie wird zu dem Zeitpunkt aufgegeben, an dem es befohlen
ist, meist dann, wenn der Gegner auf eine bestimmte Entfernung herangekommen
ist oder einen bestimmten Geländeabschnitt erreicht hat. Es wird dann die nächste
Widerstandslinie bezogen. Die Gruppen, l. M. G. und Schützentrupps unter=
stützen sich gegenseitig beim Loslösen vom Feinde. Die ausweichenden Teile
bedürfen im allgemeinen der Aufnahme. Das Nachdrängen des Gegners
kann auch durch Widerstandleisten im Zwischenfeld (d. h. in dem Gelände
zwischen zwei Widerstandslinien) aufgehalten werden.

7. Flaggen für den Gefechtsdienst.

Rahmenflaggen zur Truppendarstellung werden verwandt, um fehlende Waffen und Ein=
heiten bei Volltruppen und um Flaggentruppen darzustellen.

Jede blaue bzw. rote Schützenflagge stellt in der Regel einen Schützentrupp, jede der anderen
Flaggen eine Waffe der betreffenden Bedienung dar.

Die Flaggen zeigen die Parteifarbe

blau
oder rot,
je nach Partei

Schützen

Leichtes Maschinengewehr

Schweres Maschinengewehr

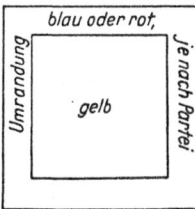

Umrandung — blau oder rot, je nach Partei — gelb

Infanteriegeschütz

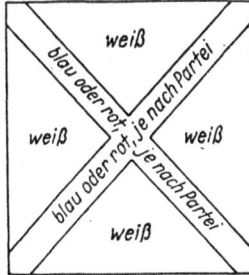

weiß — blau oder rot, je nach Partei — weiß

Kavallerie zu Pferde

gelb

blau oder rot je nach Partei

Artillerie

Flagge zum Bezeichnen der vorderen Linie

rot / gelb — Zur Seite der Truppe

grau — Zur Feindseite

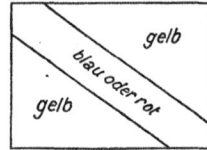

gelb — blau oder rot — gelb

Granatwerfer.

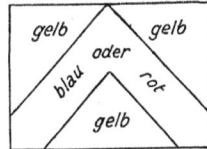

gelb — blau — oder — rot — gelb

2 cm=Fliegerabwehr=
kanone.

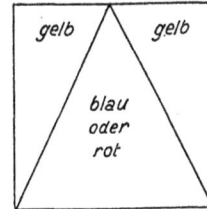

gelb — gelb — blau oder rot

Panzerabwehrkanone.

Flaggen zur Darstellung der Waffenwirkung.

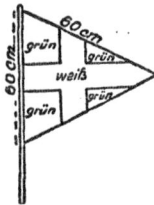

Maschinengewehr=
feuer.

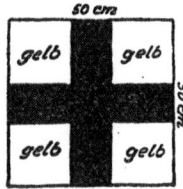

Ausfallflagge
(Rahmenflagge)

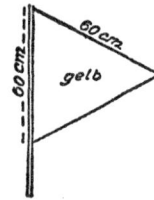

Geschütz= und
Granatwerferfeuer.

Elfter Abschnitt.

Ausbildung im Pak=Gefechtsdienst.

1. Wesen und Aufgaben der Panzerabwehr.

Nach dem Urteil angesehener militärischer Fachleute „spielt die Panzer=
abwehrwaffe gegenüber den angreifenden Panzerkampfwagen heute dieselbe Rolle,
wie im Kriege das Maschinengewehr gegenüber der angreifenden Infanterie".
Damit ist ihre **Bedeutung** gekennzeichnet. Die **Aufgabe** der Panzerabwehr ist,
wie ihr Name besagt, die Abwehr gepanzerter Kampffahrzeuge. Um sie richtig
durchführen zu können, muß man den Gegner genau kennen. In der Pak=Schieß=
lehre (Seite 233) ist das Wichtigste über gepanzerte Kampffahrzeuge mitgeteilt.

Die Abwehr des Panzergegners.

Voraussetzung für den Erfolg der Panzerkampfwagen ist ihr überraschendes
Auftreten. Die Panzerabwehr muß daher auf ihr Erscheinen in jeder Lage vor=
bereitet sein. Sie erfüllt ihre Aufgabe, wenn sie **rechtzeitig in Feuerstellung** ist,
um den Panzerangriff abzuwehren. Ihr Einsatz erfolgt unter **Ausnutzung ihrer
Beweglichkeit an entscheidender Stelle**. Da, wo der Schwerpunkt ist, im Brenn=
punkt des Kampfes, ist ihr Platz im Gefecht.

Schnelligkeit allein genügt jedoch nicht für den Panzerabwehrschützen; er
muß ein kaltblütiger Kämpfer und ein ausgezeichneter Schütze sein. Er ist dem
Jäger im Urwald vergleichbar, der das Großwild auf sich zustürmen sieht und
trotzdem mit klarem Auge und sicherer Hand seinen gezielten Schuß abfeuert.
Die Panzerabwehr braucht Männer mit unerschütterlicher Disziplin, stahlhartem
Willen und eisernen Nerven; Kämpfer, die wissen, daß sie den Panzergegner ver=
nichten müssen, um nicht selbst vernichtet zu werden; Schützen, die kaltblütig und
mit ruhiger Hand ihren gezielten Schuß abfeuern. Die Panzerabwehr muß eine
Elitetruppe sein, die „von dem Gedanken der Vernichtung des Gegners geradezu
besessen" ist. Wenn diese Truppe, die über eine ausgezeichnete Waffe verfügt, eine
ebenso ausgezeichnete Ausbildung erfährt, dann wird kein Panzergegner den
eisernen Gürtel ihrer Geschütze durchbrechen können.

Das V o r b i l d für den Panzerabwehrschützen ist jener Unteroffizier Theodor
K r ü g e r , der in der Schlacht bei Cambrai am 20. 11. 1917 mit einem Feld=
geschütz 17 englische Kampfwagen vernichtete, bevor er als letzter an seinem
Geschütz den Heldentod fand. Seine Tat, rühmend erwähnt im englischen Heeres=
bericht, ist für jeden Panzerabwehrschützen ein leuchtendes Beispiel der Pflicht=
erfüllung und des Ausharrens bis zum letzten Atemzug.

2. Die Mittel der Abwehr.

Man spricht bei der Panzerabwehr vielfach von aktiver und passiver Abwehr. Diese Begriffe sind jedoch nicht ganz zutreffend gewählt; wir wollen deswegen die Einteilung in der Weise vornehmen, daß wir unterscheiden:

a) die Abwehr durch Ausnutzung natürlicher Hindernisse (Geländeausnutzung);

b) die Abwehr durch Feuer (Waffenwirkung).

Ob der Nachdruck mehr auf die Geländewirkung oder auf die Abwehr durch Feuer zu legen ist, richtet sich ganz nach Lage und Gelände. Verbindung von Geländeausnutzung und Feuer gestaltet die Panzerabwehr am wirksamsten.

a) Geländeausnutzung.

Gepanzerte Kampffahrzeuge können nur in einem Gelände angreifen, das für sie geeignet ist. Panzerabwehrstellungen werden daher hinter natürliche Hindernisse oder in Geländeteile gelegt, in denen dem Panzergegner die Bewegung erschwert ist. Geländeerkundung und Karte geben Aufschluß, wo das Auftreten von gepanzerten Kampffahrzeugen wahrscheinlich, möglich oder unmöglich ist. Offenes, welliges Gelände begünstigt ihren Einsatz; als „panzersicher" gilt dagegen ein Gelände, das ohne besondere Vorbereitungen und Hilfsmittel von geländegängigen Panzerkampfwagen nicht überwunden werden kann.

Absolute Kampfwagenhindernisse sind: Dichte Waldungen mit starkem, engem Baumbestand; breite und tiefe Wasserläufe, Wassergräben von 3 m Breite und mehr als 1,5 m Wassertiefe (außer für Schwimmkampfwagen); Steilhänge über 45°, große Moore, Sümpfe, tief eingeschnittene Schluchten.

Ungünstig für Panzerfahrzeuge sind: lichte Wälder, Ortschaften, längere Steigungen, kleinere Wasserläufe, starkes Gefälle, Gräben und Böschungen, Bahndämme.

Watfähigkeit: für leichte und mittlere Panzerkampfwagen 0,8 bis 1,5 m Wassertiefe, für schwere bis 3,5 m.

Überschreitfähigkeit von Gräben: für leichte und mittlere Pz. Kpf. Wg. bis 2,5 m, für schwere bis zu 6 m Breite. Durch Niederwalzen der Böschungen können Gräben, die zunächst unüberschreitbar sind, überwindbar gemacht werden. Einzelne Auslandsheere verfügen über besonderes Kampfwagenbrückengerät.

Panzerschutz durch künstliche Hindernisse.

Die Verstärkung der natürlichen Hindernisse durch künstliche kann erfolgen durch Abstechen von Böschungen, Baumverhaue, Panzerfallen, Barrikaden. Als das beste Sperrmittel gegen Panzerfahrzeuge wird die verlegbare Landmine betrachtet, da sie nicht nur sperrend, sondern auch zerstörend wirkt. Nachteil: für einen Abschnitt von 12 km Breite benötigt man 40 000 Stück mit einem Gewicht von 200 t, an deren Verlegung 400 Pioniere drei Tage lang ungestört arbeiten müssen.

Alle anderen Hindernisse erfordern meist viel Zeit und zahlreiche Arbeitskräfte und haben nur Zweck, wenn sie verteidigt werden. Auf alle Fälle haben sie den Vorteil, daß sie den Panzerfeind zur Verminderung seiner Geschwindigkeit zwingen und damit die Möglichkeit seiner Bekämpfung durch die vorhandenen Abwehrwaffen geben.

Sperren

sollen die Fortbewegung von Panzerfahrzeugen auf Straßen, Wegen und im Gelände behindern. Unter günstigen Verhältnissen können sie ein Gelände panzersicher machen und dadurch Abwehrwaffen ersetzen; zum mindesten engen sie die Bewegungsfreiheit feindlicher Panzerfahrzeuge ein, zwingen sie zu verlangsamter Fahrgeschwindigkeit und ermöglichen dadurch ihre Bekämpfung durch Feuer. Sie müssen, damit sie ihre Aufgabe erfüllen und nicht beseitigt werden können, durch Waffen gesichert sein.

b) Die Panzerabwehrwaffen

dienen zur unmittelbaren Bekämpfung feindlicher Panzerfahrzeuge durch Beschuß; ihre Munition soll den Panzer durchschlagen, die Besatzung kampfunfähig oder wenigstens das Panzerfahrzeug bewegungsunfähig machen. Derartige Waffen sind nach dem Krieg in allen neuzeitlichen Heeren stark entwickelt worden. Die Niederkämpfung des Panzergegners kann durch Panzerkampfwagen, durch Artillerie, durch die Luftwaffe, weniger durch Maschinengewehre, Infanteriegeschütze, Flammenwerfer, Handgranaten, Benzinflaschen u. dgl. erfolgen.

Die wichtigste Panzerabwehrwaffe ist die **Panzerabwehrkanone** (Pak). Sie ist durch ihre niedrige Höhe, großes Seitenrichtfeld, leichte Beweglichkeit im Gelände, große Feuergeschwindigkeit, rasante Flugbahn und große Durchschlagskraft der Geschosse, schnelle Feuerbereitschaft und hohe Feuerfolge für die Bekämpfung des Panzergegners besonders geeignet. Ihre Geschoßwirkung ist abhängig von Schußentfernung, Auftreffwinkel und Panzerstärke am Auftreffpunkt.

M. G.- und Gewehrfeuer vermag auf Sehschlitze und Scharten sowie gegen schwache Panzerung auf nächste Entfernungen zu wirken.

3. Einsatz und Verwendung der Panzerabwehr.

Die Panzerabwehr erfordert von jedem Schützen äußerste Mannszucht, größte Kaltblütigkeit und entschlossenes Handeln, aber auch ein überragendes Können. Was im Exerzierdienst am Geschütz handwerklich gelernt ist, muß im Gefechtsdienst praktisch erprobt werden. Die gefechtsmäßige Ausbildung im Gelände drillt das praktische Handeln; dieses ist für den Schützen der Panzerabwehrkompanie in hundert Fällen hundertmal verschieden, je nach Lage, Gelände, Auftrag, zur Verfügung stehender Zeit und anderen Dingen.

Aber das Beherrschen aller Tätigkeiten am Geschütz, Schnelligkeit und Beweglichkeit, geschickte Tarnung, Ausnutzung des Geländes, vollendete Schießtechnik machen den guten Panzerabwehrschützen noch nicht aus: er muß auch mitdenken, selbständig handeln und entscheiden können. Denn nicht immer ist die Geschützbedienung in den Zugverband eingereiht; sie wird oft in die Lage kommen, allein und selbständig handeln zu müssen.

Die Art des Einsatzes der Panzerabwehr richtet sich nach der Lage. Im allgemeinen werden die Panzerabwehrverbände der oberen Führung geschlossen eingesetzt, besonders dann, wenn mit einem starken, tief gegliederten Panzerangriff zu rechnen ist. Die Panzerwarnung ist dabei von größter Wichtigkeit; die Warnzeichen (Signale, Melder, Funk) werden vor Marschbeginn geregelt.

Der Panzerabwehrschütze muß damit rechnen, daß der Panzergegner in großer Masse und in großer Breite und Tiefe unter dem Feuerschutz versteckt stehender Artillerie- und Infanteriewaffen gegen seine Geschütze herankommen wird. Feindliche Fliegerverbände werden gleichzeitig mit Bombenangriffen in den Kampf eingreifen. Auch mit Nebel wird der Gegner versuchen, die Panzerabwehrwaffen zu blenden, um durch Ausnutzung der Überraschung den Durchbruch zu erzwingen. Wie sich der Panzerabwehrschütze in diesem gigantischen Kampf verhalten muß, sollen die folgenden Abschnitte zeigen.

4. Die Kampfweise der Panzerabwehr

richtet sich danach, welche Panzerfahrzeuge der Feind der Lage nach verwenden kann. Je größer die Entfernung vom Gegner, desto eher kann lediglich mit Panzeraufklärung gerechnet werden. Die Abwehr beschränkt sich in diesem Fall (bei Versammlung, Marsch, Rast und Ruhe) in der Hauptsache auf Straßensicherung.

Mit zunehmender Annäherung an den Feind wächst die Notwendigkeit von Abwehrmaßnahmen auch im Gelände. Hier kommt es darauf an, durch Geländeauswahl und Zusammenwirken aller Abwehrmittel den Panzerangriff in das von Panzerabwehrwaffen beherrschte Gelände zu zwingen.

a) Feuerkampf der Geschützbedienung.

Die Stellung, aus der das Geschütz den Feuerkampf gegen gepanzerte Kampf= fahrzeuge im direkten Richten führt, ist die **Feuerstellung**. Die ideale Feuerstellung ist jene, die dem Geschütz Deckung gegen Sicht und Beschuß bietet, aus der aber auch geschossen werden kann. Eine solch ideale Feuerstellung wird häufig nicht zu finden sein.

Wo diese Möglichkeit also nicht gegeben ist, muß das Gelände so erkundet und ausgenützt werden, daß es dem Geschütz und seiner Bedienung D e c k u n g bietet und s c h n e l l e s J n s t e l l u n g g e h e n ermöglicht. Dazu eignen sich am besten die sogenannten R a n d s t e l l u n g e n, die dicht hinter Hecken, Steilhängen und eingeschnittenen Mulden, aber auch an Dorf= und Waldrändern dem Geschütz gute Deckung bieten. Sorgsame Feuervorbereitung, schnelles Auftauchen, überfallartige Feuereröffnung und rasches Verschwinden werden durch solche Randstellungen er= möglicht. Oft sind zur Verstärkung (Eingraben der Räder) geringe Schanzarbeiten nötig. Durch T a r n u n g muß vermieden werden, daß sie sich gegen den Horizont sowie gegen hellen Hinter= und Untergrund abheben.

Jn d e c k u n g s l o s e m Gelände kommt, wenn Feind und Zeit es er= lauben, das Anlegen von künstlichen Deckungen in Frage. Näheres darüber S. 307.

Jn beiden Fällen muß der Platz für das feuernde Geschütz so ausgesucht werden, daß das Geschütz gerade noch mit dem Rohr über die Deckung hinweg= schießen kann. Jeder Zentimeter, um den das feuernde Geschütz tiefer in der Erde steht, trägt dazu bei, daß Geschütz und Bedienung weniger und später vom Gegner erkannt werden.

Für jede Feuerstellung ist eine **Wechselstellung** auszusuchen. Sie muß in Deckung gegen Feindsicht zu erreichen sein und dem Geschütz die Möglichkeit geben, dem feindlichen gezielten Artilleriefeuer auszuweichen. Sie ist wertlos, wenn sie nur in Feindsicht und ohne Deckungsmöglichkeit erreicht werden kann. Von der Feuerstellung muß sie so weit entfernt sein, daß das Feuer auf diese nicht auch zugleich die Wechselstellung fassen kann.

b) Erkunden und Einrichten der Feuerstellung.

Bei Einsatz des e i n z e l n e n Geschützes wird frühzeitig durch den Geschütz= führer die Feuerstellung e r k u n d e t. Dabei ist wichtig:

1. Gutes Schußfeld (nötigenfalls frei machen).
2. Möglichst waagerechter Radstand in allen Schußrichtungen.
3. Geschütz so aufstellen, daß es gerade noch über die Deckung hinwegschießen kann, kurzer Blick durch das Rohr. Auf staubsicheren Boden vor der Mündung achten.
4. Tarnmöglichkeit.
5. Bei hartem Boden Spornlager für die voraussichtlichen Schußrichtungen ausheben.
6. Platz für Munition richtig auswählen, Deckung ausheben. Munition muß griffbereit liegen, darf jedoch Jnstellungbringen und Schwenken des Geschützes nicht behindern.
7. Gegen unmittelbare Panzerangriffe soll die Feuerstellung durch Geländehindernisse oder Sperren geschützt sein.
8. Deckung erkunden in unmittelbarer Nähe der Feuerstellung; wenn nicht vorhanden, künstlich herstellen.
9. Gedeckte Annäherung in die Feuerstellung von dem Platz aus, an dem das Geschütz abgeprotzt wird.

Auf dem erkundeten Wege führt der Geschützführer oder sein Stellvertreter das Geschütz, jede Deckung ausnutzend, bis zu dem Platz, an dem aus Rücksicht auf Feind und Gelände abgeprotzt werden muß. Hier gibt er das Kommando zum Abprotzen zum Mannschaftszug, befiehlt die mitzunehmende Munition, die Protzenstellung, Verbindung dorthin und die Art der Munitionsergänzung.

Das abgeprotzte, durch Mannschaften gezogene Geschütz wird von dem vor= auseilenden Führer in die Deckung bei der Feuerstellung geführt und hier — Rohr zum Feind — feuerbereit gemacht.

Während dieser Bewegungen des auf= und abgeprotzten Geschützes darf nie die Beobachtung des Gefechtsfeldes außer acht gelassen werden! Jederzeit muß die Bewegung des Geschützes unterbrochen werden können, um sofort auf der Stelle das Feuer gegen überraschend auftauchende Panzerfahrzeuge zu eröffnen.

Auch die Bedienung muß sich tarnen, nicht nur das Geschütz. Kein Herumstehen, kein Herumlaufen, kein Sichsehenlassen. Sonst ist die noch so gute Tarnung umsonst.

Aufgaben des Geschützführers.

Ist das Geschütz in der Deckung angelangt, so ist der Geschützführer für folgende Tätigkeiten verantwortlich:

1. **Einrichten der Feuerstellung** (wie Seite 295 ausgeführt).
2. **Beobachtung des Gefechtsfeldes,** wozu er Schützen der Bedienung einteilen kann. Jeder Beobachter muß wissen, wo sich die vorderen Teile der eigenen Truppe befinden, welchen Kampfauftrag diese haben und ob eigene Panzerfahrzeuge eingesetzt werden.
3. **Für Munition sorgen.** Er muß jederzeit wissen, über wieviel Munition er verfügt, woher und in welcher Menge er Ergänzung zu erwarten hat. Vor dem Feuerkampf die gesamte Munition des Protzkraftwagens bei der Feuerstellung niederlegen lassen; nach dem Feuerkampf verbrauchte Munition dem Zugführer melden und für Ergänzung sorgen.
4. **Festlegen der Entfernungen.** Für schnelle Zielansprache und rasche Feuereröffnung bildet das Festlegen von Geländepunkten und Entfernungen die Grundlage. Es werden die Entfernungen von 400, 600, 800 und 1200 m um die Feuerstellung herum festgelegt. Ist genügend Zeit vorhanden, so ist es zweckmäßig, eine Entfernungsskizze festzulegen.

c) Die Feuereröffnung.

Nachdem der Zugführer das Feuer freigegeben hat, wird dem Richtschützen durch den Geschützführer mit dem Befehl: „**Feuer frei!**" die Feuererlaubnis erteilt.

Stehende Panzerfahrzeuge können bis 1200 m bekämpft werden. Da die Hauptwirkung des Geschützes von 800 m an abwärts beginnt, ist die Feuereröffnung aus größerer Entfernung als 800 m auf fahrende Panzer verboten. Die Wahl des richtigen Zeitpunktes der Feuereröffnung ist Sache des Zug= bzw. Geschützführers.

Wenn die Zielansprache des Geschützführers erfolgt ist, bleibt die Wahl der einzelnen Ziele in der Regel dem Richtschützen überlassen. Ist ein Ziel niedergekämpft, so geht der Richtschütze selbständig so schnell wie möglich auf ein neues Ziel über. Er wird dabei von dem dicht neben ihm befindlichen Geschützführer unterstützt.

d) Der Feuerkampf

wird vom Geschützführer in engster Zusammenarbeit mit dem Richtschützen geführt. Die Leitung des Feuerkampfes geschieht durch Zeichen, wenn nicht Kommandos oder Befehle gegeben werden können.

Unmittelbar vor der Feuereröffnung wird das Geschütz auf das Kommando „**Stellung!**" aus der Deckung gerissen bzw. die Tarnung so entfernt, daß das Schußfeld frei ist, um auf das sofort anschließende Kommando: „**Feuer frei!**" das Feuer zu eröffnen. Die Zeit von dem Instellunggehen bis zur Feuereröffnung muß möglichst kurz sein. Sämtliche Tätigkeiten und Vorbereitungen zur Feuereröffnung haben soweit wie möglich in Deckung zu erfolgen.

Geschickte Aufstellung des Geschützes in der Feuerstellung ermöglicht es oft, die auftretenden Ziele nur durch Schwenken des Rohres unter voller Ausnutzung des Schwenkbereichs der Lafette (je 30° nach rechts und links) unter Feuer zu nehmen, ohne daß eine „neue allgemeine Richtung" notwendig wird.

Sobald das Geschütz in Stellung ist, befindet sich der Geschützführer dicht neben dem Richtschützen, um möglichst die gleiche Blickrichtung zu haben und dadurch die

Zielbezeichnung und Feuerleitung zu erleichtern. Geschützführer, Schützen 3 und 4 tragen in der Feuerstellung das Gewehr auf dem Rücken oder haben es griffbereit. Verbindung zum Zugführer muß vorhanden sein.

Das einzelne Geschütz ist die Feuereinheit; in der Regel löst es die Kampfaufträge im Zugverbande. Ausfall des Zugführers und benachbarter Geschütze, Versagen der Verbindung zum Zugführer und der schnell wechselnde Kampfverlauf fordern oft eine selbständige Tätigkeit der einzelnen Geschützbedienung.

Jeder Geschützführer muß vor und während des Einsatzes fortlaufend unterrichtet sein über:

Feind, Lage, Auftrag;
Verhalten und Verbleib der eigenen vorderen Teile;
Einsatz eigener Panzerfahrzeuge;
Aufgaben und Feuerstellung der Geschütze des eigenen Zuges und benachbarter Züge;
Aufgaben und Stellungen der benachbarten schweren Waffen, Lage der B.-Stellen dieser Waffen, Verbindungsmöglichkeit zum Zugführer oder zum Führer des übergeordneten Verbandes, dem er unterstellt ist.

Zielansprache.

Durch die Zielansprache wird der Blick des Schützen 1 rasch auf das zu bekämpfende Ziel gelenkt. Die Eigenart des Feuerkampfes verlangt, daß die Zielansprache in kürzester Form gegeben wird. Dabei ist durch Hinweis auf vorher festgelegte Geländepunkte der Blick des Richtschützen in die gewollte Richtung zu lenken.

Beispiel: „Halbrechts! Waldecke! — 1000! — Panzerkampfwagen!"

Schütze 1 bestätigt das richtige Erkennen des Ziels. Auf „Stellung! Feuer frei!" wird das Geschütz in Feuerstellung gebracht und das Feuer eröffnet. Wenn Zielansprache in Deckung nicht möglich war, so wird das Geschütz auf „Stellung!" in der befohlenen Richtung in Feuerstellung gebracht. Auf: „Geradeaus! — 800! — Panzerkampfwagen! — Dritter von rechts! — Feuer frei!" wird das Feuer eröffnet.

Richtschütze und Geschützführer beobachten die Flugbahn des Geschosses. Notwendige Verbesserungen ruft der Geschützführer dem Richtschützen zu, z. B.: „Eine Zielbreite weiter rechts!" oder „Kürzer!" Der Richtschütze ändert danach den Haltepunkt. Liegen die Schüsse im Ziel, ruft der Geschützführer „Gut!" Der Richtschütze bekämpft den Panzerkampfwagen so lange, bis dieser niedergekämpft ist oder verschwindet. Dann schwenkt er selbständig oder auf Zuruf des Geschützführers, z. B.: „Nächster rechts!" auf ein anderes Ziel über.

Wenn es die Lage erfordert (z. B. erkannte Führerfahrzeuge oder besonders gefährliche Panzerkampfwagen), kann sich der Geschützführer durch den Befehl, z. B. „Dritter von rechts!" den Einfluß auf die Reihenfolge in der Bekämpfung der Panzerkampfwagen sichern.

Wenn während eines Feuerkampfes durch neue auftauchende Panzerkampfwagen die Gefahr eines überranntwerdens besteht, und wenn der bisherige Schwenkbereich des Rohres nicht ausreicht, wird das Geschütz durch Zeichen oder durch Kommando des Geschützführers: „Neue allgemeine Richtung! — Weißes Haus! — 300! — Panzerkampfwagen!" in die neue Richtung gebracht und das Feuer fortgesetzt.

Nach Niederkämpfen der Ziele ist das Geschütz unverzüglich in Deckung zurückzubringen. Wenn es die Lage erfordert und gestattet, ist die Wechselstellung zu beziehen. Das Indeckunggehen ist vom Geschützführer durch das Kommando: „Volle Deckung!" zu befehlen. Das Geschütz bleibt geladen und wird gesichert.

Auf das Kommando: „Entladen!" wird entladen. Schütze 2 meldet: „Geschütz ist entladen!"

Feuerverteilung und Zielwechsel.

Für die Feuerverteilung im Zielabschnitt des Geschützes ist der Geschützführer verantwortlich. In der Regel wird vom Zugführer die Mittellinie befohlen, daraus ergeben sich die Zielabschnitte der Halbzüge und damit der

Geſchütze. Die Mittellinie wird nach markanten Geländepunkten gegeben; nötigenfalls wird ſie mit Hilfsmitteln gekennzeichnet.

Für ſchnelle und ſachgemäße Feuerverteilung ſind enge Zuſammenarbeit innerhalb des Zuges und verabredete Zeichen erforderlich. Die notwendigen Vorbereitungen ſind möglichſt in Deckung zu treffen.

Nach der Zielanſprache des Geſchützführers bleibt die Wahl der einzelnen Ziele in der Regel dem Richtſchützen überlaſſen.

Munitionseinſatz.

Der Geſchützführer muß jederzeit wiſſen, über wieviel Munition er verfügt, woher und in welcher Menge er Ergänzung zu erwarten hat. Während des Feuerkampfes iſt ſo viel Munition einzuſetzen, daß auch bei äußerſter Feuer-geſchwindigkeit die erfolgreiche Durchführung des Kampfauftrages gewähr-leiſtet iſt.

Protzenſtellung.

In der Protzenſtellung wird der Protzkraftwagen abgeſtellt, während das Geſchütz in Feuerſtellung ſteht. Die Protzenſtellung liegt im allgemeinen rückwärts der Feuerſtellung, meiſt ſo nahe, daß **Winkverbindung** aus der Nähe der Feuer-ſtellung mit ihr möglich iſt und der Protzkraftwagen raſch herangezogen werden kann. Räume, die unter ſtarkem Artilleriefeuer liegen, ſind zu vermeiden.

Die Entfernung von der Feuerſtellung wird durch Gelände und Gefechts-lage beſtimmt. Je kürzer die vorausſichtliche Zeitdauer des Einſatzes in der Feuerſtellung ſein wird, deſto näher wird der Protzkraftwagen herangehalten. Während langandauernden Einſatzes in der Feuerſtellung kann er weiter zurück-genommen werden.

Der **Fahrer** iſt verantwortlich für gedeckte Aufſtellung des Protzkraftwagens, Verbindung zum Geſchützführer, Vorbereitung der Munitionsergänzung, Verwendungsbereitſchaft des Fahr-zeugs und örtliche Sicherung der Protzenſtellung.

Bei größeren **Hemmungen** iſt das Geſchütz in Deckung zu bringen.

Feuerpauſen ſind zu benutzen, um das Geſchütz inſtand zu ſetzen, die Gleit-ſchienen und den Verſchluß zu ſäubern und zu ölen, Munition heranzuholen und Patronenkäſten mit beſchoſſenen Patronenhülſen zurückzuſchicken.

e) Stellungswechſel.

Wechſelſtellungen ſind ſtets zu erkunden und vorzubereiten. Sie ſollen dem Geſchütz die Möglichkeit geben, dem feindlichen gezielten Artilleriefeuer auszu-weichen; ſie müſſen ſo liegen, daß in ihnen die Durchführung des Kampfauftrages gewährleiſtet iſt. Sie ſind wertlos, wenn ſie nur in Feindſicht und ohne Deckungs-möglichkeit erreicht werden können.

Die Wechſelſtellung muß ſo weit von der Feuerſtellung entfernt ſein, daß das Feuer auf dieſe nicht auch zugleich die Wechſelſtellung faſſen kann.

Der Stellungswechſel in eine neue Feuerſtellung geſchieht auf das Kom-mando oder Zeichen: **„Stellungswechſel!"** und **„Protzen vor!"** Alle Bewegungen müſſen der Sicht des Feindes entzogen werden. Es iſt zu vermeiden, daß die Protzen zu dicht an die bisherigen oder neuen Feuerſtellungen heranfahren. Beim Räumen einer Feuerſtellung iſt das Geſchütz im Mannſchaftszug bis an den Platz des Aufprotzens zurückzuführen.

Der Stellungswechſel in die Wechſelſtellung wird **vor** dem Feuerkampf nur bei vorzeitigem Erkanntwerden, **nach** dem Feuerkampf aber meiſtens durchgeführt werden.

Der Geſchützführer eilt voraus, um das Geſchütz auf dem erkundeten Wege in die Wechſelſtellung zu führen.

Ein Ausweichen vor feindlichem Feuer während eines Panzerangriffs iſt verboten.

Ist ein Geschütz durch Treffer ausgefallen oder ist während des Kampfes die Munition verschossen oder wird es ohne gleichzeitigen Panzerangriff von Infanterie angegriffen, so kämpft die Geschützbedienung mit den Handwaffen weiter. **Niemals aber darf das Geschütz gebrauchsfähig in Feindeshand fallen!** Zielfernrohr, Notvisier, Schlagbolzen, Verschluß sind zu diesem Zweck zu entfernen und zu vergraben.

5. Der Zug im Gefecht.

Der Zug ist die Kampfeinheit der Panzerabwehr=Kompanie; der Zugführer ist im Kampf die wichtigste Stütze des Kompanieführers, nach dessen Weisung er im Gefecht seinen Kampfauftrag selbständig durchführt.

Aufgaben: Frühzeitig und vorausschauend trifft er alle Maßnahmen zum Einsatz seines Zuges, sorgt für gedecktes Nachführen, legt den Raum der Feuerstellung und den Platz des Zugführers fest und stellt das Zusammenwirken mit den anderen Waffen insbesondere durch Verbindunghalten sicher. Bei halbzugweisem Einsatz erteilt er den Halbzügen die Kampfaufträge, die nötigenfalls durch Zielzuweisung ergänzt werden. Einen Halbzug führt er selbst. Beim selbständigen Einsatz des Zuges bestimmt er den Raum für die Protzenstellung.

Er ist verantwortlich für die Munitionsergänzung in seinem Zuge. Ist er abseits der Kompanie selbständig eingesetzt, so ist er außerdem für den Gerät= und Betriebsstoffersatz sowie für die Verpflegung verantwortlich.

Der Zugtrupp

unterstützt den Zugführer. Er besitzt die für die Führung des Zuges notwendigen Mittel und das erforderliche Gerät, und wird zur Verbindung, Erkundung, Aufklärung und Sicherung eingesetzt. Der Zugtrupp besteht aus dem Zugtruppführer, dem Fußmelder (zugleich Meßmann), dem Solokradmelder, dem Beiwagenkradmelder, sowie dem Fahrer des Zugführers.

Der **Zugtruppführer** ist Stellvertreter des Zugführers. Er sorgt für Beobachtung des Gefechtsfeldes, Einrichten des Zuggefechtsstandes, Panzerwarnung, Erkunden der Feuerstellung auf Befehl des Zugführers. In der Regel ist er Führer des einen Halbzuges und hat dann die gleichen Aufgaben, wie der Zugführer im Gefecht.

Der **Fußmelder** (zugleich Meßmann) ist Melder des Zugführers. Er bedient den Entfernungsmesser und legt ihn selbständig oder auf Befehl des Zugführers Entfernungen fest und fertigt erforderlichenfalls Entfernungsskizzen an. Er hält Verbindung zum Kompanieführer und zur Protzenstellung.

Dem **Solokradmelder** obliegt die Erkundung von Wegen, die Beobachtung des Feindgeländes und die örtliche Sicherung des Zuggefechtsstandes. Er unterstützt den Fußmelder im Verbindunghalten zum Kompanieführer und zur Protzenstellung.

Der **Beiwagenkradmelder** ist Fahrer des Zugtruppführers. Zu seinen Aufgaben gehört die Erkundung von Wegen, die Beobachtung des Feindgeländes und die örtliche Sicherung des Zuggefechtsstandes.

Der **Fahrer des Zugführers** ist Führer der Protzfahrzeuge des Zuges, dabei verantwortlich für Verbindunghalten zum Zugführer, sowie für Aufstellung und Sicherung der Kraftfahrzeuge in der Protzenstellung.

a) Auf dem Marsch

übernimmt, wenn mit dem Auftreten von Feind zu rechnen ist, der vorderste Zug die Sicherung durch Ausscheiden einer **Spitze.** Die **Gliederung** dieser **Spitze** richtet sich nach Lage und Gelände; meist wird sie aus dem Kraftrad=M. G.=Trupp, dem Zugtruppführer und aus mindestens einem Geschütz bestehen. Der Zugführer befindet sich in der Regel unmittelbar hinter dem vordersten Geschütz.

Die Spitze hat die Aufgabe, den Zug bzw. die Kompanie vor plötzlichen Zusammenstößen mit Feind zu sichern, flüssigen Marsch zu ermöglichen, kleinere Widerstände selbst zu beseitigen und dem Zug bzw. der Kompanie Zeit und Raum zur Gefechtsbereitschaft zu schaffen. Die Abstände richten sich nach Feind, Gelände und Marschgeschwindigkeit. Der Zugtruppführer fährt meist zur Panzerwarnung voraus.

Bei Zusammenstoß mit dem Feind meldet die Spitze und bekämpft den Gegner. Alle Fahrzeuge der Spitze bzw. die nicht eingesetzten Teile des Zuges gehen in Deckung.

In unübersichtlichem Gelände ist die Marschgeschwindigkeit der Spitze zu verringern; Verbindung ist von hinten nach vorn zu halten.

Bei **Halten** und **Rasten** übernimmt die Spitze die Sicherung in der Vormarsch-richtung. Die Fahrzeuge gehen so in Deckung, daß sie sofort wieder anfahren können.

Der Protzkraftwagen-M. G.-Trupp übernimmt den **Luftschutz**. Weitere Sicherungen befiehlt der Zugführer. Bietet sich in der Nähe der Straße keine Deckung, so fahren die Fahrzeuge scharf rechts bzw. links heran; die Bedienungen gehen seitwärts der Straße in Deckung. Für Rasten sind geeignete Räume seitlich der Straße zu erkunden, die möglichst gegen Panzerfahrzeuge sicher sind und Deckung gegen Sicht, insbesondere aus der Luft, bieten.

b) Die Entfaltung.

Die Entfaltung ist ein Zerlegen des Zuges nach Breite und Tiefe; sie wird vom Zugführer bei erhöhter Gefechtsbereitschaft befohlen.

Die gebräuchlichste Form der Entfaltung ist die M a r s c h o r d n u n g m i t e r w e i t e r t e n A b s t ä n d e n, welche die Ausnutzung von Deckungen, gutem Fahrgelände und feuerarmen Räumen sowie das reibungslose Überwinden von Engen und Brücken ermöglicht. Auf Zeichen werden die Abstände vergrößert oder verringert.

Sollen zum schnellen Überwinden von eingesehenem, offenem Gelände sowie von Räumen, die unter Artilleriefeuer liegen, breite Formen eingenommen werden, so kann durch das Zeichen: **„Nächsthöhere Gefechtsbereitschaft!"** die Einnahme des „Zugkeils" befohlen werden. Näheres darüber Seite 201.

Auf das Zeichen **„Achtung!"** (Pfiff) **„Sammeln!"** sammelt der Zug in „Marschordnung" auf den vorausfahrenden Zugführer. Hierbei schließen sich alle Teile in der Reihenfolge des Eintreffens an. Abweichungen sind zu befehlen.

c) Die Kampfweise des Zuges.

Grundsatz ist, daß der Zug im Kompanieverband g e s c h l o s s e n oder h a l b - z u g w e i s e eingesetzt wird.

Die Geschützstellungen werden so ausgewählt, daß der Zug auch nach den Seiten mit mindestens zwei Geschützen ohne Stellungswechsel den Feuerkampf sofort aufnehmen kann. Eine M i t t e l l i n i e kann die Festlegung der Stellungen und Zielabschnitte der Halbzüge erleichtern.

Als Anhalt für die Aufstellung des Zuges kann eine Breite von 400 m und eine Tiefe bis zu 400 m gelten. Bild 1 gibt einen Begriff für die Aufstellung der einzelnen Geschütze und zeigt die gegenseitige Feuerunterstützung durch Überlagerung der Zielabschnitte.

Seinen P l a t z wählt der Z u g f ü h - r e r in der Nähe eines der mittleren Geschütze so, daß er Einblick in das Kampfgelände hat.

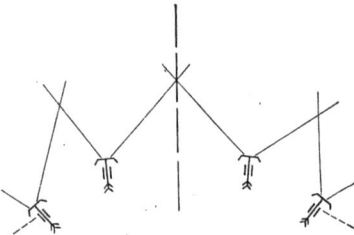

Bild 1. **Gefechtsaufstellung des Zuges.**

Die M. G. übernehmen meist den Fliegerschutz der Feuerstellungen. Ihr Einsatz zum Erdbeschuß ist vorzubereiten; er kommt dann in Frage, wenn beim Marsch, bei der Erkundung und bei Sicherungsaufgaben der infanteristische Schutz nicht gewährleistet ist.

Der Fliegerschutz

ist von außerordentlicher Wichtigkeit, weshalb auf die Ausbildung in der Flugabwehr besonders großer Wert gelegt wird. Vor und während eines Panzerangriffs werden häufig Flugzeuge zur Erkundung und Bekämpfung von Panzerabwehrwaffen eingesetzt. Sie können auch die Aufgabe haben, durch Abschießen von Leuchtzeichen den Panzergegner auf die Stellung der Panzerabwehr aufmerksam zu machen.

Der Einsatz der M. G. muß daher so erfolgen, daß sie die Bereitstellung oder die Feuerstellung ihrer Truppe gegen feindliche Flugzeuge schützen können.

d) Vorbereitung zum Einsatz.

Zur Vorbereitung des Einsatzes führt der Zugführer mit Hilfe des Zugtrupps die notwendigen Erkundungen durch. Zuvor wird der Zug über Feind und Auftrag unterrichtet, und dem Nachführenden ein vorläufiges Marschziel gegeben, wo der Zug gedeckt gegen Erd= und Fliegersicht weitere Befehle erwartet. Nach dem Abrücken des Zugführers ist der Nachführende für die Sicherung sowie für die Feuerbereitschaft bei überraschendem Panzerangriff verantwortlich. Ein Melder auf Einzelkrad wird ihm belassen. Er führt den Zug unter geschickter Geländeausnutzung nach, und zwar meist entfaltet und abschnittsweise.

e) Die Erkundung der Feuerstellung

erstreckt sich auf die Auswahl der Feuerstellung selbst, sowie der Panzerwarnstelle und des etwaigen Bereitstellungsplatzes. Sie muß schnell, sowie gedeckt gegen Feindbeobachtung erfolgen. Die beste Erkundung ist wertlos, wenn das Ergebnis zu spät eintrifft. Bei der Erkundung sind folgende Punkte zu berücksichtigen:

Wo ist ein Panzerangriff wahrscheinlich, möglich oder unmöglich?
Wo ist die zu schützende Truppe und ihre schweren Waffen?
Wo sind Geländehindernisse und Sperren?
Wohin gehören demnach die Feuerstellungen?
Anmarschwege dorthin und Protzenstellung?
Wo sind Wechselstellungen möglich?

Ist genügend Zeit vorhanden, so sind die erkundeten Geschützstellungen zu kennzeichnen (Ausflaggen). Ist wenig Zeit vorhanden, so muß ein kurzer Blick ins Gelände genügen; der Gebrauch des Fernglases kann dabei oft Zeit und Wege ersparen.

Bereitstellung.

Soll der Zug zunächst bereitgestellt werden, zum Beispiel, wenn ein Panzerangriff aus verschiedenen Richtungen zu erwarten ist, so muß nach vorangegangener Auswahl der verschiedenen Feuerstellungen auch der Bereitstellungsplatz erkundet werden. Es ist dafür zu sorgen, daß dabei Nahsicherung und Beobachtung gewährleistet sind, und daß ein überraschender Panzerangriff aus Feuerstellungen in unmittelbarer Nähe der Bereitstellung bekämpft werden kann. Für das Aufstellen der Fahrzeuge ist zu merken:

1. nicht zu eng beisammen (Vermeiden von Verlusten);
2. gedeckt gegen Erd= und Luftbeobachtung;
3. schnelle Ausfahrtmöglichkeit, kein Hindernis vor dem Fahrzeug.

Tätigkeit des Geschütz= und M.G.=Truppführers.

1. Sofort Verbindung zum Zugführer aufnehmen.
2. Fahrzeug, Bedienung, Ausrüstung auf Gefechtsbereitschaft überprüfen.
3. Meldung über Befund von 2. an Zugführer.
4. Bedienung genau befehlen, was sie tun soll (beobachten, Betriebsstoff ergänzen, ruhen, verpflegen, Zelt bauen).
5. Belehrung über Lage, Auftrag, Einsatzmöglichkeiten.
6. Vermeiden von Lärm und Bewegung.

Wenn Gefahr im Verzug ist (Panzerwarnung!), so macht sich jede Geschützbedienung so fertig, daß sie schnellstens aus der Bereitstellung herausrücken kann; dazu gehört:

1. Tarnung (Äste, Zweige, Zeltbahn) beseitigen.
2. Bedienung aufsitzen.
3. Motoren laufen lassen.
4. Sofortige, unbehinderte Abfahrtmöglichkeit muß gewährleistet sein.

Auf Befehl „Feuerstellung!"

muß die Abfahrt sofort planmäßig erfolgen können. Dazu ist notwendig, daß jeder Schütze folgende Punkte beachtet:

1. Befehl oder Zeichen deutlich durchgeben.
2. Anfahren in der befohlenen Reihenfolge.
3. Angespannte Aufmerksamkeit auf Gefechtszeichen des Kompanie- und Zug-führers.
4. Beobachtung des Geländes nach allen Seiten.

f) Beziehen der Feuerstellung.

Wenn Eile geboten ist, wird der nachgeführte Zug von Erkundern erwartet und jedes Geschütz in die Feuerstellung eingewinkt.

Wenn Zeit vorhanden, so hält der nachgeführte Zug zunächst in Deckung. Der Zugführer winkt die Geschützführer zu sich und gibt von einer übersichtlichen Stelle aus den Einsatzbefehl. Er enthält:

Kurze Einweisung in das Gelände;
eigene Truppe, benachbarte Züge, Geländehindernisse;
Sperren, etwaiger Einsatz eigener Panzerkräfte;
Lage der Feuerstellungen;
Zielabschnitte, Beobachtungsräume, Feuerverteilung;
Auftrag an die M. G.-Bedienungen;
Protzenstellung;
Verbindung innerhalb des Zuges;
Platz des Zugführers und des Kompaniegefechtsstandes.

Die Geschützführer wiederholen den Auftrag, ziehen dann ihre Geschütze gedeckt hinter die Feuerstellungen vor, wo sie feuerbereit gemacht werden (siehe Seite 295) und unterrichten ihre Bedienung. Entfernungen werden festgelegt, Fahrzeuge fahren in die befohlenen Protzenstellungen. Zugführer meldet Einsatz und Wirkungsmöglichkeiten an Kompanie.

Erfolgt ein Panzerangriff noch während des Vorfahrens, so gehen die Geschütze auf das Zeichen: „Achtung! — Panzerkampfwagen!", da, wo sie das Zeichen auf-nehmen, in Feuerstellung. Das Feuer ist dann frei. Die Fahrzeuge fahren beschleunigt in Deckung.

Die Protzenstellung.

Der Fahrer des Zugführerwagens ist Protzenführer. Kann die Protzen-stellung nicht erkundet werden, so befiehlt der Zugführer während des Vorfahrens oder kurz nach dem Abprotzen dem Fahrer des Zugführerwagens den Raum, in dem die Protzfahrzeuge aufzustellen sind und stellt die Verbindung dorthin durch Fuß- und Kraftradmelder sicher. Der Fahrer des Zugführers fährt in die be-fohlene Protzenstellung. Die Protzenfahrzeuge der Geschütze und M. G. folgen ihm. Er bestimmt ihre Aufstellung und ihre Sicherung gegen ungepanzerten Gegner; ferner trifft er Vorbereitungen für die Munitionsergänzung des Zuges. Ist das Beziehen der befohlenen Protzenstellung nicht möglich (ungeeignetes Gelände, starkes Artilleriefeuer, durch andere Truppen belegt), so muß der Protzenführer unter Meldung an den Zugführer eine andere in der Nähe befind-liche Protzenstellung erkunden und beziehen.

Auf Zeichen oder Befehl: „Protzen vor!" fährt er mit den Protzfahrzeugen an den Platz des Abprotzens.

g) Feuerkampf des Zuges.

Die Feuereröffnung erfolgt auf Befehl oder Zeichen des Zugführers, und zwar: „Stellung! Feuer frei!" Vorher darf das Geschütz im Zugverband nur in der Not-wehr schießen, wenn plötzlich auf nahe Entfernung ein feindliches Panzerfahrzeug herankommt.

Für den Feuerkampf ist Grundsatz, daß der Zug zuerst die Panzer bekämpft, die das beste Ziel bieten und ihn durch ihre Nähe bedrohen. Sind Überwachungs= und Führerpanzer erkannt, so werden sie sofort durch die Geschütze niedergekämpft, bei denen sich Zug= oder Halbzugführer befinden.

Der Zugführer überwacht die Zusammenarbeit seiner Geschütze. Ungenügende Feuerverteilung gleicht er mit dem Feuer des bei ihm befindlichen Geschützes aus.

Erfolgt ein neuer Panzerangriff aus anderer Richtung, so befiehlt der Zug= führer, welche Geschütze den neuen Angriff niederzukämpfen haben. Derartige Lagen erfordern Ruhe, straffe Disziplin, gute Verbindung und genaue Beachtung der Zeichen.

Nach erfolgreicher Abwehr des Panzerangriffs wird auf das Zeichen: **„Volle Deckung!"** die Stellung geräumt. Die Bedienung verhält sich wie auf Seite 297 angegeben.

Stellungswechsel.

Ist der Kampfauftrag erfüllt und soll der Zug zu anderer Verwendung heraus= gezogen werden, so werden auf das Zeichen oder den Befehl: **„Stellungswechsel!"** die Geschütze in Deckung gebracht, um von dort mit den inzwischen herangewinkten Protzkraftwagen zu neuer Verwendung herausgezogen zu werden (siehe S. 298) oder um im Mannschaftszug eine Wechselstellung zu beziehen.

Verhalten bei Nebel.

Nebel und Dämmerung sind gefährliche Gegner der Panzerabwehr, sie zwingen zu erhöhter Aufmerksamkeit. Beobachter, die über Wind vorwärts oder seitlich herausgeschoben werden, haben eine besonders verantwortungsvolle Aufgabe. Je größer die Tiefenstaffelung der Abwehr, desto schwerer wird es dem Gegner, sie durch künstlichen Nebel zu blenden.

Werden Abwehrgeschütze mit Nebelmunition beschossen, so wird die Gasmaske aufgesetzt und solange aufbehalten, bis die Ungefährlichkeit des Nebels festgestellt ist. Die Geschützbedienung muß geübt sein, sich im Nebel zu bewegen, um schnell und reibungslos Stellungswechsel vornehmen zu können. Ebenso wie bei Dunkelheit ist auch im Nebel das Verbindunghalten von besonderer Wichtigkeit.

6. Der Panzerwarndienst.

Mit dem Auftreten feindlicher Panzerfahrzeuge ist jederzeit zu rechnen. Je überraschender sie erscheinen, desto größer ist ihre Wirkungsmöglichkeit. Früh= zeitiges Erkennen der Panzerbedrohung und frühzeitige Warnung vermindern die in jeder Überraschung liegende Gefahr und tragen damit wesentlich zur erfolgreichen Abwehr bei. Der Aufklärungsdienst und die Maßnahmen für schnelle Panzerwarnung haben daher für die Panzerabwehr erhöhte Bedeutung.

Der Panzerwarndienst wird derart durchgeführt, daß Spähtrupps und Beobachter dort eingesetzt werden, wo nach Lage und Gelände mit dem Auftreten feindlicher Panzerfahrzeuge zu rechnen ist. Die Versammlung und Bereitstellung stärkerer Panzerkräfte lassen sich einer aufmerk= samen Aufklärung nur selten verbergen. Die Meldungen der Aufklärer ergeben für die obere Führung in Verbindung mit anderen Unterlagen häufig Anhaltspunkte dafür, wo der feindliche Panzereinsatz zu erwarten ist.

Panzerfahrzeuge verraten sich dem O h r durch Motoren= und Kettengeräusch, zumal beim Auftreten in großer Zahl. Die Entfernung, auf die sie zu hören sind, ist abhängig von Tageszeit, Witterung, Windrichtung, Bodenbedeckung und vom Gefechtslärm anderer Waffen. Dem A u g e verraten sich Panzerfahrzeuge oft durch Staubentwicklung, dem Aufklärungsdienst aus der Luft durch Geländespuren.

Jeder Mann, der im Panzerwarndienst verwendet wird, muß sich seiner hohen Verantwortung bewußt sein. Eine von ihm falsch abgegebene Warnung, eine falsche Beurteilung von Panzerfahrzeugen und ihrer Bewe=

gungen kann den Einsatz der Panzerabwehrkompanie zu früh bzw. zu spät oder in falscher Richtung auslösen. Dadurch können die Stellungen frühzeitig verraten, die Panzerabwehrgeschütze vorzeitig vernichtet oder Wirkungslosigkeit des Einsatzes bewirkt werden.

Zur Ausbildung aller im Panzerwarndienst tätigen Leute gehört:

1. Unterweisung in der Art der Verwendung und Kampfweise von Panzerverbänden und Panzerabwehrverbänden.

2. Beurteilung des Geländes für den Einsatz von Panzerkampfwagen und Panzerabwehrwaffen.

3. Unterweisung im Erkennen der Merkmale eigener und fremder Panzerfahrzeuge und im Unterscheiden nach äußerer Form und Geräusch (Räder=, Gleisketten= und Halbgleiskettenfahrzeuge).

Die Mittel der Panzerwarnung sind unter anderem:

a) verabredete Sichtzeichen;
b) Leuchtzeichen (siehe Seite 314);
c) Hornsignal „Panzerwarnung!" (siehe Seite 315);
d) andauerndes Hupen aller Kfz. (auf dem Marsch);
e) technische Nachrichtenmittel (Funk, Fernsprecher).

Gleichzeitige Anwendung mehrerer Warnmittel läßt die Panzerwarnung besser durchdringen.

7. Melder und Kradmelder.

Der als Melder eingeteilte Panzerabwehrschütze muß im Meldedienst gut ausgebildet sein, weil die rasche Überbringung von richtigen Meldungen für diese schnelle Waffe von entscheidender Bedeutung ist. Namentlich die Kraftradmelder müssen besonders wendig sein und ihre Fahrzeuge vollendet beherrschen, um als Melder ihre Aufgabe erfüllen zu können.

Kraftradmelder

müssen sich in jedem Gelände zurechtfinden können. Daher sind sie eingehend im Kartenlesen auszubilden und müssen Wegeskizzen an Hand der Karte und dann nach dem erkundeten Gelände fertigen können. Die Strecken sind dann ohne Karte, nur unter Benutzung dieser Skizzen, zu fahren. Durch eine derart planmäßige Ausbildung muß erreicht werden, daß Strecken von 10 bis 20 km ohne Karte und ohne Skizze, nur durch Einprägen des Geländes, gefahren werden können.

Zur Ausbildung der Kradmelder gehört u. a.:

1. Zielfahrten in unbekanntem Gelände nach der Karte und nach Handskizzen, ohne und mit Gasmaske, bei Nacht (mit und ohne Licht) und bei Nebel.

2. Befahren einer erst einmal gefahrenen Strecke ohne Karte und Skizze über kleine, dann größere Entfernungen nach eingeprägten Geländepunkten.

3. Fahren einer kurzen Strecke ohne Hilfsmittel nach Einprägen von Merkpunkten auf einer vor Beginn der Fahrt eingesehenen Karte oder Skizze.

4. Straßen= und Wegeerkundung innerhalb eines Bewegungsstreifens. Die Krafträder werden dabei mit Fahrern und Begleitern besetzt. Die Begleiter sind für das Zurechtfinden im Gelände verantwortlich. Später müssen Kraftradfahrer einfache Aufträge auch selbständig durchführen.

Zum Übermitteln von Meldungen

während der Fahrt muß sich der Melder schon von weitem kenntlich machen. Er wendet rechtzeitig, wenn der Empfänger im Kraftfahrzeug ihm entgegenkommt. Ist dies nicht möglich, meldet er im Halten und läßt (bei Kradmeldern mit

Beifahrer) gegebenenfalls seinen Begleiter mit der Meldung in den Wagen des Empfängers umsteigen.

Zum Erstatten von Meldungen begibt er sich zu Fuß unter Ausnutzung des Geländes so zum Gefechtsstand, daß dessen Lage nicht verraten wird. Hierzu sitzt er rechtzeitig ab und stellt sein Kraftrad getarnt so auf, daß es den Verkehr nicht behindert.

Als Überbringer einer wichtigen Nachricht ist er verpflichtet, eine Besprechung oder Befehlsausgabe, z. B. durch den Zuruf: „Abteilungsbefehl!" oder „Wichtige Meldung!" zu unterbrechen.

Wahrnehmungen während der Fahrt über Feind, eigene Truppe und Gelände sind unaufgefordert zu melden.

Vor Rückkehr zu seiner Dienststelle hat er zu erfragen, ob Befehle bzw. Meldungen mitzunehmen sind.

Erkundung.

Kraftradmelder müssen Erkundungen von Straßen, Wegen und Gelände selbständig durchführen können.

Die Erkundung umfaßt folgende Feststellungen:

1. Beschaffenheit der Straßen und Wege, Oberbau, Steigungen, Gefälle, Kurven, Hohlwege, Staubentwicklung.

2. Nutzbare Breite von Straßen und Wegen, Ausweichstellen, Engen, Punkte, an denen die Marschstraße zur Entfaltung verlassen werden kann, Deckung gegen Luftbeobachtung.

3. Mögliche Durchschnittsgeschwindigkeit und Zeitbedarf für das Befahren dieser Strecke.

4. Tragfähigkeit und Möglichkeit des Verstärkens von Brücken.

5. Gelände-Fahrstrecken und Hindernisse, die besondere Maßnahmen (Umgehungen, Überwinden in Einzelfahrt, Einsatz von Gerät und Arbeitskräften zum Fahrbarmachen) erfordern.

6. Verschneite und vereiste Fahrstrecken, die besondere Maßnahmen notwendig machen.

7. Geeignete Rastplätze.

Kraftradmelder sind schließlich im Verkehrsregelungsdienst auszubilden. Sie müssen motorisierte Marschkolonnen durch Ortschaften und Städte, insbesondere an belebten Kreuzungen und Einmündungen von Straßen, durchschleusen können. Auf engen Straßen müssen sie entgegenkommende Fahrzeuge rechtzeitig warnen und gegebenenfalls an Ausweichstellen anhalten.

8. Pionierdienst der Panzerabwehr.

Die Panzerabwehr kämpft vielfach, z. B. bei Sperraufgaben, in enger Zusammenarbeit mit den Pionieren. Sperren kleineren Umfangs und leichte Feldbefestigungen, die vorwiegend dem unmittelbaren Selbstschutz der Truppe und ihrer Kampfanlagen dienen, kann sie selbst ausführen. Die nachstehend aufgeführten Beispiele sollen als Anregung und Anhalt für die Ausbildung im Pionierdienst der Panzerabwehr dienen.

I. Sperren.

a) Schnellsperren

sind solche, die von der Truppe selbst mitgeführt oder an Ort und Stelle hergestellt werden und schnell verwendungsfähig sind. Sie werden zum Sperren von Straßen und Wegen gegen Fahrzeuge aller Art, besonders gegen Panzerspähwagen verwendet und dienen zum Sichern von Feuerstellungen, Rastplätzen, Unterkünften,

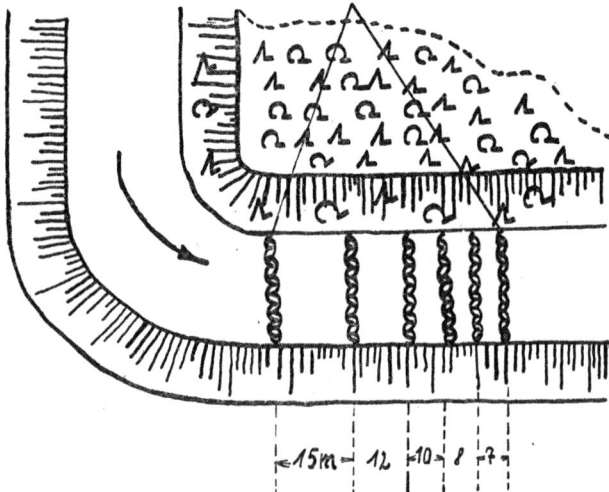

Bild 1.

Gefechtsſtänden. Es kommen dafür in der Hauptſache K.= und S.=Rollen in Frage. Mehrere Rollen hintereinander in etwa 50 m Tiefe vermögen Panzerſpähwagen aufzuhalten (ſiehe Bild 1). Sie müſſen rechtwinklig zur Straße liegen. Haken müſſen ſo ein=geſchlagen ſein, daß ſie, wenn ein Fahr=zeug gegen die Rolle fährt, ſich leicht löſen. Kopf des Hakens zeigt zur eigenen Truppe (ſiehe Bild 1a). Man kann auch D r a h t ſ e i l e (Abſchleppſeile) ſchräg über die Straße ſpannen, um anfahrende Panzerfahrzeuge aufzuhalten.

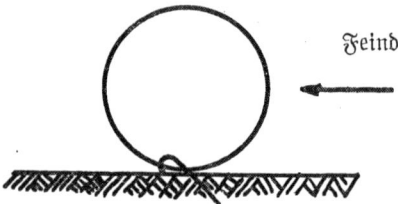

Feind

Bild 1a. **Stellung des Hakens.**

b) **Behelfsmäßige Sperren.**

Dazu können Hinderniſſe aller Art verwendet werden, die man gerade vor=findet. In Ortſchaften oder Engen laſſen ſich durch ſchwerbeladene, untereinander verdrahtete und verſeilte Fahrzeuge (Abziehen der Räder) oder andere Hilfs=mittel wie Ackergeräte, Leitern, ſchwere Gegenſtände raſch behelfsmäßige Sperren herſtellen. Die Wirkung wird erhöht, wenn man m e h r e r e Barrikaden anlegt. Für Melder, Vorpoſten uſw. Lücken freilaſſen. Später Lücken mit ſtarken Draht=ſeilen und Ketten ſchließen.

Außerhalb von Ortſchaften können Straßenſperrungen durch Hinderniſſe anderer Art wie Tonnen, Draht, Baumſtämme uſw. angelegt werden.

c) **Scheinsperren**

als Täuſchung und überraſchung für den Gegner bilden eine Ergänzung für wirkliche Sperren. Im Wechſel mit richtigen Sperren angelegt, verzögern ſie das Vorgehen des Gegners. Sie müſſen den Gegner zwingen, bei ihrer Beſeitigung genau so vorzugehen wie bei wirklichen Sperren. Wirksam gegen straßengebundene Fahrzeuge sind z. B. über Straßen gespannte Drähte, ferner Decken, Säcke, Strohhaufen, Bretter, quergestellte Fahrzeuge usw.

II. Leichte Feldbefestigungen.

a) Geschützstände.

Um die Panzerabwehrgeschütze der feindlichen Beobachtung zu entziehen, werden sie, wenn Zeit, Bodenverhältnisse, Tarnmaterial und Kräfte es erlauben, eingegraben (Bild 2).

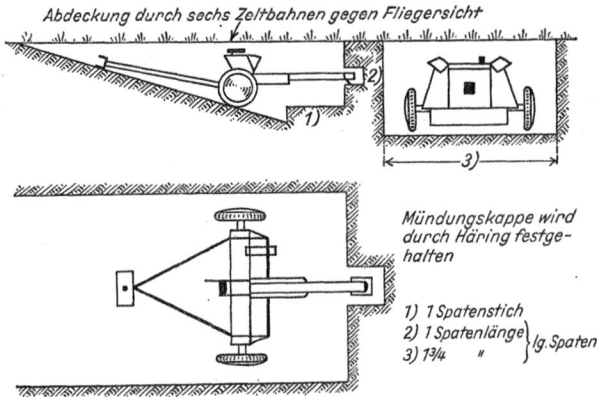

Abdeckung durch sechs Zeltbahnen gegen Fliegersicht

Mündungskappe wird durch Häring festgehalten

1) 1 Spatenstich
2) 1 Spatenlänge } lg. Spaten
3) 1¾ "

Bild 2.

b) Panzerdeckungslöcher

bieten Schutz gegen gepanzerten Gegner. Bei der Panzerabwehr finden sie Verwendung für Beobachtungsstellen, M. G.-Bedienungen und einzelne Schützen. Bild 3 zeigt ein Panzerdeckungsloch mittlerer Größe. Es bietet Platz für eine

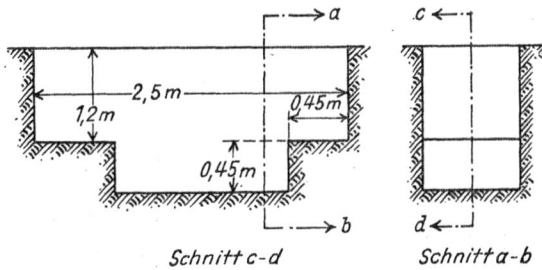

Schnitt c-d   Schnitt a-b

Bild 3.

M. G.-Bedienung. Panzerdeckungslöcher können durch Balken, Bretter oder Rundhölzer abgestützt werden. In festem Boden, wie Kies, Lehm und Ton, ist ein Rahmen nicht erforderlich. Erdreich beiseiteschaffen, um zweckmäßig tarnen zu können. Grundsatz beim Bau: schmal und tief; senkrechte, nicht schräge Wände.

c) Tankfallen.

Wenn Tankfallen auf Wegen oder Feldwegen angelegt werden, dürfen sie nicht zu umgehen sein. Man legt Gruben (s. Bild 4) an, die etwa 1,80 m tief und 3 m breit sind (für schwere Panzerfahrzeuge jedoch 2,50 m tief und 6,50 m breit).

Tankfallen müssen leichten Überbau haben, der bei Belastung durch Fahr= zeuge einbricht. Als Überbau werden Maschendraht, Wellblech, Dachpappe ver= wendet. Auf den Überbau wird eine Tarndecke gebreitet, die in ihrem Aussehen dem Gelände angepaßt ist.

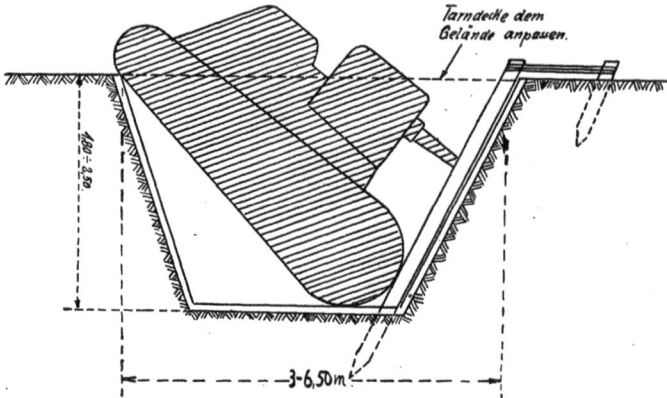

Bild 4. Tankfalle.

III. Überwinden von Sümpfen.

a) Wasserdurchfahrt mit Hilfe von Faschinen und Lattenrost.

Breite etwa 2 m, Tiefe etwa 1 m. Geringe Strömung. Lattenrost mit seit= lichen Begrenzungsleisten, in der Mitte durch ein Faschinenlek unterstützt (Bild 5). Lattenrost zweckmäßig aus zwei Teilen, die in der Mitte auf dem Faschinenlek mit ihren Enden aufliegen. Gute Befestigung durch Pflöcke. Für alle Fahrzeuge sehr gut geeignet. Gute Behelfsbrücke.

b) Überwinden eines Sumpfgrabens auf behelfsmäßigen Leitern.

An= und Abfahrt Modderboden, Breite des Sumpfes etwa 3 m, Wasserstand nicht erkennbar. Beschaffenheit der Behelfsmittel: Die Leitern müssen möglichst aus frischem, elastischem Holz hergestellt und dürfen nicht zu schmal sein. Kleine Abstände zwischen den einzelnen Sprossen. Längsbalken und Sprossen dürfen nicht mit Nägeln, sondern müssen mit Draht zusammengehalten werden, um größere Elastizität zu erzielen.

Um ein seitliches Abrutschen der Fahrzeuge zu verhindern, müssen Begren= zungsbalken an den Leitern angebracht sein. Sicherung der Leitern gegen Ver= rutschen in Längs= und Seitenrichtung sowie Befestigung der An= und Abfahrt ist für Dauerverkehr wichtig. Geeignet für Geschütze im Mannschaftszug, für Kraftwagen und Kräder nur langsames Befahren möglich, da genaue Ein= weisung der Fahrer notwendig. Kraftfahrzeuge können seitlich leicht abrutschen. Im allgemeinen nur zur Überwindung sehr kurzer Sumpfstrecken geeignet.

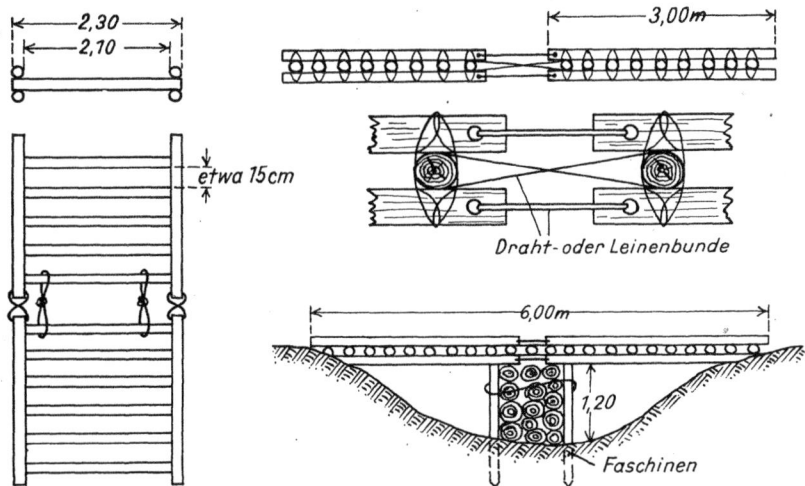

Bild 5.

c) Überwinden eines Sumpfgrabens auf beigetriebenen Gartenzäunen.

Breite des Sumpfes etwa 3,5 m, An= und Abfahrt Modderboden, zum Sumpf abfallende Hänge. Behelfsmittel: Normaler Lattenzaun. Zweckmäßig ist es, die Verbindung (Nägel) zwischen Latten und Querbalken durch Bindedraht usw. zu verstärken, da sich die Latten sonst leicht lockern. Für Dauerverkehr möglichst viele Lager quer übereinander, Unterlage von Ast= und Laubwerk zweckmäßig. Für Einzel= und Dauerverkehr für sämtliche Fahrzeuge, auch mit angehängtem Geschütz, sehr gut geeignet. Leicht und schnell herzustellen. Im allgemeinen nur für kleinere Sumpfstrecken zweckmäßig.

d) Überwinden einer Sumpfstrecke mit behelfsmäßigem Lattenrost, mit seitlichen Begrenzungsleisten.

Bodenverhältnisse wie a). Breite des Lattenrostes etwa 2 m. Möglichst dünne, elastische Stämme verwenden. Verbindung durch Bindedraht, nicht durch Nägel. Anlage von Zweigwerk usw. zweckmäßig, sorgfältige Bearbeitung der An= und Abfahrt für Dauerverkehr, Festlegen der Lattenroste nach Länge und Seite. Für sämtliche Fahrzeuge im Dauerverkehr mit angehängtem Geschütz, auch für schnelles Überfahren, sehr gut geeignet. Im allgemeinen für l ä n g e r e Sumpfstrecken zweckmäßig.

e) Überwinden einer Sumpfstrecke mit Knüppelteppich und Faschinen.

Länge der Sumpfstrecke etwa 30 m, An= und Abfahrt fest. Herstellung des Knüppelteppichs aus möglichst dünnen, frischen Stämmen, Verbindung durch starken Bindedraht. Am zweckmäßigsten Unterlegen von Faschinen, darüber der Knüppelteppich. Sorgfältige Befestigung der An= und Abfahrt. Knüppelteppiche müssen sich überdecken und miteinander verbunden werden. Für sämtliche Fahr= zeuge, auch im Dauerverkehr, gut geeignet, besonders zweckmäßig über längere Strecken. Kurvenanlagen müssen breiter ausgebaut werden, da das Geschütz nach außen wegläuft. Seitliches Abrutschen möglich, da keine Begrenzungsleisten anzubringen sind. Zweckmäßig deshalb seitliches Auslegen von Trassierband. Geschütze müssen im Mannschaftszug gezogen werden, da sie, aufgeprotzt, Faschinen und Knüppelteppich mitreißen können.

9. Führungszeichen.

1. Armzeichen.

Aufgesessen werden die Zeichen vom **Fahrzeugführer** wiederholt, dadurch bestätigt und weitergegeben, und zwar:

Gefechtszeichen stehend,

Zeichen während des Marsches oder der formalen Bewegung **sitzend.**

Die nachstehende Zeichentafel enthält auch die Zeichen, mit denen der Zugführer während des **Feuerkampfes** das Feuer seines Zuges leitet. Die Augenverbindung von den Geschützstellungen zum Platz des Zugführers ist ohne besonderen Befehl aufrechtzuerhalten.

Lfd. Nr.	Zeichen	Ausführung	Licht	Bedeutung
1		Arm hochheben a) vom Führer (dabei Pfiff zulässig) b) vom Unterführer c) in der Bewegung (aufgesessen) **Im Feuerkampf**	weiß	a) „Achtung!" (Ankündigungszeichen) b) „Verstanden!" oder „Fertig!" oder „Fahrbereit!" c) „Stillgesessen!" a) „Achtung!" b) „Verstanden!"
2		Arm einmal hochstoßen Dasselbe mehrmals a) aus dem Halten b) in der Bewegung **Im Feuerkampf**	weiß grün grün	„Aufsitzen!" a) „Anfahren!" oder „Antreten!" b) „Schneller!" „Feuer frei!"
3		Beide Arme gleichzeitig in Schulterhöhe ausbreiten **Im Feuerkampf** Dasselbe Zeichen mit anschließendem Zeichen Nr. 2	—	„Stellung!" (Feuerstellung) „Stellung! Feuer frei!" Das Geschütz wird aus der Deckung in Stellung gebracht und das Feuer eröffnet
4		Arm seitlich ausstrecken, aus der Schulter heraus seitlich kreisen a) in der geöffneten Ordnung (Entfaltung) b) in geschlossener Ordnung, abgesessen c) bei formalen Bewegungen, aufgesessener Einheiten; dabei in Aufmarschrichtung zeigen **Im Feuerkampf**	weiß weiß weiß	a) „Sammeln!" (Zusammenziehen) b) „Ohne Fahrzeuge antreten!" c) „Aufmarsch nach rechts!" (oder „links!") „Stellungswechsel!"

Lfd. Nr.	Zeichen	Ausführung	Licht	Bedeutung
5		Zeigen mit Arm in eine Richtung (in der Bewegung) **Im Feuerkampf** Zeigen mit Arm auf das äußere (innere) Geschütz (oder Halbzug) Zeigen in eine Richtung	grün	„Folgen! Richtung!" „Äußeres (inneres) Geschütz!" „Linker (rechter) Halbzug!" „Allgemeine Richtung!"
6		Beide Arme hochhalten, gleichzeitig scharf anwinkeln und wieder hochstoßen	—	„Protzen vor!"
7		Hochgehobenen Arm wiederholt tief vorwärts senken	weiß	„Hinlegen!" bzw. „Geschütz in Deckung!"
8		Erhobene, gespreizte Hand wirbeln	weiß	„Führer der nächstniederen Einheit zu mir!"
9		Pendeln des hängenden Armes vor dem Körper a) bei aufgeprotzter Pak oder verladenem M. G. b) bei abgeprotztem bzw. frei gemachtem Gerät	weiß	a) „Abprotzen!" „Gewehr frei!" b) „Aufprotzen!" „Gewehr an Ort!"
10		**Nach dem Ankündigungskommando „Achtung!"** Leicht schräg gehaltener Arm a) rechter Arm b) dasselbe mit dem linken Arm Ausführungen f. Seite 193.	weiß	a) „Augen rechts!" b) „Die Augen links!"

Lfd. Nr.	Zeichen	Ausführung	Licht	Bedeutung
11		Kurbelbewegung mit dem Arm vor dem Körper	weiß	„Motor anlaſſen!"
12		Unterarm quer über den Kopf halten	weiß	„Motor abſtellen!"
13		Hochgehobenen Arm mehrmals hin= und herſchwenken	weiß	„Rührt Euch!"
14		Arm ſeitlich abwärts anwin= keln	—	„Abſtände verringern!"
15		Arm ſeitlich aufwärts an= winkeln	—	„Abſtände vergrößern!"
16		Ausgeſtreckten linken Arm in Schulterhöhe vor= und rück= wärts bewegen	grün	„Erlaubnis zum Überholen!"
17		Linken Arm waagerecht ſeit= wärts ausſtrecken (durch Fahrer)	rot	„Überholen nicht möglich!"
18		Arm mehrmals in Schulter= höhe nach einer Seite ſeit= wärts ſtoßen	grün	„Rechts (links) heran!"

Lfd. Nr.	Zeichen	Ausführung	Licht	Bedeutung
19		Hochgehobenen Arm mehrfach seitwärts langsam senken	grün	„Langsamer!"
20		Hochgehobenen Arm wiederholt scharf nach unten stoßen a) in der Bewegung b) im Halten	rot rot	a) „Halten¹)!" b) „Absitzen!"
21		Arm über dem Kopf waagerecht kreisen	grün	„Nächsthöhere Gefechtsbereit=schaft!" (z. B. Zugteil)

2. Mit Kopfbedeckung, Waffen, Gerät und Flagge.

Lfd. Nr.	Zeichen	Ausführung	Licht	Bedeutung
22		Kopfbedeckung hochhalten	—	„Hier sind wir!"
23		Waffe senkrecht über dem Kopf	—	„Gelände fahr= bzw. gangbar!" oder „Gelände feindfrei!"
24		Waffe waagerecht über dem Kopf	—	„Gelände ungang= bzw. nicht fahrbar" oder „Gelände nicht feindfrei!"

¹) Beim Kriegsmarsch und auf dem Gefechtsfeld halten mit Gefechtsabständen und möglichst in Fliegerdeckung.

Lfd. Nr.	Zeichen	Ausführung	Licht	Bedeutung
25		Tragebüchse der Gasmaske hochhalten	—	„Gasbereitschaft!"
26		Gasmaske aus Bereitschaftsbüchse ziehen, hochhalten und schwenken oder aufsetzen	—	„Gasmaske aufsetzen!"
27		Spaten hochhalten a) von vorn gegeben b) vom Führer gegeben	—	a) „Wir graben uns ein!" b) „Eingraben!"
28		Patronenkasten hochhalten oder waagerechtes Hochhalten der Flagge über dem Kopf	—	„Munition vor!"
29		Schwenken der Flagge bzw. des Armes im Halbkreis nach beiden Seiten	—	„Achtung! Feindliche Panzerfahrzeuge!"
30		Zeichen 29 und 3 zusammen ergeben	—	An Ort und Stelle „Feuerstellung!" „Feuer frei!"

3. Leuchtzeichen

(durch Abschießen von Leuchtpistolenmunition) werden in bestimmtem Wechsel festgesetzt. Solange nichts anderes befohlen ist, bedeuten:

Nr.	Farbe	Bedeutung
1	weiß	„Hier sind die vordersten Teile!" oder „Hier sind wir!" oder „Wir halten die Stellung!" oder „Alles in Ordnung!"
2	Sternenbündel, rot	Panzerwarnung!

Gefechtssignale mit Trompete und Signalhorn (für alle Waffen).

Panzerwarnung! (= Straße frei!) ♩= 144.

Fliegerwarnung!

Sonstige Schallzeichen.

Pfeife: Achtung (als Hilfsmittel bei Armzeichen).

Alle Schallmittel, die nicht mit dem Munde bedient werden (außer Hupe): „G a s a l a r m !"

Hupe: Andauerndes Hupen aller Kfz. (n u r bei geschlossenen Einheiten auf Kfz. im Marsch): „P a n z e r w a r n u n g !"

10. Marsch und Marschdisziplin.

Während der Marsch von Fuß= und berittenen Truppen im Halten und in der Bewegung Gleichmäßigkeit der Geschwindigkeiten und Abstände bedingt, ist die Bewegung motorisierter Verbände h a r m o n i k a a r t i g. Abstände und Marschlänge wechseln mit der Geschwindigkeit. Man kann bei ihnen keine gleich= bleibende militärische Ordnung in der Bewegung verlangen, um so mehr aber s a u b e r e O r d n u n g i m H a l t e n. Die **Geschwindigkeit** richtet sich danach, wie es bei vernünftigem Fahren, aber unter voller Ausnutzung des Geräts, möglich ist. Möglichst kurze Belegungszeit der Marschstraße ist der wichtigste und vordringlichste Grundsatz.

Man kann keine Durchschnittsgeschwindigkeit befehlen, bevor der Marsch beginnt, da die Möglichkeiten stetig wechseln, je nach technischer Leistung des Fahrzeugs, Straße und Wetter. Die vielen Verkehrsposten, Skizzen, Unter= richtung der Fahrer, lange Befehlsausgaben, Hin= und Herrasen von Krad= fahrern an der Kolonne entlang lassen sich vermeiden, wenn Selbstverantwort= lichkeit und vernünftige Mitarbeit jedes Fahrers und Führers zur Selbstverständ= lichkeit geworden sind. Folgende Punkte sind zu beachten:

1. Vor dem Marsch.

Der Marsch motorisierter Einheiten bedarf einer gründlichen Vorbereitung. Vor Marschbeginn werden Ausrüstung, Gerät und Schanzzeug nachgesehen und das Fahrzeug auf Verkehrssicherheit überprüft. Fahrer gut ausgeruht, um alle geistigen und körperlichen Kräfte für die Durchführung eines längeren Marsches einsetzen zu können.

Verkehrsregelung: Vor dem Abmarsch der Kompanie werden Kradfahrer des Kompanietrupps (2 bis 3 Fahrzeuge) unter Führung des Kradstaffelführers zur Verkehrsregelung vorausgeschickt. Ihre Erkundung erstreckt sich auf die Beschaffenheit der Straßen, Steigungen, Gefälle, Kurven und Überholungsmöglichkeiten. Der Erkundungstrupp muß so weit voraus sein, daß Hindernisse recht= zeitig gemeldet und umfahren werden können. Der Kolonne entgegenkommende Fahrzeuge werden gewarnt und nötigenfalls zum Halten veranlaßt.

2. Während des Marsches.

Die Form des Marsches ist die Marschordnung (s. Seite 199). Die Führung eines motorisierten Verbandes ist durch die Stimme nicht möglich; sie erfolgt durch Zeichen (Zeichenstäbe), bei Nacht durch Zeichen mit farbigem Licht (weiß, rot, grün). Verantwortlich für die Durchgabe der Zeichen ist der Fahrer; wenn ein Begleiter vorhanden ist, der Begleiter; bei voller Besetzung des Fahrzeuges der Führer der Fahrzeugbesatzung. Jedes Führungszeichen wird so lange gegeben, bis das nächste Fahrzeug es weitergegeben hat.

Am Ende jedes motorisierten Verbandes fährt der Schließende, meist der Schirrmeister. Er entscheidet, ob ein Fahrzeug, das beispielsweise infolge einer Störung liegenblieb, an Ort und Stelle instand gesetzt werden kann oder abgeschleppt werden muß. Meldung hierüber an den Führer der Einheit.

Die Fahrgeschwindigkeit

richtet sich nach dem langsamsten Fahrzeug der Kolonne und ist von der Beschaffenheit der Straßen und Wege, vom Wetter, vom entgegenkommenden Verkehr usw. abhängig. Das Tempo des Marsches wird vom Führerfahrzeug bzw. einem hierzu befohlenen Leitfahrzeug angegeben. Jeder einzelne Fahrer fährt stets so nahe an das vordere Fahrzeug heran, als er vernünftigerweise verantworten kann, meist Tachometerabstand, keinesfalls unter Halteabstand (5 bzw. 2½ Schritt) und legt rasch zu, wenn der Vordermann beschleunigt, damit kein Unbefugter sich einschiebt, die Sichtverbindung erhalten und das Ganze in schnellem Fluß bleibt. Auf diese Weise wird jeder Fahrer auf guter Strecke schneller fahren, dagegen bei Kurven, ungenügender Sicht, schlechten Wegen usw. verlangsamen und rechtzeitig schalten.

Für motorisierte Einheiten ist im allgemeinen Tachometerabstand vorgeschrieben. Dieser darf nur ausnahmsweise vergrößert werden, z. B. bei sehr schweren Fahrzeugen und glattem Boden, dagegen ist um so dichter aufzuschließen, je mehr das Tempo verlangsamt wird, auch wenn dies nur vorübergehend erfolgt.

Das Bestreben nach gleichmäßigen Abständen und die Besorgnis vor dem Abreißen haben bei motorisierten Marschkolonnen zur Folge, daß oft sinnlos durch die Kurven gejagt und über Schlaglöcher geholpert wird. Die einfachste Lösung ist hier die, wenn das Verfahren der unsichtbaren Gummistrippe angewandt wird. In jedem Fahrzeug ist ein Mann für die Sichtverbindung nach vorn und nach rückwärts verantwortlich. Die Sichtverbindung ist durch Sicht- und Hörzeichen zu ergänzen. Droht die Sichtverbindung abzureißen, so wird der Fahrer des vorderen Fahrzeugs zum langsamen Fahren bzw. zum Halten veranlaßt. Dies muß sich von selbst durch die ganze Kolonne bis zum Führerfahrzeug fortpflanzen.

Man schließt also nur so weit auf, als man Verbindung nach rückwärts behält. Wird dann irgendwo nicht so nahe, wie es vernünftigerweise möglich und Vorschrift ist, aufgeschlossen, so muß etwas nicht in Ordnung sein. Die Führer werden dies, ohne daß ein Meldefahrer erforderlich ist, sehr schnell merken und eingreifen können.

Der Führer kann sich bei diesem Verfahren an jeder Stelle der Kolonne aufhalten. Seine eigene Geschwindigkeit oder die des Leitfahrzeugs bestimmen automatisch die Gesamtgeschwindigkeit. An Gabel- und Kreuzungspunkten, in Ortschaften und Wäldern, bei Nebel wird er das Tempo verlangsamen. Die Beifahrer müssen an solchen Punkten besonders aufpassen. Die vielfach übliche Verwendung der Kradfahrer als „Schäferhunde" läßt sich vermeiden, wenn man sich an Stellen, wo die Kolonne leicht abreißen kann, mit schnellen Verbindungsfahrern (Zugmeldern) hilft, die in den Lücken hin- und herfahren können.

Die Technik des Überholens ist nicht leicht; sie bedingt: Führer voraus, verabreden, Entgegenkommende rechtzeitig anhalten. Die Marschkolonne einer Panzerabwehrkompanie samt Troßen beträgt bei 30 Kilometern Stundendurchschnitt etwa 2000 Meter. Es ist nicht einfach, mit einer solchen Kolonne andere Fahrzeuge zu überholen, zumal auf engen und schlechten Straßen, bei Staub, Nebel oder Glatteis, erfordert vielmehr besondere Vorsichtsmaßnahmen.

3. Nachtmarsch.

Das dichte Aufschließen ist hauptsächlich bei Nachtmärschen notwendig, um ein Abreißen der Kolonne zu verhindern. Nachtmärsche werden durchgeführt mit vollem Licht, abgeblendet oder ganz ohne Licht. Das Führerfahrzeug fährt dabei in der Regel mit der für die Verkehrssicherheit gebotenen Beleuchtung, das letzte Fahrzeug mit Rücklicht. Bei Nachtmärschen im Gelände oder bei Märschen in dichtem Nebel muß unter Umständen ein Erkunder zu Fuß vorausgehen, manch-

mal sogar vor jedem Fahrzeug. Solche Nachtmärsche, namentlich ohne Beleuch=
tung, verlangen ein Höchstmaß von Aufmerksamkeit und Geistesgegenwart von
Fahrern und Führern der Kolonne. Es ist zweckmäßig, öfters kurze Ordnungs=
halte einzulegen, damit zurückgebliebene Fahrzeuge, ohne erheblich schneller fahren
zu müssen, wieder aufschließen können.

4. Halt und Rast.

Bei jedem Halt, auch wenn er noch so kurz ist, müssen die Fahrer rechts
heranfahren und die Räder nach links einschlagen, so daß jedes Fahrzeug ohne
Schwierigkeit aus der Kolonne herausgezogen werden kann. Bei gewöhnlichem
Halt („Technischer Halt") wird kurz zuvor das Zeichen zum Langsamfahren ge=
geben, dann folgt das Haltezeichen. Alle Fahrzeuge nehmen daraufhin ihren
Halteabstand (nicht näher als 5 bzw. 2½ Schritt). Straßen, enge Stellen,
Kreuzungspunkte, Dorfausgänge werden freigemacht. Nach dem Absitzen wird
nach rechts, auf alle Fälle aber nur nach einer Seite, weggetreten. Dauer des
Halts wird durchgesagt. Rastposten am Anfang und am Ende der Kolonne, die
in der Regel Stahlhelm und Waffe tragen, sorgen für Verkehrsregelung, Ordnung
auf Straße und Rastplatz sowie Aufnahme von Befehlen und Winken; außerdem
melden sie bei Ankunft von Vorgesetzten selbst oder verständigen den Führer des
Verbandes. Ein Führer, und zwar der Dienstälteste, muß, wenn sich der Ein=
heitsführer entfernt, stets vorhanden sein. Anzugserleichterungen nur auf Befehl
und einheitlich.

Auch bei kurzem Halt sehen Fahrer und Geschützführer die Fahrzeuge nach,
nehmen kleinere Instandsetzungen vor und füllen Betriebsstoff auf (Kräder!).
Vollzähligkeitsmeldung an den Zugführer, durch diesen an den Kompanieführer.
Bei irgendwelchem Vorkommnis (Ausfall eines Fahrzeugs, Unfall usw.) ist be=
sondere Meldung an den Führer der Einheit zu machen.

Bei längerer Rast wird der Rastplatz durch den Kompanietrupp erkundet
und nach Möglichkeit so ausgewählt, daß die ganze Kolonne von der Straße her=
unterkommt. Längere Rasten werden zum Nachsehen der Fahrzeuge, zur Er=
gänzung des Betriebsstoffes und zur Verpflegung ausgenutzt.

5. Mit Eintritt des Kriegszustandes

sind die Fahrzeuge kriegsmäßig hergerichtet. Die Windschutzscheibe ist umgelegt
und mit der Zeltbahn getarnt, Blendkappen sind aufgesetzt, die Handfeuerwaffen
geladen. Aus Sicherungsgründen wird in der Regel eine Umgruppierung der
Kolonne vorgenommen; gewöhnlich fährt ein Zug als Spitzenzug voraus
(Gliederung s. S. 299) mit M. G. und panzerbrechender Waffe.

Am Schluß der Kompanie wird gewöhnlich eine Nachspitze mit panzer=
brechender Waffe die Sicherung nach rückwärts übernehmen. Das Halten erfolgt
nach Eintritt des Kriegszustandes unter Umständen sehr rasch, zumal bei über=
raschendem Zusammenstoß mit Panzergegner. Bei plötzlichem Zusammenstoß mit
Panzergegner muß jede Bedienung imstande sein, selbständig zu handeln. Auf
das Haltzeichen fahren die Fahrzeuge so rasch wie möglich in die nächste Flieger=
deckung und bleiben dort halten. Auch hier sind Gefechtsposten zu bestimmen, die
für Ordnung, Tarnung, gefechtsmäßiges Verhalten verantwortlich sind.

Zwölfter Abschnitt.

Ausbildung am Kraftfahrzeug.

A. Kraftfahrzeuglehre.

1. Arten von Kraftfahrzeugen.

Kraftfahrzeuge sind durch Maschinenkraft angetriebene Landfahrzeuge zur Beförderung von Personen und Lasten. Sie bewegen sich meist auf Rädern. Gleisketten (auch „Raupen" genannt) werden angewandt, wo der Boden für Räder nicht überwindbar ist.

Man unterscheidet:

a) Das Kraftrad (Krad), häufig mit Beiwagen.

b) Personenkraftwagen (Pkw.) dabei nach Verwendungszweck und Aufbau: offene und geschlossene Pkw., mit vereinfachten Aufbauten von besonders geringem Gewicht und durch Weglassen aller entbehrlichen und überstehenden Teile, beschränkt geländegängig*).

Bild 1. **Schwerer Zugkraftwagen** (s. gl. Zgkw.).

c) Den Last- oder Nutzkraftwagen (Lkw.), gegenüber dem Pkw. schwerer und andersartiger im Aufbau, als Zwei- und Dreiachser-Lkw. und Kraftomnibusse (Kom.). Auch Lastwagen können wie Pkw. beschränkt geländegängig sein.

d) Zugmaschinen und Sonderfahrzeuge, die wenig oder keine Nutzlast tragen und große Zugkraft haben. Es gibt:

Radzugmaschinen mit Gummi- oder Eisenrädern, teilweise mit Greifern auf den Rädern zur Vergrößerung der Geländegängigkeit.

Gleiskettenzugmaschinen (Vollketten-Fahrzeuge), die Verwendung finden in Land- und Forstwirtschaft, zum Dienst auf sehr schlechten Wegen und als Schneefahrzeuge.

Panzerkampfwagen sind auch meist Gleiskettenfahrzeuge, dagegen Panzerspähwagen meist Räderfahrzeuge, manchmal auch Räderkettenfahrzeuge.

Räderkettenfahrzeuge, ausschließlich als Sonderfahrzeuge gebaut, die wahlweise auf Rädern oder Gleisketten fahren können.

Halbkettenfahrzeuge, die sich gleichzeitig auf Gleisketten und Rädern bewegen, wobei meist die Antriebsräder durch Gleisketten ersetzt sind (Bild 1).

Vielradfahrzeuge mit Hilfsketten, die als Radfahrzeuge in hoher Geschwindigkeit fahren und nach Auflegen der Hilfskette in hohem Maße geländegängig werden.

---

*) Als „geländegängig" bezeichnet man ein Kraftfahrzeug, das auf schlechten Feldwegen, Sumpf und Sandboden querfeldein fahren sowie Geländehindernisse, Gräben und starke Unebenheiten überwinden kann.

Bild 2.
Personenkraftwagen=Fahrgestell.

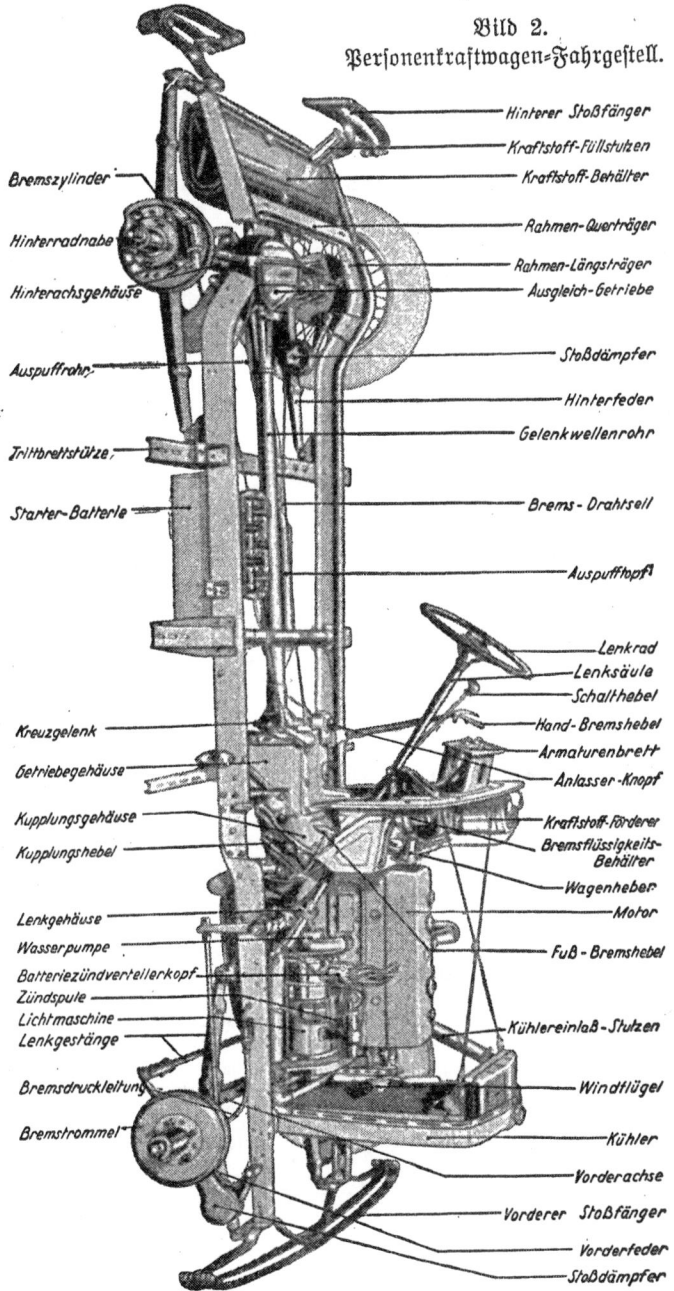

Bremszylinder

Hinterradnabe

Hinterachsgehäuse

Auspuffrohr

Trittbrettstütze

Starter-Batterie

Kreuzgelenk

Getriebegehäuse

Kupplungsgehäuse

Kupplungshebel

Lenkgehäuse

Wasserpumpe

Batteriezündverteilerkopf

Zündspule

Lichtmaschine

Lenkgestänge

Bremsdruckleitung

Bremstrommel

Hinterer Stoßfänger

Kraftstoff-Füllstutzen

Kraftstoff-Behälter

Rahmen-Querträger

Rahmen-Längsträger

Ausgleich-Getriebe

Stoßdämpfer

Hinterfeder

Gelenkwellenrohr

Brems-Drahtseil

Auspufftopf

Lenkrad

Lenksäule

Schalthebel

Hand-Bremshebel

Armaturenbrett

Anlasser-Knopf

Kraftstoff-Förderer

Bremsflüssigkeits-Behälter

Wagenheber

Motor

Fuß-Bremshebel

Kühlereinlaß-Stutzen

Windflügel

Kühler

Vorderachse

Vorderer Stoßfänger

Vorderfeder

Stoßdämpfer

22*

2. Aufbau des Kraftfahrzeugs.

Das Kraftfahrzeug besteht aus dem Fahrgestell, dem Aufbau, den Zubehörteilen und dem Werkzeug.

Das Fahrgestell (Bild 2) umfaßt Motor mit Kühler, Kraftstofförderung, elektrische Anlagen, Kupplung, Getriebe, Hinterachse mit Antrieb und Ausgleichgetriebe, Vorderachse mit Lenkvorrichtung, Rahmen mit Federn, Rädern und die Bremsvorrichtung.

Der Aufbau ist je nach dem Verwendungszweck verschieden.

3. Der Motor und seine Einzelteile.

a) Einteilung der Motore.

Die meisten Kraftfahrzeuge werden durch eine Verbrennungskraftmaschine (Verbrennungsmotor) angetrieben.

Die Verbrennungsmotoren werden in „Vergasermotoren"

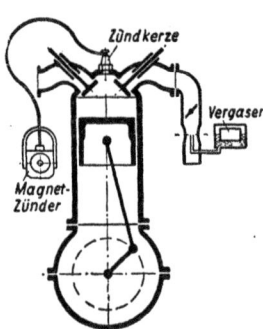

Bild 3.
Vergasermotor (Viertakt).
Vereinfachte Darstellung
(Zünder-Motor).

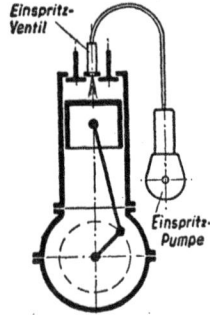

Bild 4.
Dieselmotor (Viertakt).
Vereinfachte Darstellung
(Brenner-Motor).

(Bild 3) und „Dieselmotoren" (Bild 4) eingeteilt, nach der Arbeitsweise in Viertakt- und Zweitaktmotoren (Bilder 5 und 6).

b) Arbeitsweise.

Viertakt.

In dem nach oben durch den Zylinderkopf abgeschlossenen Zylinder, der Ein- und Auslaßventil sowie die Zündkerze aufnimmt, gleitet der Kolben, der den bei der Verbrennung entstehenden Druck über Kolbenbolzen und Pleuelstange auf die Kurbelwelle überträgt. Man unterscheidet vier Takte (Bild 5):

1. Takt. Saughub. Der Kolben bewegt sich vom oberen Totpunkt zum unteren Totpunkt. Dabei wird durch das geöffnete Einlaßventil aus dem Vergaser Brenngemisch angesaugt. Das Auslaßventil ist geschlossen.

2. Takt. Verdichtungshub. Beide Ventile sind geschlossen. Der Kolben bewegt sich von unten nach oben und verdichtet das Kraftstoffluftgemisch.

3. Takt. Arbeitshub. Beide Ventile sind geschlossen. Das Kraftstoffluftgemisch entzündet sich durch einen an der Zündkerze überspringenden elektrischen Funken. Das Gemisch brennt. Dabei steigen Temperatur und Druck. Dadurch wird der Kolben nach unten geschleudert, der Druck der Pleuelstange auf die Kurbelwelle übertragen. Bei diesem Hub wird Arbeit geleistet.

4. Takt. Auspuffhub. Das Auslaßventil wird gegen Ende des 3. Taktes geöffnet, das Einlaßventil bleibt geschlossen. Der aufwärts gleitende Kolben schiebt die restlichen Abgase durch das Auslaßventil aus dem Zylinder heraus. Das Auslaßventil schließt etwa im oberen

Totpunkt, während das Einlaßventil etwa gleichzeitig öffnet. Das Arbeitsspiel wiederholt sich in der gleichen Reihenfolge.

Es wird also nur während des vierten Teiles eines Arbeitsspiels Arbeit an die Kurbelwelle abgegeben, während die drei anderen Takte Kraft verbrauchen. Das Schwungrad überwindet diese durch seine aufgespeicherte Kraft.

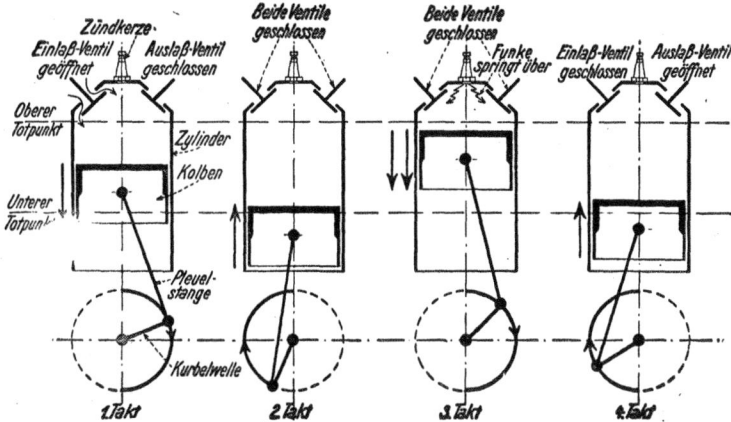

Bild 5.

Zweitakt.

Der Zweitaktmotor (Bild 6) besteht wie der Viertaktmotor aus Zylindern, Kolben, Pleuelstangen, Kurbelwelle und Kurbelgehäuse. Ventile aber hat er nicht. Vielmehr findet das Füllen des Zylinders mit Brenngemisch und Aus=

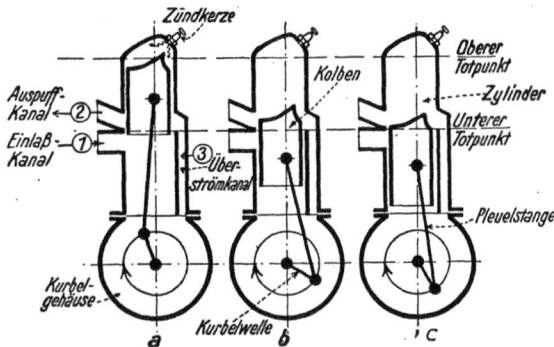

Bild 6.

stoßen der verbrannten Gase durch Schlitze in der Zylinderlaufbahn statt, die der Kolben steuert.

1. Takt. Kolbenoberkante schließt Überströmkanal und Auslaßkanal ab, Kolben geht aufwärts. Dadurch entsteht im Kurbelgehäuse Unterdruck. Kolbenunterkante gibt den Einlaß= kanal frei; infolge des Unterdruckes Ansaugen des Kraftstoffgemisches vom Vergaser her in das Kurbelgehäuse. Verdichten und Zünden kurz vor Erreichen des oberen Totpunktes durch den Kolben.

2. Takt. Das Kraftstoffluftgemisch entzündet sich durch einen an der Zündkerze über= springenden elektrischen Funken. Dadurch geht Kolben abwärts und leistet Arbeit. Kolben= oberkante gibt Auspuffkanal frei und dann den Überströmkanal. Durch diesen strömt das beim

Abwärtsgehen des Kolbens vorverdichtete Kraftstoffluftgemisch in den Zylinder und drückt den Rest der Abgase durch den Auspuffkanal hinaus.

Der Kreislauf wiederholt sich.

Zweitaktmotoren haben gegenüber dem Viertaktmotor den V o r t e i l , daß Ventile und Nockenwelle fortfallen; sie sind damit einfacher sowie billiger und haben weniger Störungsquellen, die theoretisch mögliche doppelte Leistung (doppelte Anzahl von Krafthüben bei gleichem Zylinderinhalt und gleicher Umdrehungszahl) wird nicht erreicht. Denn N a c h t e i l ist der nicht ganz vermeidbare Spülverlust und die schlechtere Entleerung und Füllung infolge der geringeren zur Verfügung stehenden Zeit. Besonders bei niedrigen Drehzahlen wird auch ein Teil des im Kurbelgehäuse angesaugten Gemisches bei Abwärtsgang des Kolbens durch den Einlaßkanal zurückgeschoben, das Gemisch wird aus dem Vergaser sehr stoßweise angesaugt.

Der Zweitaktmotor wird für Krafträder und auch als Zwei= und Vierzylindermotor für kleine Kraftwagen verwendet.

c) Allgemeiner Aufbau des Motors.

Im Z y l i n d e r bewegt sich der Kolben auf= und abwärts. Die P l e u e l = s t a n g e verbindet Kolben und Kurbelwelle. Die K u r b e l w e l l e ist im K u r b e l g e h ä u s e , das gleichzeitig Schmierölsammelbehälter ist, gelagert.

Bild 7. Sechszylinder=Viertaktmotor mit Getriebe (rechte Seite).

An der Kurbelwelle ist an dem zum Getriebe hin gelegenen Ende das S c h w u n g r a d befestigt, über das die Drehkraft des Motors auf die Kupplung übertragen wird. Im Kurbelgehäuse ist meist auch die N o c k e n w e l l e gelagert. Nockenwelle, Ventilstößel und Ventile sind die wichtigsten Teile der V e n t i l s t e u e r u n g , die das Entladen und das Laden des Zylinders regeln. Das Brenngemisch wird im V e r g a s e r hergestellt, der durch das S a u g r o h r mit dem Zylinder verbunden ist. Die Abgase gelangen vom Zylinder in den A u s p u f f k r ü m m e r und von da durch die Auspuffleitung zum A u s p u f f = t o p f (Schalldämpfer). Die Triebwerks= und Steuerungsteile des Motors werden meist durch die sogenannte D r u c k u m l a u f s c h m i e r u n g mit einer im Kurbelgehäuseteil angeordneten S c h m i e r ö l p u m p e geschmiert. Bei wassergekühlten Motoren sorgt meist eine besondere K ü h l w a s s e r p u m p e für den Umlauf des Kühlwassers durch K ü h l e r und Motor.

d) Zylinder.

Der Zylinder bildet einen zylindrischen, nach oben oft erweiterten Hohlraum, nach oben abgeschlossen durch den meist abnehmbaren Zylinderkopf, nach unten durch den Kolben.

Teile des Z y l i n d e r s sind: Lauffläche für den Kolben, Verbrennungs= raum, Zylinderkopf, Ventilkammern, Ventilsitze, Einlaß= und Auslaßkanal und Kühlwassermantel, bei luftgekühlten Motoren die Kühlrippen. Die Zylinder sind heute meist in einem Block angeordnet.

Zur Dichtung zwischen Zylinderkopf und Zylinder werden Kupfer=Asbest= oder reine Asbest=Dichtungen verwendet.

e) Kolben.

Der Kolben gleitet auf der Lauffläche des Zylinders zwischen den beiden Totpunkten und hat die Aufgabe, während des Arbeitshubes die beim Verbrennen des Gemisches entstehenden Arbeitsdrücke aufzunehmen und über die Pleuelstange auf die Kurbelwelle zu übertragen und den Verbrennungsraum gegen das Kurbelgehäuse abzudichten.

Da durch die hohen Verbrennungstemperaturen Kolben und Zylinder stark erhitzt und damit ausgedehnt werden, wegen der Kühlung des Zylinders der Kolben in stärkerem Maße, muß der Durchmesser des Kolbens geringer sein als die Zylinderbohrung (Kolbenspiel). Abdichtung erfolgt durch federnde Kolbenringe. Sie sind an einer Stelle aufgeschnitten und legen sich, in den Nuten des Kolbens, federnd gegen die Zylinderwand.

In den Kolbenbolzenaugen ist der Kolbenbolzen gelagert; er überträgt die Kolbenkraft auf die Pleuelstange und besteht aus hochwertigem Stahl und ist im Einsatz gehärtet. Gegen Verschieben in der Achsenrichtung ist eine Sicherung vorgesehen (Pilze, Federring o. dgl.).

f) Pleuelstange.

Die Pleuelstange überträgt die Kolbenkraft vom Kolbenbolzen auf die Kurbelwelle. Sie besteht aus Pleuelkopf, Pleuelschaft und Pleuelfuß. Der Pleuelkopf umfaßt den Kolbenbolzen, der Pleuelfuß den Kurbelzapfen.

Das Kolbenbolzenlager wird mit Spritzöl oder auch mit Drucköl geschmiert, das vom Kurbelzapfenlager her durch die ausgebohrte Pleuelstange oder eine besondere Ölleitung zugeführt wird. Das Kurbelzapfenlager (Pleuelstangenlager) erhält das Drucköl meist durch Ölbohrungen in der Kurbelwelle vom Kurbelwellenhauptlager.

Bild 8. Kolben mit Pleuelstange.

g) Kurbelwelle.

Kurbelwelle und Pleuelstange setzen die geradlinig hin und her gehende Bewegung des Kolbens in umlaufende (drehende) Bewegungen um.

Die Kurbelwelle besteht aus Kurbelzapfen, Kurbelarmen und Kurbelwellenlagerzapfen. Das hintere Wellenende ist bei Wagenmotoren, meist zur Befestigung des Schwungrades, als Flansch oder Kegelstumpf ausgebildet, das vordere trägt meist die Andrehklaue.

Die Form der Kurbelwelle richtet sich nach der Zylinderzahl des Motors sowie nach Art und Zahl der Wellenhauptlager.

h) Schwungrad.

Das Schwungrad macht durch die Trägheit seiner umlaufenden Masse den Gang des Motors gleichförmig. Ohne Schwungrad würde sich die Kurbelwelle stoßweise drehen, da die Kolbenkraft nicht stetig, sondern stoßweise wirkt. Seine lebendige Kraft überbrückt vorübergehend auftretende Widerstände und erleichtert das Anwerfen des Motors.

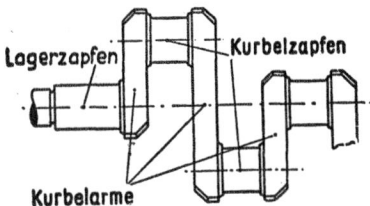

Bild 9. Kurbelwelle.

Die auf Bild 10 sichtbare Verzahnung dient dem Eingriff des Anlasserritzels. Auf dem Schwungrad befinden sich ferner Einstell= marken für Ventilsteuerung und Zündung.

i) Kurbelgehäuse.

Im Kurbelgehäuse ist die Kurbelwelle gelagert, bei den meisten Motoren auch die Nockenwelle. Das Kurbelgehäuse besteht aus Ober= und Unterteil. Der Unterteil dient als Ölbehälter; in ihm befindet sich die Ölpumpe. Das Kurbelgehäuseunterteil ist abnehmbar. Da= durch sind Ölfilter, Schmierölpumpe und Kurbelwellen= sowie Pleuellager von unten zugänglich.

k) Ventile und ihre Steuerung durch die Nockenwelle.

Ventile und Nockenwelle regeln Entladen und Laden des Zylinders. Steuerungsteile sind Ventile, Stößel= oder Stoßstangen mit Kipphebeln, Federn sowie die Nocken= welle mit den Antriebsteilen.

Das Ventil besteht aus dem Ventilteller mit Schaft, der Ventilfeder mit Federteller und Keil (Bild 11). Das Ventil wird geöffnet durch den Nocken der Nockenwelle, geschlossen durch die Ventilfeder.

Die Nockenwelle (Bild 12) bewirkt die Bewegung der Ventile und wird durch Zahnräder oder Zahnketten von der Kurbelwelle angetrieben. Dabei sind die Nocken für die einzelnen Zylinder so gegeneinander versetzt, daß die Ventile in der Reihenfolge der Arbeitstakte geöffnet werden.

Bei Motoren mit von unten gesteuerten Ventilen (Nockenwelle im Kurbel= gehäuse) arbeiten die Nocken auf Ventilstößeln. Zum Ausgleich der Wärmeaus= dehnung haben sie eine Stellschraube zur Einstellung des Zwischenraums (Spiel), der bei Einlaßventilen 0,2 mm, bei Auslaßventilen 0,3 bis 0,4 mm betragen soll.

Bei von unten gesteuerten, hängenden Ventilen wird die Nockenbewegung über Stoßstangen und Schwinghebel auf die Ventile übertragen, von oben gesteuerte Ventile werden durch die Nocken entweder unmittelbar oder durch zwischengeschaltete Schwinghebel geöffnet.

Von der Nockenwelle wird meist die Ölpumpe im Kurbelgehäuse angetrieben, gegebenenfalls auch der Regler.

Man unterscheidet Gleit=, Rollen= und Abwälzstößel.

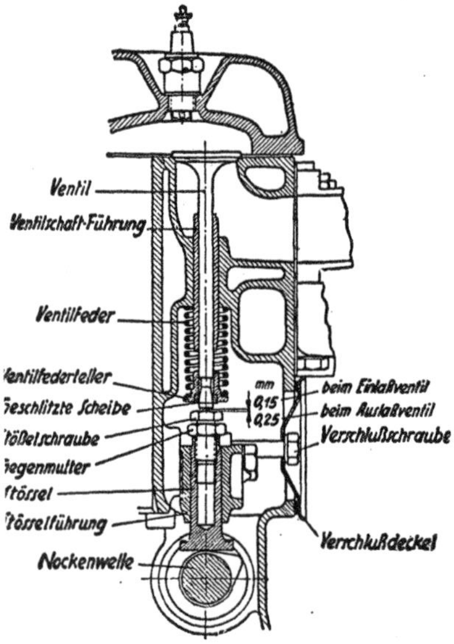

Bild 10. Schwungrad.

Ventil
Ventilschaft-Führung
Ventilfeder
Ventilfederteller
Geschlitzte Scheibe
mm 0,15 0,25
beim Einlaßventil
beim Auslaßventil
Verschlußschraube
Stößelschraube
Gegenmutter
Stößel
Stößelführung
Nockenwelle
Verschlußdeckel

Bild 11. Ventil mit Zubehör.

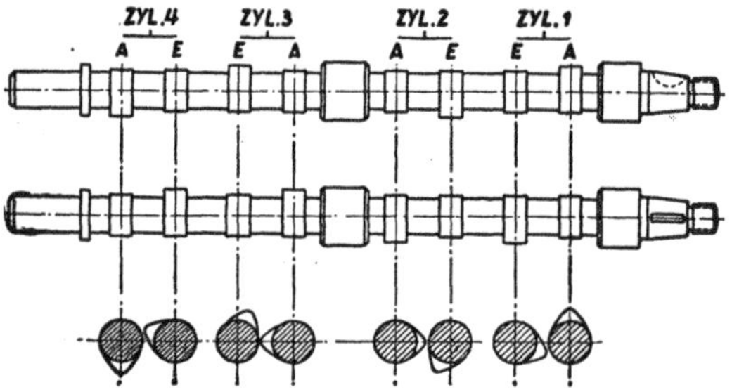

ZYL.4 ZYL.3 ZYL.2 ZYL.1
A E E A A E E A

Bild 12. Nockenwelle eines Vierzylindermotors.

Die Nocken öffnen und schließen sich meist genau in den Totpunkten. Das Auslaßventil öffnet sich wesentlich vor dem unteren Totpunkt, damit im Zylinder im unteren Totpunkt zu Beginn des Auspuffhubes kein allzu großer Überdruck mehr besteht. Um das Beharrungsvermögen des einströmenden Kraftstoffgemisches auszunutzen, schließt das Einlaßventil erst nach dem unteren Totpunkt.

l) Vergaser.

Hierzu Bilder 13 bis 16.

Der Vergaser hat die **Aufgabe**, zündfähiges Kraftstoff-Luftgemisch herzustellen. Der Kraftstoff wird im Vergaser zerstäubt und in feinsten Tröpfchen der Luft beigemischt (Vernebelung). Der Vorgang ist ähnlich wie bei einer Blumenspritze (Bild 13).

Der Kraftstoff wird durch vorbeiströmende Luft aus der Mündung der **Spritzdüse herausgesogen.** Der Luftstrom entsteht durch Saugwirkung der Motorkolben, die bei geöffneten Einlaßventilen abwärts gleiten (Bild 14). Damit der Kraftstoff bei Stillstand des Motors nicht aus der Düse tropft, muß sein Spiegel in Ruhe 2 bis 3 mm unter der Düsenmündung stehen.

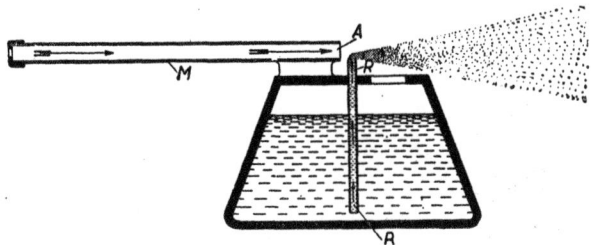

Bild 13. Zerstäubung.

Die **Hauptteile des Vergasers** sind: Eine **Ansaugleitung** für das zu den Zylindern strömende Gemisch. Eine **Luftdüse** (Lufttrichter) — zur Einstellung des Vergasers auswechselbar — zur richtigen Bemessung der Verbrennungsluft. Eine **Kraftstoffdüse**, die in den **Lufttrichter** gestellt wird, weil dort infolge der Verengung die Zerstäubung am wirksamsten ist. Man bemißt die Düsenöffnungen nach hundertstel Millimetern, d. h. eine 95er Düse hat eine Bohrung von $^{95}/_{100}$ mm. Eine **Reglervorrichtung**, die den Kraftstoff in der Düse dauernd auf gleicher Höhe hält. Hierzu dienen Schwimmer und Nadel. Das **Schwimmergehäuse** ist mit dem **Schwimmergehäusedeckel** verschlossen.

Der Motor muß unter den verschiedensten Betriebsumständen laufen (z. B. Anspringen bei Hitze und Kälte, einwandfreies Arbeiten mit geringer Drehzahl im Leerlauf, rasches Übergehen auf höhere Drehzahl, gleichmäßig richtig bemessenes Gemisch bei jeder Drehzahl und Belastung).

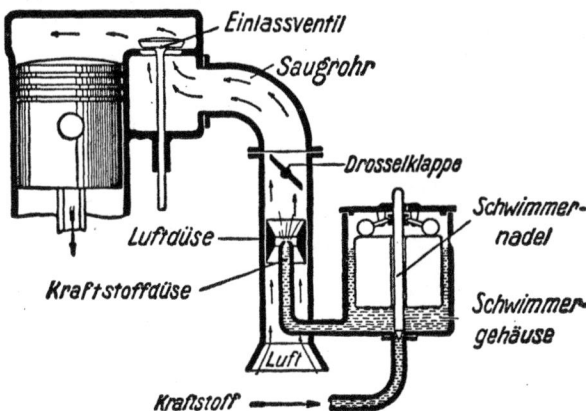

Bild 14. Vereinfachte Darstellung der Vergaseranordnung.

Die Drosselklappe (Bild 14) dient dazu, das Gemisch dem Motor in veränderlicher Menge zuzuführen und dadurch seine Leistung und Drehzahl nach Bedarf zu ändern.

Läuft der Motor leer bei fast geschlossener Drosselklappe P (Bild 15), so ist die Luftgeschwindigkeit im Zerstäuber X so klein, daß zuwenig oder gar kein Kraftstoff angesaugt wird. Hier hilft die Leerlaufvorrichtung. Der Kraftstoff vermischt sich, aus der Leerlaufdüse ausspritzend, mit Luft, die, von O kommend, in einstellbarer Menge bei b zutritt, und spritzt dann als Schaum durch die Leitung U in das Saugrohr.

Die Anlaßvorrichtung. Beim Anlassen, besonders bei Kälte, kann sich viel Kraftstoff in dem kalten Ansaugrohr niederschlagen. Der Motor springt daher schwer an. Man kann das Anlassen durch Ansaugen kraftstoffreichen Gemisches erleichtern. Hierzu dient die Startvorrichtung. Beachten, daß die Zylinder nicht zu sehr mit Kraftstoff überschwemmt werden, da Schmieröl an Zylinderwänden abgewaschen wird, Kolben trocken läuft!

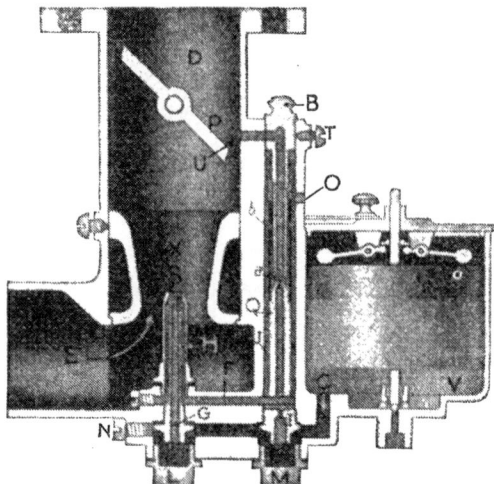

Bild 15. Einfacher Zenith-Vergaser.

Richtige Vergasereinstellung bewirkt störungsfreien Betrieb, sparsamen Verbrauch und gute Motorleistung. Zu fette Vergasereinstellung verschwendet Kraftstoff und schadet dem Motor (Sammeln von Rückständen im Verbrennungsraum am Kolbenboden, an Zündkerzen, Verdünnen des Schmieröls, Bilden von Ölkohle; Folgen sind: Überhitzungen im Zylinderinnern, Glühen der Krusten der Ölkohle, Selbstzündungen, Abbröckeln von Ölkohle ins Schmieröl, Heißlaufen der Lager durch Verstopfung der Ölleitungen).

m) Kraftstoff-Förderung.

Der Kraftstoff wird in einem Kraftstoffbehälter mitgeführt, der meist zwischen den hinteren Rahmenenden, oft auch vorn an der Spritzwand angeordnet ist.

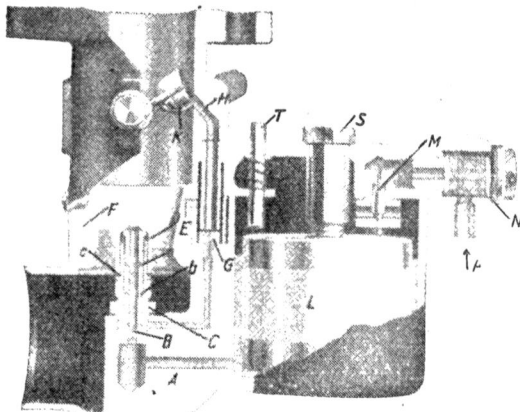

Bild 16. Einfacher Solex-Vergaser.

Man unterscheidet heute:

1. Förderung durch Gefälle; der Kraftstoff fließt zu dem tiefer liegenden Vergaser.

2. **Pumpenförderung.** Man unterscheidet dabei Membran= und Kolbenpumpen. Sie werden durch die Nockenwelle angetrieben.

Die **Membranpumpe** bewirkt durch ihr Atmen, daß Kraftstoff bis zu einem gewissen Druck gefördert wird. Wird der Gegendruck zu groß, hört das Atmen der Membran auf. Die Betätigung wird auch auf elektrischem Wege bewirkt. Bei der **Kolbenpumpe** arbeitet der Kolben nur gegen ein Luftpolster, er wird durch einen Nocken nach links, durch eine Feder nach rechts zurückbewegt. Als Saugventil dient ein kugelförmiger Kopf. Beim Druckhub setzt er sich nieder und verhindert das Zurückfließen. Die Pumpe begrenzt ihre Arbeit wie die Membranpumpe selbsttätig dadurch, daß bei Erreichen eines gewissen Kraftstoffstandes nach Herstellung eines dem Vergaser angepaßten Drucks ein Schwimmkorken im Gehäuse hochschwimmt und jede Kraftstoffansaugung so lange sperrt, bis der Kraftstoffspiegel wieder gesunken ist. Dabei verhindert ein Druckventil jeden unbeabsichtigten Druckausgleich nach rückwärts. Da der Pumpenkolben selbst nie mit Kraftstoff in Berührung kommt, kann der Kraftstoff nicht ins Kurbelgehäuse gelangen.

n) Zündung.

Den zur Entzündung des im Zylinder verdichteten Kraftstoffluftgemisches an der Zündkerze überspringenden elektrischen Funken liefert die **Zündeinrichtung.** Man unterscheidet Magnet= und Batteriezündung.

Bei der **Magnetzündung** wird der Strom mit Hilfe eines Hufeisenmagneten dadurch erzeugt, daß man in seinen beiden Polschuhen einen mit einem dicken Bündel (Spule) von Drahtwindungen umwickelten (**Primärwicklung**) Anker sich drehen läßt. Dabei nutzt man die hierbei entstehende magnetische Induktion aus. Der in dieser Spule erzeugte Strom reicht aber in seiner Stärke noch nicht aus und muß daher mit einer darüber gelagerten dünneren und längeren Wicklung (**Sekundärwicklung**) sowie durch plötzliches Unterbrechen hochgespannt werden. Die wichtigsten Teile des Magnetzünders sind aus Bild 17 ersichtlich.

Der **Stromverlauf** (Bild 18) ist folgender:

Jeder Strom, der fließen soll, muß einen geschlossenen Stromkreis haben. Ausgangs= und Endpunkt der fließenden Strömung ist die metallische **Masse** des Fahrzeugs. In Bild 18 ist der Primärstrom —·—, der Sekundärstrom ——— ge-

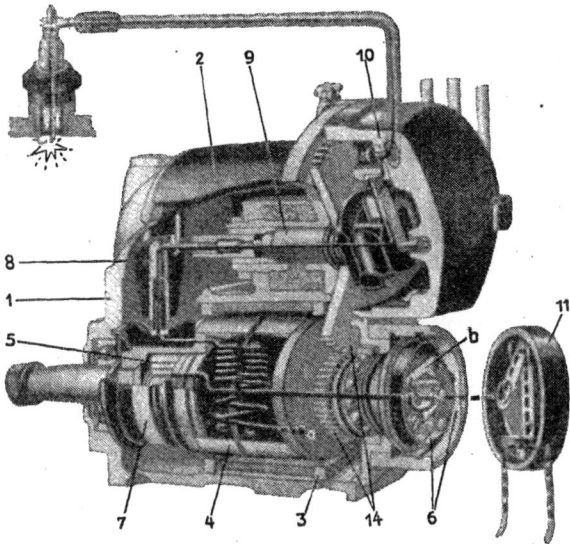

Bild 17. Aufbau und Wirkungsweise des Magnetzünders.

1 = Leichtmetallgehäuse, 2 = Hufeisenstahlmagnet, 3 = Polring mit Polschuhen, 4 = Anker mit Primär= und Sekundärwicklung, 5 = Kondensator, 6 = Unterbrecher mit Nockenring, 7 = Schleifring, 8 = Stromabnehmer mit Schleifkontakt, 9 = Verteilerstück mit zwei Schleifkohlen, 10 = Verteilerscheibe mit Kabelanschlüssen, 11 = Kurzschlußdeckel, 14 = Massekohlen und Sicherheitsfunkenstrecke (auf dem Bild nicht sichtbar), Verteilerzahnräder.

zeichnet. Bei (b) ift die Maſſenſchleifkohle mit der Maſſe (a) verbunden. Der P r i m ä r - ſt r o m k r e i s verläuft, wenn der Unterbrecher geſchloſſen iſt, von a—b—c—d—e—f—b nach a.

Iſt der Unterbrecher offen, ſo ſtürzt der Primärſtrom in den K o n d e n f a t o r (beſtehend aus Stanniolplättchen mit Papier oder Glimmerzwiſchenlage, zur Aufnahme des Stromſtoßes, damit dieſer nicht zwiſchen den Kontakten des Unterbrechers f Funken bildet). Seine Gegenplatten laden ſich mit entgegengeſetzter Elektrizität über a—b—g₂ auf. Der Stromverlauf iſt a—b—c—d—e—g₁.

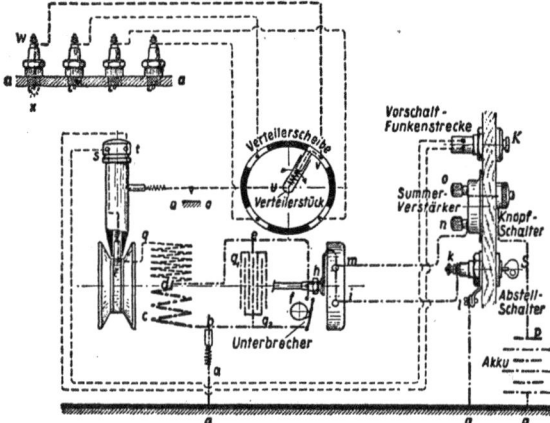

Bild 18. Schaltſchema der Magnetzündung.

Wenn am Schaltbrett der K u r z ſ ch l u ß ſ ch l ü ſ ſ e l (S) abgeſtellt iſt, kann der Primärſtrom nicht mehr unterbrochen werden und fließt daher ſtändig über a—b—c—d—e—h—i—k—l—a.

Der S u m m e r v e r - ſ t ä r k e r (verwendet als Anlaßhilfe, zur Verſtärkung des Zündfunkens, Prinzip des Wagnerſchen Hammers wie bei der elektriſchen Klingel) wird durch Druckknopf betätigt. Der Strom fließt dann, ſolange der Unterbrecher offen iſt, aus dem A k k u - m u l a t o r über a—p—o—n—m—h—e—d—c—b—a. Wenn bei abgeſtelltem Motor der Knopf des Summerverſtärkers gedrückt wird, ſo geht der Summerſtrom zur Maſſe und bleibt wirkungslos. Verlauf: a—p—o—n—m—i—k—l—a.

Hebt der Unterbrecher ab, und wird damit der Primärſtrom plötzlich unterbrochen, ſo entſteht durch die Induktion der hochgeſpannte S e k u n d ä r ſ t r o m über a—b—c—d—q—r—s—t—u—v—w—x—a.

Iſt eine V o r ſ ch a l t f u n k e n ſ t r e ck e (K) (zur Erhöhung der Zündwirkung an den Kerzen) eingebaut, ſo verläuft der Weg nicht unmittelbar von s nach t, ſondern von s über K nach t.

Der U n t e r b r e ch e r (Bild 19) iſt auf der Ankerwelle befeſtigt. Die Befeſtigungsſchraube (a) iſt an ihrem Gewindeteil mit dem Ende der Primärwicklung, am Kopfende mit dem Amboß (b) in leitender Verbindung. Amboß und Schraube ſind gegen Maſſe iſoliert. Der Amboß trägt den verſtellbaren Unterbrecherkontakt (c), der Gegenkontakt (d) ſitzt auf dem beweglichen Hammer (e) (Kontaktabſtand 0,4 mm). Der Hammer ſitzt auf einem Bolzen (f), er iſt mit Maſſe leitend verbunden und wird durch eine Flachfeder (g) gehalten.

Die Kontakte werden durch die Ringblattfeder (h) geſchloſſen gehalten, ihr Öffnen wird durch Auflaufen des Fiberſchleifſtücks (i) auf den Unterbrechernocken (k) des Nockenringes (l), der mit Hebel (m) verſtellt werden kann, bewirkt. Verſtellung des Zündzeitpunktes für Früh- und Spätzündung erfolgt meiſt durch Verdrehen des Nockenringes (Selbſt- oder Handverſtellung).

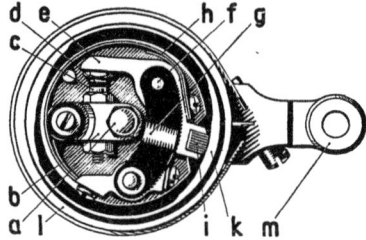

Bild 19. Unterbrecher.

Die E i n ſ t e l l u n g des M a g n e t z ü n d - a p p a r a t e s erfolgt derart, daß man zunächſt mit größter Genauigkeit den oberen Totpunkt des erſten Zylinders beſtimmt, nachdem ſich das Einlaßventil geſchloſſen hat. Dann ſtellt man den Zündverſtellhebel auf volle Spätzündung und nimmt den Kurzſchlußdeckel ab, die Ankerwellenkupplung muß loſe ſein. Das Verteilerſtück wird durch Drehen der Welle mitten auf Segment 1 geſtellt, zwiſchen die Unterbrecherkontakte wird ein Stanniolplättchen (0,02 bis 0,04 mm) geklemmt. Dann dreht man die Ankerwelle vorſichtig, bis ſich dieſes Plättchen leicht herausziehen läßt, d. h. bis die Unterbrechung beginnt. In dieſer Stellung wird die Kupplung vorſichtig feſtgezogen, wobei man ſich vergewiſſern muß, ob das Verteilerſtück noch auf Segment 1 ſteht. Dann prüft man dadurch nach, daß man den Motor langſam von Hand durchdrehen läßt; dabei müſſen Erreichen des oberen Totpunktes und Freigabe des eingeklemmten Plättchens gleichzeitig erfolgen. Dann nimmt man das Kabel von Segment 2 und beobachtet, an welchem Zylinder ſich das nächſte Einlaßventil ſchließt. Dort wird das zweite Kabel angeſchloſſen und ſo auch bei den anderen Zylindern.

Die Batteriezündung (Bild 20) unterscheidet sich von der Magnetzündung dadurch, daß der Strom nicht hergestellt werden muß, sondern von der Akkumulatoren-batterie bezogen wird. Der niedergespannte Primärstrom wird nach Durchlaufen eines Um-formers hochgespannt. Diesen Umformer stellt die Zündspule dar, die den Strom aus der Batterie erhält. Auch sie hat eine Primärwicklung, die zum Verteilerkopf weiterführt. Der Sekun-därstrom fließt in das mittlere der fünf Löcher des Verteilerstückes. Ein Vorhaltwiderstand (V) drosselt den Batterie-strom auf das notwen-dige Maß ab.

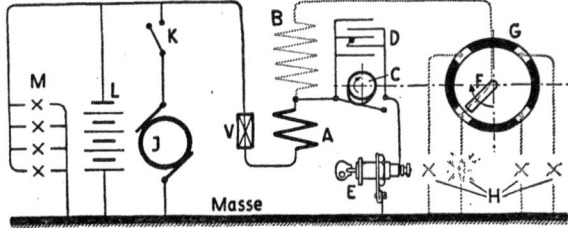

Bild 20. Batteriezündungs-Normalschaltbild (mit Sparschaltung).

A = Primärspule, B = Sekundärspule, C = Unterbrecher, D = Kondensator, E = Abstellschalter (der im Gegensatz zum Magnet-zünder beim Abstellen den Primärstrom unterbricht), F = Ver-teilerstück, G = Verteilerscheibe, H = Zündkerze, J = Licht-maschine, K = Selbsttätiger Schalter, L = Akkumulator, M = Verbraucher (Scheinwerfer usw.).

Die Batteriezündung ist abhängig von der Stromquelle (Akkumulator), hat aber den Vorteil, daß sie auch bei kleiner Drehzahl einen kräftigen Funken gibt, auch ist der Zündverstellbereich unbegrenzt. Für Heereszwecke ist die Magnet-zündung vorzuziehen, weil sie unbedingt betriebssicher ist.

Zwischen den in den Zylinderraum ragenden Elektroden der Zündkerze springt der das Gasgemisch entzündende Funke über. Die Zündkerze besteht aus dem Gewindekörper mit den Elektroden, dem Isolierkörper und dem Zündstift. Richtiger Abstand der Elektroden ist 0,4 bis 0,5 mm für Magnetzündung, 0,6 bis 0,7 mm bei Batteriezündung.

Das Zündkabel besteht aus einer aus vielen dünnen verzinnten Kupfer-drähten verseilten Kabelseele (Litze) und einer dicken Gummi-Isolierung und ist am Ende zur Befestigung an die Kerze mit Kabelschuhen versehen, zur Befestigung in der Verteilerscheibe mit federndem Kabelstecker.

o) Kühlung.

Die Kühlung soll Überhitzung des Motors, insbesondere der Zylinderwände, des Kolbens, der Ventile und des Zylinderkopfes verhüten.

Man unterscheidet Luft- und Flüssigkeits- (meist Wasser-) Kühlung.

Luftkühlung ist unempfindlich gegen Frost, einfach und störungsfrei im Betriebe, hat daher für Heereszwecke besondere Bedeutung. Anwendung bei Kraftradmotoren und Personen-kraftwagen. Die Zylinder sind mit Kühlrippen versehen.

Wasserkühlung besteht darin, daß in einer Umhüllung der zu kühlenden Motorteile gekühltes Wasser an den heißen Wänden entlangstreicht und die Wärme zum Kühler abführt.

Die Thermosyphonkühlung ist am einfachsten. Da warmes Wasser leichter als kaltes ist, steigt es nach oben. Ein Kreislauf beginnt derart, daß das kalte Wasser von unten dem Motor zu-fließt, dort erhitzt wird und dadurch nach oben in den Kühler fließt, um dort abgekühlt zu werden.

Bei stärkeren Motoren wendet man meist die Pumpenkühlung an, die durch eine in die Umlaufleitung eingebaute Pumpe den Wasserumlauf verstärkt (kleinerer Kühler, Gewichts-ersparnis). Die Wasserpumpe bewirkt durch Zentrifugalkraft, daß das bei a, Bild 21, an der Welle eintretende Wasser mit Hilfe umlaufender Schaufeln in den Zylinder drückt. Ein Überlaufrohr (n) sorgt dafür, daß das sich durch Wärme ausdehnende Wasser oder etwa sich bildender Dampf einen Ausweg findet.

Die Kühlwasserwärme wird durch geeignete Thermometer gemessen. Der Kraft-wagen weist seine beste Leistung bei etwa 80—85° C Kühlwasserwärme auf.

Der Kühler besteht meist aus einem Gefüge von Messingblechstreifen, die zu flachen, gewellten, innen hohlen Wasserführungslamellen zusammengelötet sind. Das Wasser rieselt von oben, sich auf die ganze Kühlerfläche verteilend, in dünnen, mit Kühlrippen versehenen Röhrchen oder dünnen zickzackförmigen Kanälen mit großer Oberfläche nach unten und kühlt sich dabei ab (Lamellen-, Röhrchen-, Elementenkühler).

Ein Windflügel (Ventilator) saugt den Luftstrom durch den Kühler und trägt dadurch zur schnelleren Kühlung des Wassers bei.

Um im Winter ein Einfrieren zu verhindern, werden Frostschutzmittel, z. B. „Glysantin",

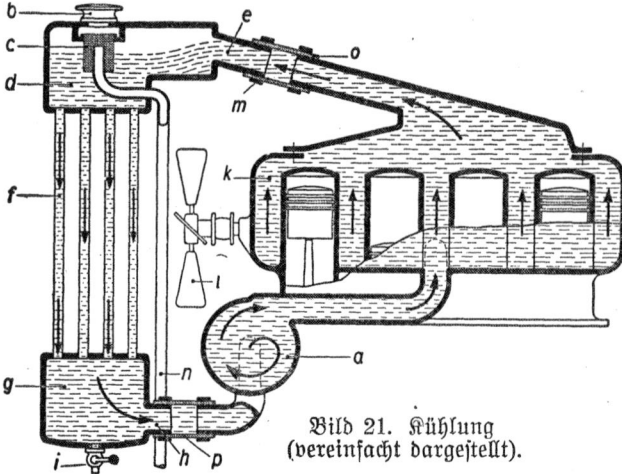

a = Kühlwasserpumpe,
b = Kühlerverschraubung,
c = Sieb,
d = oberer Wasserkasten,
e = Kühlereinlaßstutzen,
f = Lamellen,
g = unterer Wasserkasten,
h = Wasserrücklaufrohr,
i = Ablaßhahn,
k = Wasserkühlmantel,
l = Windflügel,
m = Schlauchbinder,
n = Überlaufrohr,
o, p = Schlauchstutzen.

Bild 21. Kühlung
(vereinfacht dargestellt).

dem Kühlwasser zugesetzt. Zur Erhöhung der Motortemperatur (besonders im Winter) verwendet man häufig den Kühlwassertemperaturregler T h e r m o s t a t. Auch Kühlerverkleidungen regeln die Betriebstemperatur des Motors.

p) Schmierung.

S c h m i e r m i t t e l haben die Aufgabe, ein Festfressen oder Beschädigen der aufeinandergleitenden Metallteile (z. B. Kolben, Zylinder, Lagerzapfen, Lagerschale, Ventilschaft und Ventilführung, bei Kugellagern: Kugeln und Laufringe) zu verhindern, da bei der Reibung Wärme entsteht. Das Schmiermittel trennt die aufeinandergleitenden Metallflächen durch einen dünnen Ölfilm.

Im Sommer braucht man dickflüssigere, im Winter dünnflüssigere Öle, sogenanntes S o m m e r = und W i n t e r ö l.

G e m i s c h s c h m i e r u n g findet nur bei Zweitaktmotoren Anwendung. Hierbei kommt das Kraftstoffölgemisch durch den Vergaser zu den zu schmierenden Stellen. Richtiges Mischverhältnis und Herstellen der Mischung ist wichtig.

In der Einlaufzeit und bei besonders hoher Beanspruchung wird auch bei Viertaktmotoren häufig dem Kraftstoff ein geringer Zusatz von Schmieröl beigemischt (0,15 bis 0,25 v. H.). Durch diese sog. O b e n s c h m i e r u n g werden oberer Teil der Zylinderlaufbahn, Kolben und Ventilschaft zusätzlich geschmiert.

Die D r u c k u m l a u f s c h m i e r u n g ist am häufigsten. Hier führt eine etwa an der tiefsten Stelle des Kurbelgehäuses sitzende Ölpumpe das Schmieröl unter D r u c k sämtlichen Schmierstellen zu. Die Zylinderlaufbahn wird durch das reichlich von den Pleuellagern abspritzende Schleuderöl geschmiert. Die Pumpe saugt das Öl durch ein Sieb aus dem Kurbelgehäuse und fördert es durch Ölkanäle in die Haupt= und Nockenwellenlager. Von den Hauptlagern wird es durch Bohrungen in den Kurbelarmen zu den Pleuellagern gepreßt. Drucköl erhalten auch Ventilstößel und Zahnkette, die anderen Spritzöl oder werden durch Öldunst geschmiert. Regelung des Öldrucks durch ein Reduzierventil; er ist an einem Manometer abzulesen.

4. Kraftübertragung.

Die Kraftübertragung vom Motor erfolgt über Kupplung, Wechselgetriebe, Gelenkwelle, Ausgleichgetriebe auf die treibenden Hinterräder (Bild 22). Andere Arten sind Vorderrad- und Vielradantrieb.

Bild 22. Kraftübertragung vom Motor auf die Hinterräder (vereinfacht dargestellt).

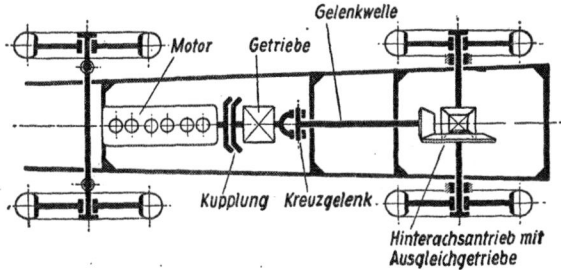

a) Kupplung.

Durch die ausrückbare Kupplung wird die Motorleistung auf das Wechselgetriebe übertragen; in der Regelstellung ist sie eingerückt. Sie wird ausgerückt (ausgekuppelt) zum einwandfreien Schalten der Gänge des Wechselgetriebes, um beim Anfahren die Motorleistung allmählich in das Wechselgetriebe zu leiten und um die Kraftübertragung beim „eingeschalteten Gang" und laufenden Motor unterbrechen zu können. Die Kupplung liegt im meist an das Kurbelgehäuse angeflanschten Kupplungsgehäuse.

Meist werden Scheibenkupplungen angewendet. Man unterscheidet Einscheiben- und Mehrscheibenkupplungen.

Die Einscheibenkupplung (Bild 23) besteht aus der beiderseits mit Kupplungsbelag versehenen getriebenen Kupplungsscheibe, die mit der Kupplungsnabe auf dem genuteten Teil der Kupplungswelle axial verschiebbar ist, aus der Druckscheibe (treibenden Kupplungsscheibe), der Kupplungsfeder, durch deren Spannung die getriebene Kupplungsscheibe zwischen Druckscheibe und Schwungrad gepreßt wird, sowie Ausrückgabel, Ausrückdrucklager und Ausrückhebeln.

Sie ist eine Trockenkupplung; der Kupplungsbelag ist aus Asbestgewebe mit Messingfäden. Von dem Belag sind Öl, Fett, Petroleum u. dgl. unbedingt fernzuhalten.

Die Mehrscheibenkupplung hat mehrere getriebene Kupplungsscheiben. Zwischen je zwei Kupplungsscheiben befindet sich eine mit dem Schwungrad verbundene, treibende Kupplungsscheibe, so daß sich treibende und getriebene Kupplungsscheiben abwechseln.

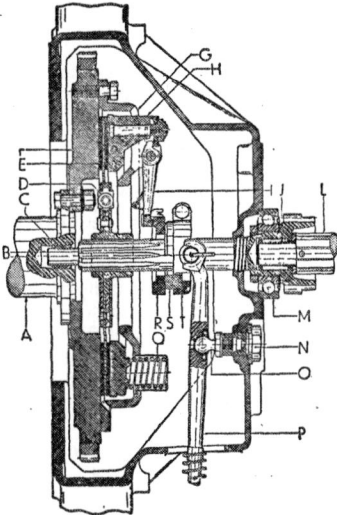

Bild 23. Einscheibenkupplung.

A = Kurbelwelle, B = Kupplungsnutenwelle, C = Vorderes Lager der Kupplungsnutenwelle (Bronze-Graphit-Büchse), D = Dämpfungsfeder, E = Getriebene Kupplungsscheibe, F = Schwungscheibe, G = Kupplungsdeckel, H = Treibende Kupplungsscheibe, I = Kupplungsentlastungshebel, J = Nadellager, L = Getriebehauptwelle, M = Lager für Kupplungsantriebsrad, N = Halteschraube für Kugelbolzen, O = Kugelbolzen, P = Kupplungsausrückgabel, Q = Kupplungsdruckfeder, R = Kupplungsausrückplatte, S = Graphitring, T = Graphitringhalter.

b) Wechselgetriebe.

Mit dem Wechselgetriebe kann das Übersetzungsverhältnis zwischen Motor und bei gleichbleibendem Kurbelwellendrehsinn zur Rückwärtsfahrt der Drehsinn der Triebräder umgekehrt werden (Wende= oder Umkehrgetriebe).

Alle durch Verbrennungsmaschinen angetriebenen Kraftfahrzeuge haben ein Wechselgetriebe. Dies ist nötig wegen der Eigenart des Verbrennungsmotors, der nicht mit beliebig kleiner Drehzahl laufen kann (bei zu geringer wird er „abgewürgt"), eine bestimmte Höchstdrehzahl nicht übersteigen kann und der seine höchste Leistung nur bei ganz bestimmter Drehzahl erreicht. Diese höchste Leistung wird verlangt bei verschiedenen Fahrgeschwindigkeiten des Wagens. Für Fahrt auf guter, glatter Straße soll die Höchstleistung des Motors bei h o h e r Fahrgeschwindigkeit verfügbar sein, für die Fahrt in kräftigen Steigungen oder im Gelände soll der Motor bei m i t t l e r e r Fahrgeschwindigkeit seine Höchst= leistung abgeben. Für das Anfahren, Fahren in sehr starken Steigungen und Fahren in sehr schlechtem Gelände muß die Höchstleistung des Motors schon bei k l e i n e r Fahrgeschwindigkeit vorhanden sein.

A r b e i t s w e i s e   e i n e s   D r e i g a n g g e t r i e b e s : Im Getriebegehäuse liegen Haupt=, Vorgelege= und Rücklaufwelle. Außerdem ragt vorn das hintere Ende der Kupplungswelle mit darauf befindlichem Antriebszahnrad hinein. Die H a u p t w e l l e ist mit Längsnuten versehen, die ein seit= liches Verschieben der darauf befindlichen Zahnräder ermöglicht. Die V o r = g e l e g e w e l l e , seitlich oder unter der Hauptwelle liegend, ist mit Zahnrädern verschiedener Größe versehen, von denen das vorderste mit dem Antriebszahn= rad in dauerndem Eingriff steht. Durch Verschieben der Zahnräder der Hauptwelle mit dem Schalthebel werden die entsprechenden Zahnräder in Ein= griff gebracht, so daß die Motorkraft von Antriebswelle über Vorgelege= und Hauptwelle auf die Hinterräder übertragen wird. Das auf der R ü c l a u f = w e l l e befindliche Zahnrad wird zwischen das letzte Zahnrad der Vorgelege= und Hauptwelle geschoben.

Die meisten Kraftwagen haben die sog. K u g e l s c h a l t u n g .

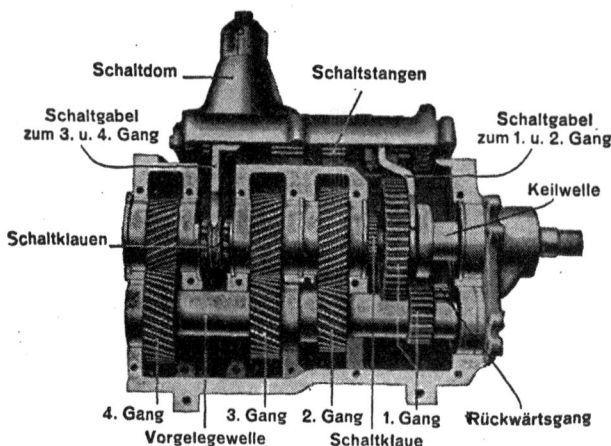

Schaltdom
Schaltstangen
Schaltgabel zum 3. u. 4. Gang
Schaltgabel zum 1. u. 2. Gang
Keilwelle
Schaltklauen
4. Gang   3. Gang   2. Gang   1. Gang   Rückwärtsgang
Vorgelegewelle   Schaltklaue

Bild 24. Aphongetriebe.

Beim A p h o n = g e t r i e b e (Bild 24) stehen die Zahnräder= paare (mit Schrägver= zahnung) der Gänge ständig im Eingriff (nur der erste und Rückwärts= gang werden durch In= einanderrücken der Stirn= räder geschaltet). Schal= tung durch K l a u e n = k u p p l u n g .

Manche Getriebe haben S y n c h r o n i s i e = r u n g s vorrichtungen, um das Schalten zu er= leichtern. Durch sie wer= den die miteinander in Eingriff zu bringenden Teile der Klauenkupp= lungen selbsttätig auf gleiche Geschwindigkeit gebracht, so daß die Klauenkupplung und damit der Gang ohne Stoß und Ge= räusch eingerückt wird.

Beim S p i r a l g e t r i e b e haben alle Zahnräder der Haupt= und Vor= gelegewelle schrägverzahnte Zahnräder. Einige Getriebe sind mit F r e i l a u f ausgerüstet (ähnlich wie beim Fahrrad). Vorteile sind Schaltererleichterung, Motor=

schonung, Kraftstoffersparnis. Der Freilauf kann beliebig ausgeschaltet, d. h. gesperrt werden.

Bei manchen sog. Schnellganggetrieben braucht zum Einrücken des Schnellganges nicht ausgekuppelt zu werden. Der Schnellgang ist im Grundsatz ein weiterer Getriebegang, der auf glatter Straße bei gleichbleibender Motordrehzahl eine Erhöhung der Geschwindigkeit bewirkt oder bei gleichbleibender Fahrgeschwindigkeit die Motordrehzahl herabsetzt, damit den Motor schont und Kraftstoff spart (daher auch Schnell=, Schon= oder Spargang genannt). Das Besondere liegt bei manchen Bauarten darin, daß er ohne Auskuppeln lediglich durch Gaswegnehmen, d. h. halbselbsttätig geschaltet wird.

c) Achsantrieb.

Vom Wechselgetriebe wird die Antriebskraft auf die Triebräder durch den sog. Achsantrieb übertragen. Man unterscheidet Hinterachs=, Vorderachs= und Mehrachsantrieb.

Hinterachsantrieb.

Die **Gelenkwelle** überträgt die Antriebskraft vom Wechselgetriebe auf den Hinterachsantrieb. Da bei Fahrt über Bodenunebenheiten die Hinterachse gegenüber dem Rahmen durchfedert, muß die Gelenkwelle mit der Getriebewelle durch ein Gelenk verbunden sein, man nennt sie auch „Kardangelenk". — Man unterscheidet Kreuzgelenke und Trockengelenke.

Das Gelenkwellenrohr überträgt die Schubkraft auf den Rahmen. Bei Ausführungen ohne Gelenkwellenrohr wird die Schubkraft entweder durch besondere Schubstangen oder durch die Wagenfedern selbst übertragen. Bei Schwingachsen übertragen Schwingarme, Federn od. dgl. die Schubkraft.

Das **Ausgleichgetriebe** hat den Zweck, bei Kurvenfahrt die verschiedenen Umdrehungsgeschwindigkeiten der Triebräder auszugleichen, da das äußere Rad einen größeren Weg zurücklegen muß als das innere; außerdem verteilt es die Antriebskraft gleichmäßig auf die Triebräder.

Wirkungsweise (Bild 25): Das auf das hintere Ende der Gelenkwelle a aufgekeilte Antriebskegelrad d kämmt mit dem Tellerrad e. Mit ihm ist der Rahmen f fest verbunden, der als Gehäuse ausgeführt wird. Im Rahmen f sind in Lagerbüchsen die Ausgleichkegelräder g und h auf Zapfen drehbar gelagert. Sie befinden sich in Eingriff mit den Kegelrädern i und k, den Hinterachswellenrädern, die auf die Hinterachswellen b und c fest aufgekeilt sind. Auf die äußeren Enden der Hinterachswellen sind die Hinterräder aufgekeilt. Die Hinterachswellen b und c durchdringen den Rahmen f in Lagerbüchsen, so daß sie sich im Rahmen f verdrehen können.

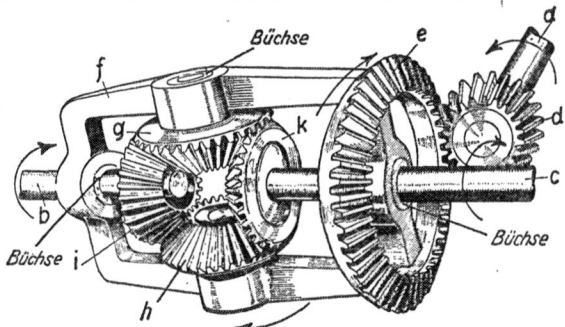

Bild 25. Ausgleichgetriebe.

Bei laufendem Motor und eingeschaltetem Vorwärtsgang dreht sich die Gelenkwelle in der Pfeilrichtung und zugleich Tellerrad (e) mit Rahmen (f) über die Ausgleichräder (g und h), die Hinterachswellenräder (i und k) und somit die Hinterräder. Bei Geradeausfahrt drehen sich beide Hinterräder gleich schnell. Bei Kurvenfahrt drehen sich Gelenkwelle, Tellerrad und Rahmen unverändert mit gleicher Drehzahl. Da der Weg der Räder nun aber verschieden ist (der des äußeren größer als der des inneren), müssen sich die Kegelräder (i und k) ungleich schneller drehen. Dies wird durch die Ausgleichkegelräder ermöglicht. Bei einer Linkskurve z. B. dreht sich Kegelrad (i) langsamer als Kegelrad (k). Die Ausgleichkegelräder (g und h) drehen sich also jetzt mit ihren Zapfen in den Lagerbüchsen, und zwar um so schneller, je größer der Unterschied der Umfangsgeschwindigkeit der Kegelräder (i und k) ist. Gegenüber dem sich trotz der Kurvenfahrt gleichmäßig drehenden Tellerrad (e) dreht sich also das Kegelrad (i) langsamer, das Kegelrad (k) schneller, obwohl beide nach wie vor angetrieben werden.

Zur Verhinderung des Mahlens des Rades auf schlüpfrigen Stellen ist eine S p e r r v o r r i c h t u n g (Ausgleichsperre, Differentialsperre) vorgesehen, die vorübergehend die Wirkung des Ausgleichgetriebes ausschaltet.

Vorderachsantrieb.

Kraftwagen mit angetriebenen Vorderrädern (Vorderrad- oder Frontantrieb) haben gegenüber solchen mit Hinterradantrieb den Vorteil, daß Motor, Kupplung, Getriebe, Achsantrieb und Ausgleichgetriebe zum sog. Front-Triebsatz zusammengefaßt sind. Daher entfällt die lange Kraftübertragung zu den Hinterrädern. Außer den durch die niedrige Schwerpunktlage bedingten fahrtechnischen Eigenschaften zeigt der Frontantrieb bei Fahrten in Kurven und auch über Hindernisse Vorzüge. Beim Befahren sehr steiler, glatter Steigungen zeigen sich gewisse Nachteile.

5. Fahrwerk.

Zum Fahrwerk gehören Rahmen und Federn, Achsen, Lenkung, Räder und Felgen, Bereifung sowie Bremsen.

a) Rahmen und Federn.

Der R a h m e n ist das Grundgerippe des Kraftwagens. Motor, Getriebe, Lenkung, Federn mit Achsen und Rädern, Kühler, Kraftstoffbehälter, Aufbau usw. sind an ihm befestigt.

Er besteht aus gepreßtem Stahlblech. Er hat Längs- und Querträger. Diese sind durch Laschen und Nieten oder Schweißen miteinander verbunden. Als Längsträger gibt es auch gezogene Rohre. Um dem Motor unzulässige Beanspruchungen fernzuhalten, wird die D r e i p u n k t a u f h ä n g u n g gewählt.

Die Federn sind an Federhänden und -böcken befestigt.

Die F e d e r n haben die durch Straßenunebenheiten auftretenden Stöße abzufangen, mögliche Rahmenverwindungen zu verhindern und bei manchen Bauarten die Schubkraft auf den Rahmen zu übertragen. Verwendung finden Blatt- und Spiralfedern. Die meist gebräuchliche

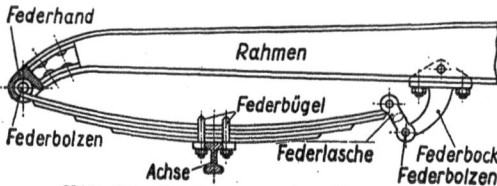

Bild 26. Aufhängung der Vorderräder.

B l a t t f e d e r besteht aus mehreren verschieden langen Federblättern, deren längstes, das Hauptblatt, an seinen Enden zur Aufnahme des Federbolzens aufgerollt ist. Die Blattfeder wird durch Federbock, Federbolzen und durch Laschen mit dem Rahmen, mit den Achsen durch Federbügel verbunden. In der Mitte werden die Federblätter durch den Federstift zusammengehalten, der auch ein Verschieben der Federblätter verhindert.

P f l e g e d e r B l a t t f e d e r : Regelmäßiges Schmieren (dadurch Schutz gegen Rost). Zu empfehlen Kettenfett oder Graphit-Fettmischung.

Stoßdämpfer (mechanische oder hydraulische) sollen ein Nachschwingen der Federn nach Auffangen des Stoßes verhindern.

b) Achsen.

Die Achsen nehmen das Gewicht des Kraftwagens auf und übertragen es auf die Räder.

Bei der V o r d e r a c h s e unterscheidet man Gabel- (Bild 27) oder Faustachsen. Der Achszapfen wird durch die Gabel oder Faust gehalten. Der Achsschenkel ist um den Achszapfen drehbar angebracht und trägt das Vorderrad.

Bei größeren Verbiegungen ist die Achse zum Richten dem Herstellerwerk einzusenden. Selbst darf die Achse nie warm gemacht werden!

In der Hinterachse (Hinterachsgehäuse) befinden sich die Teile des Achsantriebes, das Ausgleichgetriebe und die beiden Hinterachswellen, die an den Außenenden die Hinterräder tragen, während die Innenenden in das Ausgleichgetriebe führen.

Schwingachsen sollen die Stöße durch die schwingenden Massen verringern; aus diesem Grunde hat man auch Einzelradfederung; dies ist für die Geländegängigkeit der Kraftfahrzeuge von Bedeutung.

c) Lenkung.

Die Lenkung dient der Führung des Kraftfahrzeugs. Kraftfahrzeuge haben durchweg Achsschenkellenkung (Bild 28). Die Lenkung besteht aus der Lenksäule, in der sich die drehbare Lenkspindel (daran oben Lenkrad, unten Lenkschenkel) befinden. In die Lenkschnecke greift das Lenksegment ein, das über den Lenkstockhebel mit der Lenkstange verbunden ist. Spindellenkung gibt es an schweren Kraftfahrzeugen.

Die Spurstange verbindet die beiden Vorderräder miteinander und überträgt so die Lenkbewegung auf beide Räder.

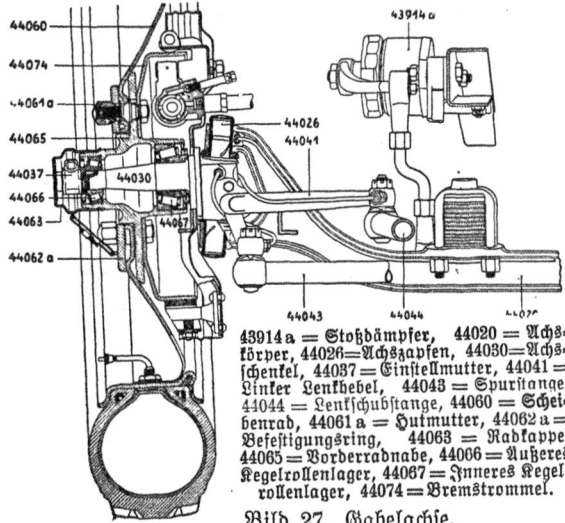

43914a = Stoßdämpfer, 44020 = Achskörper, 44026 = Achszapfen, 44030 = Achsschenkel, 44037 = Einstellmutter, 44041 = linker Lenkhebel, 44043 = Spurstange, 44044 = Lenkschubstange, 44060 = Scheibenrad, 44061 a = Hutmutter, 44062 a = Befestigungsring, 44063 = Radkappe, 44065 = Vorderradnabe, 44066 = Äußeres Kegelrollenlager, 44067 = Inneres Kegelrollenlager, 44074 = Bremstrommel.

Bild 27. Gabelachse.

Die Vorspur soll die Lenkung ruhiger, den Lauf der Vorderräder pendelfrei machen.

Der Sturz bewirkt leichtere Lenkung, der Achszapfensturz ferner, daß bei nicht selbsthemmender Lenkung die Räder von allein wieder in die Gerade laufen.

Der Nachlauf dient ebenfalls zur Stabilisierung der Lenkung. Das gleiche Ziel erreicht man, wenn man den Achsschenkel gegen den Lenkzapfen zurücksetzt.

Flattern der Vorderräder bekämpft man dadurch, daß man Vorspur, Radsturz, Nachlauf usw. nachprüft, durchgedrückte Federn neu sprengt und alle losen Befestigungsschrauben nachzieht. Auch sind Achse und Lenkgestänge, wenn nötig, nach den Angaben der Konstruktionszeichnung zu richten und von totem Gang zu befreien.

a u. a¹ = Achsschenkel,
b = Vorderachse,
c u. c¹ = Spurstangenhebel,
d = Spurstange,
e = Lenkstange,
f = Lenkhebel,
g = Lenkgehäuse,
h = Lenksäule,
i = Lenkrad,
k = Lenkstockhebel,
P₁, P₂, P₃, P₄ = trapezförmiges Lenkgestänge.

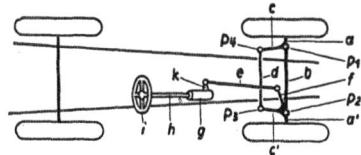

Bild 28. Gestänge der Achsschenkellenkung.

Sobald die Lenkung durch Abnutzung der Zähne oder Schraubengänge zuviel toten Gang hat, muß sie nachgestellt werden. Pflege der Lenkung ist besonders wichtig. Sorgfältige Nachprüfung, verbogene Teile nicht mit Gewalt behandeln, sämtliche Schraubenverbindungen, Kugelgelenke, Splintsicherungen öfter gewissenhaft nachprüfen, Schrauben nachziehen und sichern. Alle bewegten Teile sind gut zu ölen.

d) Räder, Felgen und Bereifung.

Die Räder dienen zur Fortbewegung sowie zum Tragen des Kraftfahrzeuges und bestehen aus der Radnabe und der Radfelge mit Bereifung.

Radstand ist der Abstand der Achsen; Spurweite ist die Breite der Fahrspur von Radmitte zu Radmitte; Raddruck ist der Gewichtsanteil, der auf ein Rad, Achsdruck der Gewichtsanteil, der auf eine Achse entfällt.

Die verschiedenen Arten der Felgen (Bild 29) sind Flachbettfelgen, Tiefbettfelgen und Halbflachfelgen. Die Tiefbettfelge ist die gebräuchlichste.

Kraftradfelge.   Personenkraftwagenfelge.   Kraftradfelge.   Personenkraftwagenfelge.

Wulstfelge.   **Bild 29.**   **Tiefbettfelge.**

Die Bereifung soll die Fahrstöße mildern und dadurch Fahrzeug und Straße schonen, die Fahreigenschaften des Kraftfahrzeugs verbessern und hohe Geschwindigkeiten ermöglichen. Man verwendet für Lastwagen hochelastische Vollgummireifen und Luftreifen, für Personenwagen und Krafträder nur Luftreifen. Für schwere Fahrzeuge wird Zwillingsbereifung verwendet.

Pflege der Bereifung.

Ursache.	Folge.
1. Reifen zu schwach aufgepumpt (verwende Luftdruckmesser, der öfter genau zu prüfen ist).	Beim schnellen Überfahren von Kanten stößt die Felge auf und kneift Löcher und Risse in den Reifen. Auch können Schlauch und Reifen wandern und das Ventil abreißen!
2. Dauerndes Fahren mit zu geringem Reifendruck.	Das dauernde, tiefe Durchwalken ermüdet und zerreißt das Gewebe; der Laufflächengummi zerreibt sich rasch. Erstes Anzeichen: zwei dunkle Längsstreifen auf Reifeninnenseite!
3. Weiterfahren nach Luftverlust. (Nagelpanne).	Folge wie unter 1. und 2. nach wenigen Metern Fahrt.
4. Überlastung des Wagens.	Bruch des Gewebes seitlich am ganzen Reifenumfang. Sonst wie unter 1. und 2.
5. Falsch eingestellte Vorspur der Vorderräder.	Reifen radieren ab nach wenigen tausend Kilometern.
6. Falsche Spur oder Seitenschlag der Räder.	Folge wie unter 5. in erhöhtem Maße.
7. Flattern der Vorderräder.	Folge wie unter 5. und 6.
8. Felgenkante verbeult.	Wulst reißt ein, Reifen platzt.
9. Verrostete Felge (Rostschutz oder Eisenlack oder verzinkte Felge verwenden).	Wirkt wie Schmirgel, zerstört Reifen und Schlauch!
10. Steinchen oder Sand oder Fremdkörper zwischen Reifen und Schlauch.	Reifen und Schlauch werden rasch zerstört.
11. Ungeschicktes Hantieren mit Montierhebel.	Schlauch und Reifen werden gequetscht und sind bald schadhaft.
12. Faltiges Einlegen des Schlauches, Einklemmen des Schlauches.	Quetschfalten, Risse, Ventil reißt ab.
13. Scharfes Bremsen und Anfahren.	Laufdecke nutzt sich ab, Reifen wandern!
14. Anscheuern an verbogenen Kotflügelstützen, Schraubenköpfen, Bordsteinen.	Die dünne Seitenwand des Reifens reißt durch.
15. Steine zwischen Zwillingsreifen geklemmt.	Reifen reiben sich seitlich auf.
16. Längeres, übermäßig schnelles Fahren.	Reifen werden heiß und brüchig, auch kann Luftdruck zu hoch werden.
17. Wagen steht unbenutzt. (Aufbocken!)	Reifen bekommen am Auflagepunkt Knickstellen, besonders wenn Luft allmählich entweicht.
18. Wagen stehen täglich lange in der Sonne.	Reifen werden brüchig.
19. Nägel, Scherben, Splitter in der Lauffläche.	Solche Fremdkörper arbeiten sich vollends durch und führen zu Reifenschäden.

Reifenmontage genau nach Vorschrift der Herstellerfirma. Nie Gewalt anwenden, Ventil richtig stellen, fertig aufgepumpte Reifen mit Luftdruckmesser nachprüfen, jede Bereifung alle paar Monat oder nach 4000 bis 5000 km ummontieren und sorgfältig reinigen.

e) Bremsen.

Es gibt Hinterrad-, Vierrad- und Getriebebremsen. Man unterscheidet Innenbacken-, Außenbacken- und Bandbremsen.

Bei der Innenbackenbremse (Bild 30) werden durch Drehen des Nockens V die Backen B gespreizt und an die Wand der am Rand befestigten Trommel T gepreßt. Die Backen sitzen auf dem Bremsträger A fest, der an dem Hinterachsgehäuse befestigt ist. Nach Entlastung ziehen die Federn F die Backen in Ruhestellung zurück.

Servobremse. Unter Servowirkung versteht man die Verstärkung des Fußdrucks oder Hebelzugs durch mechanische Mittel.

Die Schwierigkeiten des Bremsausgleichs und der Bremswellenführung am Vorderrad vermeidet die Öldruckbremse (Bild 31).

Mit zunehmendem Gewicht und höherer Geschwindigkeit heutiger Kraftfahrzeuge reicht die Körperkraft des Fahrers zum Bremsen nicht mehr aus. Man nimmt daher fremde Kraftquellen, z. B. Luftüberdruck oder -unterdruck, zu Hilfe. Der Unterdruck ist bei laufendem Motor im

Anfaugrohr am stärksten, wenn bei hoher Motordrehzahl die Drosselklappe geschlossen wird. Über= druck wird durch kleine Luftpressen hergestellt. Auch solche Bremsen sind Servobremsen. Mit Unterdruck arbeitet die Bosch=Unterdruckbremse (Bosch=Devandre). Für Lkw.=Anhänger ist eine besondere Bremse entwickelt. Vielfach verwendet wird die Knorr=Druckluft= bremse (Bremsen durch Anwendung von Überdruck).

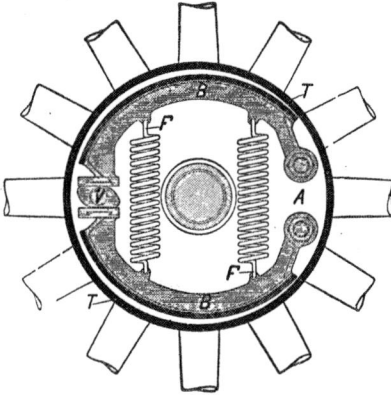

Bild 30.
Innenbackenbremse in Ruhestellung.

Bild 31. Öldruckbremse
mit eingebautem Bremszylinder.

6. Kraftstoffe.

Benzin wird durch Destillation aus dem Erdöl oder auf chemischem Wege aus der Braunkohle als künstliches Benzin gewonnen. Auch Gasöl wird auf diese Weise hergestellt (wird in Dieselmotoren verwendet). Benzin ist der auf der ganzen Erde am meisten verwendete Kraftstoff und daher der wichtigste.

Benzol wird bei der Verkokung der Steinkohle, Spiritus aus pflanzlichen Stoffen gewonnen.

Gute Markenkraftstoffe anerkannter Firmen bieten allein Gewähr für einwandfreien Betrieb. — Für Kraftfahrzeug=Vergasermotoren der Wehrmacht sind Dreiergemische (Benzin=Benzol= Spiritus, meistens 55 : 35 : 10 Raumteile) vorgeschrieben.

Die Verwendung gasförmiger Kraftstoffe (verflüssigte Kraftgase) und fester Kraftstoffe (beim Gasgeneratormotor oder Dampfwagen) ist wegen Unabhängigkeit im Ernstfall und aus volkswirt= schaftlichen Gründen von großer Bedeutung.

7. Das Kraftrad.

Nach der Straßenverkehrs=Zulassungs=Ordnung gelten als Krafträder Kraft= fahrzeuge mit zwei Rädern, auch solche mit Beiwagen. Man unterscheidet leichte Krafträder (bis 350 cm³), mittlere (bis 500 cm³) und schwere (über 500 cm³).

Das Kraftrad besteht aus Motor, Kraftübertragungsteilen, Fahrwerk und Zubehör. Rahmen und Vordergabel bestehen meist aus Preßstahl. Der Rahmen trägt unten Motor, Kupplung und Getriebe.

Krafträder haben meist einzylindrige Zwei= oder Viertaktmotoren. Schwere Krafträder haben meist Zweizylinder=Boxermotoren. Zum Anwerfen dient die Kickstartereinrichtung.

Die Zylinder sind meist luftgekühlt (Kühlrippen). Kraftübertragung durch Ein= oder Mehrscheibenkupplungen. Als Getriebe verwendet man Drei= oder Vierganggetriebe. Der Hinterachsantrieb erfolgt durch Kette oder Kardan.

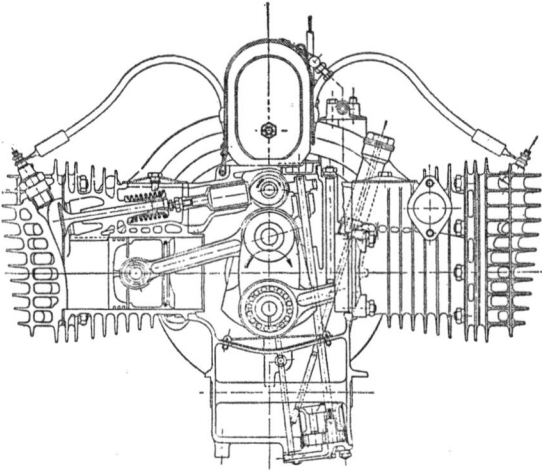

Bild 32. 750=cm³=Zweizylindermotor (Boxermotor).

Elektrische Aus=
rüstung wie beim
Kraftwagen. Meist werden
Lichtbatterie= oder Licht=
magnetzünder verwendet.

Vorder= und Hinter=
radbremsen sind als
Innenbackenbrem=
sen ausgeführt.

Kraftradver=
gaser sind der Graetzin=,
Amal= und Sum=Ver=
gaser.

Der Beiwagen
besteht aus Fahrgestell
und Aufbau (je nach
Verwendungszweck).

Die Krafträder sind
mit gleichem oder ähn=
lichem Zubehör aus=
gerüstet wie die Kraft=
wagen.

8. Elektrische Anlagen des Kraftfahrzeugs.

a) Akkumulator.

Der Akkumulator (Sammler) liefert bei stehendem oder langsam laufendem
Motor den Strom für die verschiedenen Verbraucher, insbesondere den Anlasser.

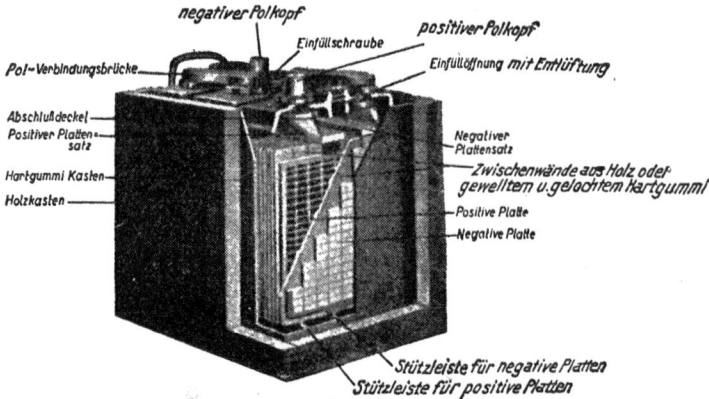

Bild 33. Aufbau des Akkumulators.

Er besteht aus mehreren braunen positiven Bleisuperoxydplatten und grauen
negativen Bleiplatten in verdünnter Schwefelsäure, umschlossen von einem säure=
festen Behälter (Bild 33). Aufgeladen stellt er ein galvanisches Element dar,
entladen zersetzen sich die Platten.

Pflege und Behandlung: Der Akkumulator muß etwa alle 4 bis 6 Wochen
ausgebaut, geprüft, entladen und neu geladen werden. Um den Akkumulator zu schonen, darf
der Anlasser nie länger als 2 bis 5 Sekunden betätigt werden (in kalter Jahreszeit beim An=
lassen auskuppeln). Alle Anschlüsse müssen stets sorgfältig geprüft und gereinigt werden. Ver=

schüttete Säure muß sofort entfernt, Metallteile dürfen nicht auf die Polköpfe des Akkumulators gelegt werden. Nur destilliertes Wasser ist zu verwenden. Durch das Aräometer ist die Säuredichte, durch das Voltmeter die Spannung nachzuprüfen. Stets muß die Säure 10 bis 20 mm über den Platten stehen. Nachprüfung erfolgt alle 2 bis 3 Wochen mit einem trockenen Holzstäbchen. Bei Arbeiten am Leitungsnetz stets vorher Minuskabel des Sammlers am Masseanschluß ende lösen. Wird ein Kraftfahrzeug abgestellt oder zu längerer Instandsetzung aus dem Betrieb gezogen, so muß die Batterie ausgebaut und in Pflege genommen werden.

b) Lichtmaschine.

Die Lichtmaschine ist eine Nebenschluß-Gleichstromdynamo und liefert bei laufendem Motor den Strom für die Verbraucher und ladet gleichzeitig den parallel geschalteten Akkumulator auf. Ein automatischer S c h a l t e r bewirkt, daß bei stillstehendem oder langsamlaufendem Motor die Verbraucher die

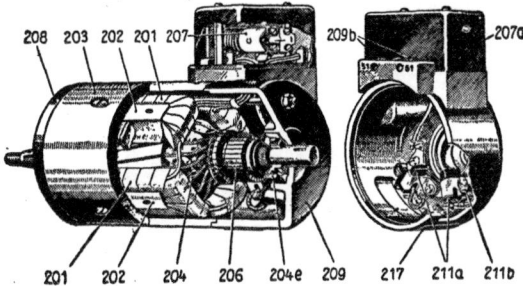

Bild 34. Lichtmaschine mit Spannungsregelung.

201 = Erregerwicklung, 202 = Polschuh, 203 = Polgehäuse, 204 = Anker, 204 e = Kugellager, 206 = Kollektor, 207 = Regler, 207 a = Regler-Schutzkapsel, 208 = Antrieblager, 209 = Kollektorlager, 209 b = Anschlußklemmen, 211 a = Bürsten, 211 b = Bürstenfeder, 217 = Verschlußband.

Akkumulator, bei schnelllaufendem Motor durch die Lichtmaschine gespeist werden. Der Antrieb der Lichtmaschine erfolgt durch den Motor. Da die Verbraucher einen gleichmäßigen Strom brauchen, ist ein R e g l e r vorgesehen. Er sorgt dafür, daß bei allen Drehzahlen die Lichtmaschine möglichst immer mit der Spannung arbeitet, die dem jeweiligen Bedarf entspricht. Der Regler bewirkt außerdem, daß der Akkumulator nur den benötigten Strom erhält.

Zur Kontrolle der richtigen Arbeitsweise der Lichtmaschine ist am Schaltkasten eine rote Kontrollampe angebracht. Leuchtet sie auf, so heißt das, daß die Batterie nicht aufgeladen wird, sondern diese die Stromverbraucher beliefert (z. B. Standlicht). Erlischt sie bei zu geringer Tourenzahl (entsprechend etwa einer Geschwindigkeit von 20 km/Std.), so muß eine Störung vorliegen, bei höherer Tourenzahl zeigt das Erlöschen, daß die Lichtmaschine richtig arbeitet.

c) Anlasser.

Ein Anlasser bewirkt das Anlassen des Motors. Auf seiner Ankerwelle trägt der Anlasser ein Zahnrad, das beim Anlassen in das gezahnte Schwungrad des Kraftwagens eingreift. Man unterscheidet Bosch- und Bendix-Anlasser.

Der B o s c h - A n l a s s e r arbeitet in folgender Weise (Bilder 35 und 36): Der Anker (A) kann mit dem Ritzel waagerecht hin und her gleiten; durch die Schraubenfeder (F) wird er in Ruhelage gehalten. Bei Druck auf den Anlaßkopf (S) fließt der Strom durch die Wicklung des Magnetschalters (L) und sucht den Eisenkern des Schalters durch elektromagnetische Wirkung nach links in die Wicklung zu ziehen. Dabei berührt die Kontaktbrücke (K) den Kontakt (K₁), wodurch über die Kontaktbrücke Strom in die Hilfswicklung (I) geschickt wird. Dieser Strom setzt den Anker langsam in Drehung, und durch die elektromagnetische Einzugswirkung nach links kommt das Ritzel weich in Eingriff auf den Schwung-

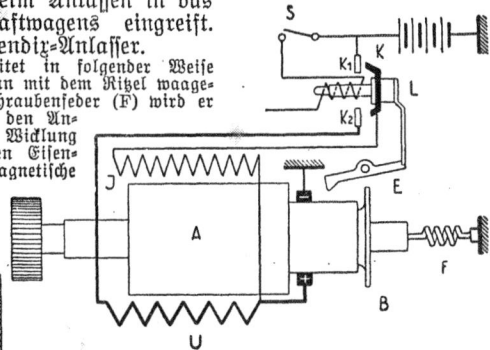

Bild 35. Schaltplan des Bosch-Anlassers.

rabzahnkranz. In diesem Augenblick rastet der mit dem Anker nach links gewendete Bund (B) die Sperrklinke (E) aus, ihr rechtes Ende klappt herunter und läßt den senkrechten Hebel des Relais (L) los. Dieses schnappt nun ganz nach links, der Kontakt (K₂) schließt auch, und der Strom fließt jetzt auch in die Hauptwicklung (U) und dreht den Anker mit hoher Anzugskraft. Sobald der Motor zündet, nimmt der Strom im Anlaßmotor schnell ab. Die Federkraft im Anker überwiegt die magnetische Anzugskraft, zieht den Anker zurück und bringt damit das Ritzel außer Eingriff. Solange der Druckknopf betätigt wird, läuft der Anlasser mit hoher Drehzahl leer weiter, mit Loslassen des Druckknopfes hört dieser Leerlauf auf, und der Magnetschalter geht in Ruhestellung zurück.

Beim Bendix-Anlasser (Bild 37) wird das Ritzel (305 a) bei sofort mit vollem Hauptstrom anspringendem Anlasser auf dem steilgängigen Gewinde (305 b) bis zum Anschlag nach vorn geschleudert. Die Kraftübertragung wird durch die Feder (305 c) bewirkt, um den harten Anzug des Anlassers zu mildern.

Das Anlassen erfolgt durch einen Druckknopfschalter zum Schalten mit Hand- (Anlaßdruckknopf) oder Fußbetätigung (Fußschalter).

d) Stromverbraucher.

Stromverbraucher sind Anlasser, Zündspule, Scheinwerfer, Stadt- und Stanblicht, Stopplicht, hintere Kennzeichenbeleuchtung, Sucher, Innenbeleuchtung und Handlampe, Signalhorn, Winker und Sondervorrichtungen, wie Zündverstärker, Heizung, Scheibenwischer, Zigarrenanzünder, elektrische Uhren usw. (Bild 38).

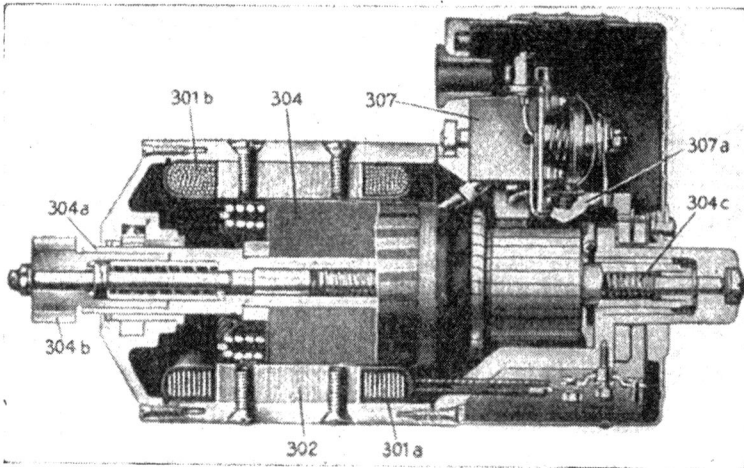

Bild 36. Bosch-Anlasser im Schnitt.

301 a = Hauptstromwicklung
301 b = Hilfswicklung
302 = Polschuh
304 = Anker
304 a = Ankerwelle
304 b = Ritzel
304 c = Feder
307 = Magnetschalter
307 a = Sperrklinke

Bild 37.
Bosch-Anlasser
mit Bendix-Trieb
im Schnitt.

301 = Feldwicklung
302 = Polschuhe
303 = Polgehäuse
304 = Anker
305 a = Ritzel
305 b = Gewindehülse
305 c = Schraubenfeder
306 = Kollektor
309 b = Anschlußklemme
309 e = Oelmöler
317 = Verschlußband

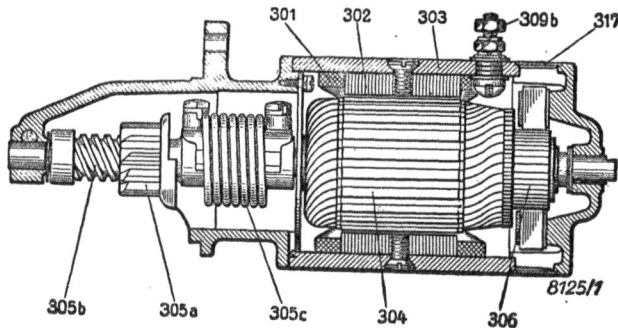

8125/1

Der Schaltkasten sitzt am Armaturenbrett und trägt die Ladekontrollampe (rot), den Schlüssel zum Abstellen, den Anlaßdruckknopf (sofern kein Fußschalter) und den Schalter für die Verbraucher (bei vielen Fahrzeugen mit dem Schlüssel vereinigt).

Die einzelnen Klemmen des Schaltkastens sind mit Nummern bezeichnet, die das Anschließen der Kabel erleichtern.

Die Sicherungen, deren Anbringung man kennen muß, müssen sorgfältig in Ordnung gehalten werden. Die Scheinwerfer haben meist besondere Sicherung. Die Leitungen müssen vor Beschädigungen (insbesondere Scheuern) geschützt werden, um Kurzschluß zu verhindern. Bei jeder Arbeit am Stromnetz ist zweckmäßig die Masseverbindungsschraube des Minuskabels des Akkumulators zu lösen, um Kurzschlüsse zu vermeiden. Richtige Einstellung der Scheinwerfer ist wichtig. Sie müssen von Zeit zu Zeit nachgerichtet werden.

9. Fahrzeugpflege.

Regelmäßige und sorgfältige Pflege ist erforderlich, damit das Kraftfahrzeug stets verkehrs- und betriebssicher und damit stets einsatzbereit ist. Wie der Reiter sein Pferd, so versorgt der Kraftfahrer zuerst sein Fahrzeug, ehe er an sich selbst denkt. Die Pflege erstreckt sich nicht nur auf das äußerlich Erkennbare und Sichtbare, sondern vor allem auf die Teile des Kraftfahrzeugs, die einer besonderen Beanspruchung und Abnutzung ausgesetzt sind. Darüber hinaus müssen die Betriebsanleitungen der Firmen peinlichst befolgt werden. — Zur Wartung und Pflege des Fahrzeugs ist jede sich bietende Gelegenheit, jede Minute auszunutzen, z. B. auch jede Rast und Wartezeit!

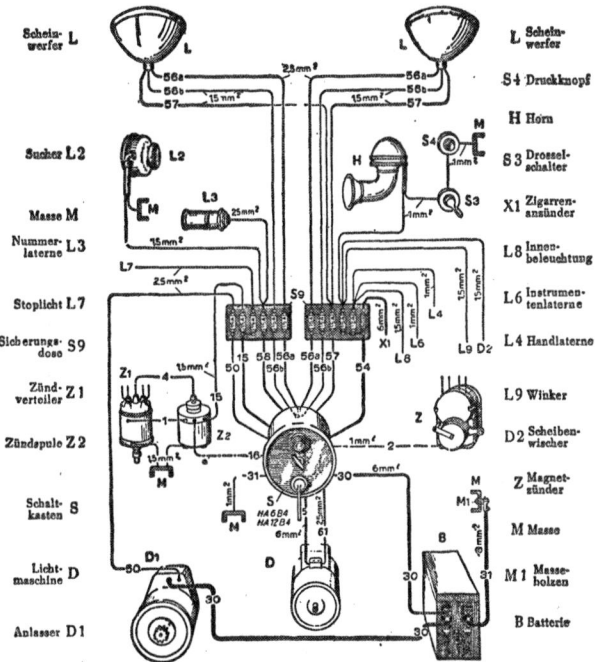

Bild 38.
Schaltplan für eine elektrische Kraftwageneinrichtung.

a) Pflege vor der Fahrt.

Nach den gesetzlichen Bestimmungen ist zunächst die **Verkehrssicherheit** nachzuprüfen, d. h. Lenkung, Bremsen, Räder, elektrische Einrichtungen, gegebenenfalls die Beladung.

Es versteht sich von selbst, daß vor Antritt größerer Fahrten die **Betriebssicherheit** festgestellt wird. Daher sind zu prüfen der Ölstand, Stand des Kühlwassers sowie der Betriebsstoffvorrat. — Dann den Motor langsam laufen lassen, damit das Öl seine Steifheit verliert und an alle Stellen durchdringt. Ebenso ist es nötig, daß das Fahrzeug den Erfordernissen entsprechend ausgerüstet (z. B. Schneeketten) und für die Fahrt vorbereitet wird.

b) Pflege während der Fahrt.

Zunächst ist (etwa 10 bis 15 Minuten) mit geringerer Geschwindigkeit zu fahren, damit der Motor allmählich die erforderliche Betriebswärme erhält. Der Fahrer hat dann auch auf alle auftretenden Geräusche des Motors und des Wagens zu achten und Unregelmäßigkeiten gegebenenfalls nachzuprüfen und abzustellen. Bei jedem H a l t (Marschpause oder techn. Halt) muß der Wagen nachgesehen werden (um den Wagen herumgehen), d. h. Bereifung, Radbefestigung, Achsen, Lenkgestänge insbesondere. Auch ist es zweckmäßig, die Bremsen auf etwaige zu große Wärme nachzusehen, besonders bei Fahrten im Gebirge. Auch der Ölstand ist nachzuprüfen.

Daneben kommt es darauf an, daß der Fahrer den gesetzlichen Vorschriften entsprechend fährt und so, daß es für die Wageninsassen angenehm ist. Dazu gehört, daß jede Bewegung mit Gefühl ausgeführt wird, z. B. langsam und nicht stoßweise Gas geben und fortnehmen, richtig die Kurven nehmen (nicht den Wagen in die neue Richtung reißen), bei Steigungen nicht den Motor übermäßig anstrengen, sondern rechtzeitig umschalten, auf schlechten Wegstrecken langsam fahren. Diese Maßnahmen verhindern nicht nur Unfälle, sondern dienen auch der Erhaltung des Kraftwagens.

c) Pflege nach der Fahrt.

N a c h R ü c k k e h r v o n d e r F a h r t muß das Fahrzeug gewaschen, abgetrocknet und gesäubert werden; erst dann wird es in die Halle gestellt. Bei der Fahrt aufgetretene Fehler sind abzustellen.

d) Technischer Dienst.

Gewissenhafte Durchführung des technischen Dienstes ist Voraussetzung für die stete Verwendungsbereitschaft des Fahrzeuges. Folgende Arbeiten sind an täglich in Betrieb befindlichen Kraftfahrzeugen auszuführen:

Wöchentlich: Schmierung und Ölleitungen nachprüfen, Schmierstellen reinigen und gegebenenfalls von Hand schmieren. Filter reinigen. Nachprüfen sämtlicher Verschraubungen, elektrische Anlage, Wasserstand im Kühler, Bereifung (Luftdruck), Bremsen, Federn. Nachsehen Vergaser und Kraftstoffleitung.

Monatlich: Prüfen und Reinigen der Lenkung: Nachsehen der Kupplung, gegebenenfalls nachstellen. Prüfen der Öldruckbremse, Bremsen erforderlichenfalls nachstellen. Nachsehen der Zündkerzen und Ventile. Reinigen der dem Straßenschmutz besonders ausgesetzten Teile. Prüfen der Vergasereinstellung, der Kabel, des Akkumulators (Säurestand, Spannung). Kraftstoffilter, Unterschutz des Motors reinigen. Nach 1500 bis 2000 km jedesmal Ölwechsel.

Halbjährlich: Abziehen und Reinigen der Räder (Felgen entrosten und streichen), Reinigen und gegebenenfalls Nachstellen der Bremsen, Nachprüfen sämtlicher Dichtungen und Packungen, unbrauchbare ersetzen. Ventile erforderlichenfalls einschleifen. Öl im Getriebe und in Hinterachse erneuern, desgl. Lenkgehäuse.

Jährlich: Gründliche Durchsicht des ganzen Fahrzeuges, insbesondere Ölwanne, Ölpumpe und Ölleitungen reinigen.

Durch Fahrzeugappelle werden diese Arbeiten nachgeprüft.

10. Störungen am Motor und Fahrgestell und ihre Beseitigung.

Erkennen und Beseitigen von Störungen erfordert umfangreiche Erfahrung, die der Fahrer sich nur durch Praxis aneignen kann. Die nachstehend angeführten häufigsten Störungen sollen dem jungen Fahrer Hinweise geben, auf was er im Anfange seiner Fahrpraxis zu achten hat und wie er sich helfen kann. Die Kenntnis der häufigsten Störungen und ihrer Beseitigung ist auch deshalb wichtig, weil nur rechtzeitiges Erkennen und Abstellen aller Störungen größere Schäden verhindern und damit die Lebensdauer des Kraftfahrzeuges erhöhen kann.

Bei jeder auftretenden Störung muß überlegt und planmäßig die Störungs= quelle gesucht werden. Planloses Versuchen ist falsch, nimmt Zeit und führt meist nicht zum Ziel.

1. **Motor springt nicht an.**

a) Brennstoffmangel; Kraftstoffbehälter leer? Zuleitung verstopft, gebrochen, verklemmt, Brennstoffhahn zu? Wasser im Brennstoff?

b) Zuviel Kraftstoff? Vergaser zu stark übergelaufen; Starterklappe zu lange geschlossen? Schwimmer undicht? Schwimmernadel hängt? Düsen lose? Zuviel Kraftstoff eingespritzt? (Abhilfe: Ursache beseitigen, Drosselklappe ganz auf, Kerzen herausnehmen, dann Motor mehr= mals durchdrehen.)

c) Fehler am Vergaser; Düsen verstopft? Drosselklappe zu weit geöffnet? Nebenluft im Saugrohr? Vergasergestänge verklemmt? Drosselklappenwelle lose? Leerlaufdüse falsch eingestellt?

d) Zündstrom bleibt aus. Einschalten vergessen? Schalter schadhaft? Kabel lose oder beschädigt? Unterbrecherkontakte verschmutzt? Schadhaft? Kerzen naß? Kerzen verölt? Ver= rußt? Elektrodenabstand zu groß? Sicherung durchgebrannt? Batterie zu schwach oder leer? Batteriekabel oder ein anderes Kabel lose? Feuchtigkeit im Verteiler?

e) Ventilschäden: Stößelluft? Ventilschäfte verharzt? (Abhilfe: mit Petroleum reinigen; wenn nötig, aushauen, mit feiner Schmirgelleinwand Schäfte abziehen.) Ventilsitze undicht? (Abhilfe: einschleifen.)

f) Kompression mangelhaft. Kolbenringe festgebrannt? Zylinderlaufbahn verschlissen? Kolbenspiel zu groß? Ventile undicht? Sonstige Undichtigkeiten?

2. **Motor springt an und bleibt dann stehen.**

a) Kraftstoff bleibt aus. Brennstoffpumpe schadhaft? Leitung undicht? Abstellhahn zu? (Vgl. auch unter 1 a.)

b) Kraftstoff läuft dauernd über: siehe 1 b.

c) Fehler am Vergaser: vgl. unter 1 c.

d) Zündstrom hört auf: Wackelkontakt? Hat Kurzschlußkabel vorübergehend Masse? usw. (Siehe 1 d.)

e) Ist der Motor noch zu kalt? Ist das Gemisch zu mager?

3. **Motor setzt aus (läuft unregelmäßig).** Außer den Fehlern unter 1. und 2. ist fol= gendes besonders zu prüfen: Stimmt der Unterbrecherkontaktabstand? Sitzt der Unterbrecherhebel zu stramm? Ist Unterbrecherfeder zu schwach, ausgeglüht? Hat das Verteilerstück Brüche oder Risse? Ist die Sicherheitsfunkenstrecke zu klein? Ist der Kondensator oder dessen Zu= und Ableitung beschädigt? Schlechter Kraftstoff? Wasser im Vergaser? Vergasereinstellung nicht in Ordnung? Sind Ventile undicht oder kleben ihre Schäfte? Reicht Stößelluft mit zunehmender Erwärmung nicht mehr aus zu gutem Ventilschluß? Ist Motor überhitzt? Sind die Zündkerzen fehlerhaft?

4. **Motor zieht schlecht.**

a) Gemisch zu reich oder zu mager?

b) Zuviel Spätzündung? Zündung falsch eingestellt? Zündfunke zu schwach?

c) Fehlt die Kompression? Sitzen Kerzen usw. undicht? Ist Zylinderkopfdichtung durch= gebrannt?

d) Wird Motor zu warm? Ist Windflügelriemen lose? Kühlwasserstand zu niedrig? Schließen Ventile schlecht? Ventilfedern zu schwach oder gebrochen? Auspuffleitung und =topf stark mit Ruß und Ölresten versetzt? Kühlwasserumlauf behindert? Wasserpumpenantrieb ge= brochen? Wasseranschlüsse undicht? Kühlerjalousie geschlossen? Kühler verschmutzt? Ölkohle im Zylinder? Falsche Einstellung der Zündung?

5. **Motor knallt.**

a) Vergaser. Motor noch zu kalt? Gemisch zu mager? Düsen verstopft? Hat das Ansaugrohr Nebenluft? Wasser im Kraftstoff? Kraftstoffzufluß mangelhaft? Einlaßventil un= dicht? Hängt Einlaßventil? Kabel verwechselt? Zündeinstellung falsch? Glühzündung?

b) Auspuff. Zu reiches oder zu armes Gemisch? Motor noch zu kalt? Zündeinstellung falsch, Aussetzen der Zündung oder Kerzen? Hängt Auslaßventil?

6. **Motor raucht und qualmt.**

a) Kurbelgehäuse. Ölmangel? Öl schlecht oder zu stark verdünnt? Motor zu heiß? Wassermangel? Windflügelriemen lose? Gerissen? Kurbelwellen= oder Pleuellager zu stramm oder ohne Öl? Hat Ölpumpe versagt? Kolbenringe festgebrannt oder gebrochen? Kolbenboden durchgebrannt?

b) Auspuff.

Schwarzer Qualm. Zuviel Kraftstoff? (Siehe unter 1 b.)

Graublauer Qualm. Zuviel Öl? Öl zu dünn? Dringt Öl wegen undichter Kolben und Ringe von unten in den Verbrennungsraum?

7. **Motor klappert, klopft, klingelt.**

Haben Hauptlager, Pleuellager, Kolbenbolzenlager, Kolbenbolzenaugen zuviel Luft? Hat Kurbelwelle zuviel Luft in der Längsrichtung? Hat Nockenwelle Luft? Klappern Steuerräder? Haben Ventile in den Schaftführungen zuviel Luft? Stößelluft? Öl zu schlecht oder zu dünn? Kolbenringe gebrochen? Hat Kolben zuviel Luft? Kolben gefressen? Läuft der Kolben hart? Kompression zu hoch wegen Ölkohle? Sind Ventilverschraubungen lose?

8. **Kraftfahrzeug verliert an Geschwindigkeit oder beschleunigt schlecht.** (Auskuppeln, prüfen, ob Motor selbst einwandfrei läuft; wenn nicht, dann nach Punkt 1 bis 7 prüfen.)

a) Ist Kupplung verölt? Rutscht sie wegen zu schwach gespannter Federn? Feder gebrochen? Wegen abgenutzten Belages? Belag durch Schleifenlassen verbrannt?

b) Getriebe. Kein, zuwenig, schlechtes, zuviel Öl im Getriebe?

c) Hinterachse wie unter b.

d) Bremsen. Schleifen die Bremsbacken? Bremswelle gefressen, nicht geschmiert, verklemmt? Handbremse angezogen?

e) Vorderachse. Kugellager zu stramm eingestellt? Gefressen? Kein Fett?

f) Reifen. Verlieren die Reifen Luft? Falscher Reifendruck?

9. **Sonstige Störungen am Fahrgestell.**

a) Kupplung siehe unter 8 a.

b) Getriebe siehe unter 8 b; außerdem: Getriebe schaltet sich schwer? (Vielleicht zu steifes Öl oder Schieberäder geklemmt oder gefressen? Zähne stark abgenutzt? Springen Gänge heraus?

c) Hinterachse. Keile der Räder oder Kegel- und Tellerradbefestigung lose? Zähne ausgebrochen? Kein oder zuwenig Öl, Kugellager schadhaft oder zuviel Luft? Ölverlust durch Gehäuseriß oder abgerissene Verschraubung? Federbruch?

d) Vorderachse und Lenkung. Hat Lenkung „toten Gang"? Sind an Lenkverbindungsgestänge Kugelbolzen oder Pfanne ausgeschlagen? Zu lose eingestellt? Zu stramm angezogen? Nicht geschmiert? Radieren die Reifen? Reifendruck zu gering? Vorderachse verbogen? Federbruch?

Abhilfe bei allen diesen Störungen besteht meist darin, daß gehalten wird, Motor oder die genannten Teile nachgesehen und Schäden sofort abgestellt werden. — Werden die möglichen Störungen nicht sofort abgestellt, so können schwere Schäden die Folge sein.

Wer die Anfangsgrundbegriffe des Kraftwagens in vorstehender Weise erlernt hat, muß durch Studium des „Handbuches für Kraftfahrer"*) (D 611) seine erworbenen technischen Kenntnisse vertiefen und erweitern.

B. Fahrausbildung.

1. Fahrschule.

Ständige Brauchbarkeit des Geräts und damit Verwendungsbereitschaft der Truppe hängen von der guten Ausbildung der Fahrer ab. Die Führung des Kraftfahrzeugs verlangt nicht nur Kenntnis der einzelnen Teile und deren Zusammenarbeit, sondern auch ein feines Empfinden aller Vorgänge im Kraftfahrzeug.

Die Fahrausbildung beginnt in Fahrschulen unter einem Fahrlehrer. Hierzu gehören kraftfahrtechnischer Unterricht über das Kraftfahrzeug, Gesetzeskunde und Verkehrsbestimmungen sowie Unfallverhütung, praktische Unterweisung am Kraftfahrzeug (Pflege, Instandsetzungen, Erkennen und Beheben von Störungen) und der Fahrdienst. — Grundlage für die theoretische Ausbildung ist der Abschnitt über „Kraftfahrzeuglehre".

Nach Abschluß der Fahrschule findet eine Prüfung durch einen Wehrmacht-Kraftfahrsachverständigen statt. Nach bestandener Prüfung erhält der Soldat den Wehrmacht-Führerschein.

Vor jeder Fahrt wird das Fahrzeug auf Verkehrs- und Betriebssicherheit geprüft.

Anlassen des Motors: Kraftstoffhahn öffnen, Zündung einschalten, Startvorrichtung betätigen. Dann den Motor von Hand einige Male durchdrehen. Dann erst Anlasser benutzen.

Anfahren. Kleinen (ersten) Gang bei ausgerückter Kupplung einschalten. Handbremse lösen. Winker als Zeichen für folgende Fahrzeuge nach der ent-

---

*) Verlag E. S. Mittler & Sohn, Berlin SW 68, 7. Auflage.

fprechenden Seite herausnehmen. — Nicht zu viel Gas geben, Kupplung vorsichtig und stoßfrei einrücken, dann etwas mehr Gas geben. Wenn sich der 1. Gang nicht einrücken läßt, nochmals einkuppeln.

Schalten. Schalten ist Gefühlssache, Sache des Gehörs. Der Fahrschüler muß sich das Motorengeräusch bei den den Gängen entsprechenden richtigen Drehzahlen genau einprägen. Man geht so bald wie möglich auf den größtmöglichen Gang. Immer ist es falsch, mit Vollgas in den niedrigen Gängen zu fahren.

Die Art des Schaltens ist bei den Fahrzeugarten verschieden. Grundsätzlich muß die Vorgelegewelle des Getriebes beim Aufwärtsschalten durch eine Schaltpause eine Verzögerung, beim Abwärtsschalten durch Zwischengas eine Beschleunigung erfahren, damit die einzuschaltenden Zahnräder die gleiche Umfangsgeschwindigkeit haben. Dadurch schieben sie sich geräuschlos ineinander.

Bremsen. Ein guter Fahrer bremst wenig, in der Regel nur zum Halten oder im Stadtverkehr. Wer rechtzeitig das Gas fortnimmt, wenn er ein Hindernis sieht, braucht meist nur noch zum Halten zu bremsen. Man muß stets weich, darf nie stoßweise bremsen. Scharfes Bremsen führt zum Blockieren der Räder, vermindert die Bremswirkung und gefährdet das Lenkvermögen. Bei langen Talfahrten verwendet man kleinen Gang, um die Bremsen zu schonen. Bei Bergabfahrt darf man das Fahrzeug nie in Schuß kommen lassen, niemals ohne Gang oder ausgekuppelt fahren. Man merke sich: Fahre mit dem gleichen Gang bergab, wie du bergauf fahren mußt.

Rückwärtsfahren. Einlegen des Rückwärtsganges darf erst erfolgen, wenn das Kraftfahrzeug völlig zum Stillstand gekommen ist. Bevor man rückwärts fährt, hat man sich davon zu überzeugen, ob die Fahrbahn frei ist. Für Anfänger empfiehlt es sich, vorher auszusteigen und sich den zum Rückwärtsfahren bzw. auch zum Wenden zur Verfügung stehenden Raum anzusehen.

Verhalten beim Schleudern des Fahrzeugs. Nie scharf bremsen. Vielmehr läßt man die Bremse los, kuppelt aus, bis die Räder wieder spuren; erst dann versuche man, langsam zu bremsen. Durch ruhiges Gegenlenken muß man den Wagen wieder in die Fahrtrichtung bringen.

Beim plötzlichen Reifendefekt muß man den Wagen ohne Bremsen in der Geradeausrichtung zu halten versuchen. Erst, wenn man den Wagen wieder in der Gewalt hat, darf man langsam bremsen, dann anhalten.

Die wichtigsten Fahrregeln sind:

Nie plötzlich bremsen und plötzlich beschleunigen, sondern ruhig, besonnen und vorausschauend fahren.

Der Fuß ist neben, aber nicht auf dem Kupplungshebel, solange dieser nicht gebraucht wird.

Nicht dauernd mit dem Gashebel spielen, sondern ruhig, den Fahr-Erfordernissen entsprechend, Gas geben.

Nicht auf Erreichen von Höchstgeschwindigkeiten kommt es an. Der Generalstäbler sagt: „Ich habe es eilig, fahren Sie langsam!" Nur Stetigkeit gibt guten Reisedurchschnitt.

Lenkbewegungen langsam und ruhig, kein „Herumreißen".

Ohne Gas in die Kurve fahren, mit Gas aus der Kurve heraus, aber rechtzeitig vor der Kurve Gas weg, und nicht in der Kurve bremsen. Kurven nicht schneiden, insbesondere nicht bei unübersichtlichen; immer auf der vorgeschriebenen Fahrbahn bleiben.

Vor starken Steigungen frühzeitig umschalten, nicht den Motor quälen, ebenso bei Bergabfahrt rechtzeitig umschalten.

Niemals überholen durch andere stören oder zu verhindern suchen.

Die besseren Reifen nimmt man stets an die Vorderräder.

Signal geben nur, wo und wenn es erforderlich ist, dann aber rechtzeitig.

Fahre verantwortungsbewußt, vornehm und vorbildlich!!!

2. Geländefahren.

Richtige Geländebeurteilung bietet die Grundlage für das Geländefahren. Sie hat die Gestaltung und Beschaffenheit des zu befahrenden Untergrundes unter Beachtung der Leistungsfähigkeit des Kraftfahrzeugs zu berücksichtigen.

Die Geländefahrausbildung umfaßt den Unterricht über Geländebeurteilung, Geländefahrkunde sowie überwinden von Hindernissen und den praktischen Fahrdienst.

a) Geländefahrkunde.

Für das Geländefahren gelten im allgemeinen dieselben Fahrregeln wie bei Straßenfahrten (vgl. Abschnitt „Fahrschule"). Zu beachten ist, daß sich Verstöße dagegen schneller und nachhaltiger auswirken.

Beim Motor. Immer muß die nötige Kraftreserve (d. h. Gas) zum überwinden plötzlich auftauchender, also unerwarteter Hindernisse vorhanden sein. Mit Vollgas fährt man nur auf kurzen und übersichtlichen Strecken. Rechtzeitig kleineren Gang einschalten, man schont dadurch den Motor. Stoßweises Gasgeben und -fortnehmen ist falsch.

Beim Kuppeln. Das Spiel der Kupplung muß den Fahr-Erschütterungen angepaßt sein. Man achte darauf, daß besonders in unebenem Gelände jede unwillkürliche Kupplungsbetätigung vermieden wird, und setze daher den Fuß stets neben die Kupplung.

Beim Lenken. Niemals ruckartig oder scharf lenken, weil sonst das Fahrzeug schleudert oder der Motor abgewürgt wird. Scharfes Einschlagen bei Fahren mit Anhängelast führt zum Steckenbleiben.

Bei der Bereifung. Verminderung des Luftdruckes kann auf Anordnung des Führers zweckmäßig sein, insbesondere beim Befahren weichen Bodens; dauerndes Fahren mit zu niedrigem Luftdruck führt aber zu erheblichen Reifenschäden.

b) überwinden von Hindernissen.

Da Hindernisse die Marschgeschwindigkeit vermindern und Personal sowie Gerät in höchstem Maße beanspruchen, umgeht man sie möglichst. Muß man Hindernisse überwinden, rechtzeitig die erforderlichen Hilfsmittel einsetzen. Absitzen der Besatzung und Schieben ist vielfach ausreichend. Auflegen von Gleitschutzketten ist beim Fahren auf feuchtem Gras, Moos, dichtem und nassem Laub vielfach erforderlich. Eisenbahnschienen auf freier Strecke müssen schräg und langsam genommen werden.

c) Fahren in schwierigem Gelände.

Fahren auf Sand und weichem Boden. Im Verlauf sonst festen Bodens nimmt man kurze und übersichtliche Stellen mit Anlauf, während man längere Strecken mit niederem Gang fährt. Scharfe Lenkbewegungen vermeidet man und fährt, wenn möglich, mit einem Räderpaar auf festem Boden, vermeidet auch Fahren in tiefen Spuren. Wenn die Räder zu mahlen anfangen, setzt man rückwärts und nimmt in gleicher Spur Anlauf. Kraftradfahrer sitzen ab und schieben das Fahrzeug. In feuchtem Sande sowie auf nassem und glitschigem Boden darf man nicht Spur fahren.

Sumpfgelände, vorher erkundet, durchfährt man mit mittlerem Gang. Bleibt das Fahrzeug stecken, fährt man in der alten Spur rückwärts heraus. Dabei Kupplung langsam einrücken und langsam anfahren. Bei Krafträdern setzt man zweckmäßig Zündkerzenschützer auf und dichtet erforderlichenfalls ab.

Durchfahren von Furten. Untergrund und Wassertiefe sind mindestens in Breite der Fahrbahn zu erkunden und gegebenenfalls abzustecken. Bei schlammigem Untergrund vermeidet man Spurfahren. Schleppen der nachfolgenden Fahrzeuge ist zweckmäßig, um das Aufwühlen des Untergrundes zu vermeiden. Zur Vermeidung einer starken Bugwelle fährt man mit kleinem Gang langsam. Man denke an Schutz der durch Wasser gefährdeten Teile des Fahrzeugs.

Überwinden von Sturzäckern. Man überquert sie schräg mit mittlerem Gang, hält dabei das Lenkrad fest und gibt vorsichtig Gas.

Nehmen von Steigungen. Kurze Steigungen nimmt man in gerader Fahrt im Schwung. — Steilhänge mit s c h a r f e m Übergang oder schmalem Rücken nimmt man langsam zur Schonung von Personal und Ladung, um Aufsetzen zu vermeiden. Bei längeren Steigungen ist nach Steigungswinkel, Boden und Verlauf der Steigung zu bestimmen, ob Gleitschutz aufzulegen und welcher Gang zu nehmen ist. Anfahren möglichst im Zuge von Mulden. Man achte darauf, daß man stets eine genügende Kraftreserve (Gas) hat; denn Vollgas zu Beginn oder in der Mitte der Steigung zieht meist Abrutschen nach sich. Man nehme lieber einen niedrigeren Gang. Schalten und Lenken am Hang vermeidet man, Bergstützen (Lkw.) läßt man herunter. Kraftradfahrer sitzen ab und schieben das Kraftrad mit eingeschaltetem Gang.

Bergabfahrt. Nie auskuppeln. Man nimmt immer den gleichen Gang, den man bei Bergauffahrt nahm, vermeidet scharfes Bremsen. Kurzes Rutschen ist ungefährlich.

Durchfahren breiter Gräben. Möglichkeit des Überschreitens breiter Gräben ist abhängig von der Steigfähigkeit des Kraftfahrzeuges, der Sohlenbreite, der Bodenart sowie der Länge und dem Böschungswinkel der Grabenwände. Den Gang wähle man entsprechend dem Böschungswinkel der Gegenwand. Man läßt das Fahrzeug langsam in den Graben rollen. Ist die tiefste Stelle überfahren und fängt das Fahrzeug an, sich zu heben, dann fährt man mit Halb= bis Vollgas je nach Übergang über den Grabenrand hinaus.

d) Fahrdienst.

Den Anfang der Fahrausbildung bilden Übungen im Überwinden schwierigen Bodens, wie Sand, Lehm, Schlamm, wobei Heben und Abschleppen steckengebliebener Kraftfahrzeuge zu üben ist. — Anschließend folgt das Hindernisfahren bis zur Grenze der Leistungsfähigkeit. Der Fahrlehrer macht dies praktisch vor. Einfluß von Bodenart und Witterung sind im Unterricht und Fahrdienst zu zeigen. Ist hier genügend Sicherheit erreicht, beginnt das Fahren im freien Gelände, wobei die Schwierigkeit der Fahrstrecke allmählich zu steigern ist.

Übungsgegenstände sind hierbei:

Zielfahrten in unbekanntem Gelände nach Karte und Handskizzen, ohne und mit Last, ohne und mit Gasmaske, bei Nacht mit und ohne Licht sowie bei Nebel.

Fahren ohne Karte, beginnend mit Zurückfahren über kürzere, dann längere Strecken nach eingeprägten Geländemerkmalen.

Wahl des Weges innerhalb eines Bewegungsstreifens.

Fahren unter einfachen taktischen Verhältnissen mit feldmäßiger Ausrüstung.

3. Fahren im Winter, bei Schnee und Eis.

Die Fahrbereitschaft bei Frost sowie das Fahren bei Eis und Schnee erfordern besondere Maßnahmen und Übung. Die F a h r b e r e i t s c h a f t ist abhängig von dem Grad der Kälte, der Fahrzeugausrüstung, der Art der Unterstellmöglichkeiten (im Freien oder in Räumen, geheizt oder ungeheizt), der im Freien zuzubringenden Zeit sowie den taktischen Anforderungen (insbesondere, ob ständige Fahrbereitschaft notwendig ist).

Die W i n t e r a u s r ü s t u n g d e r K r a f t f a h r z e u g e umfaßt:
H i l f s m i t t e l z u m W a r m h a l t e n u n d E r w ä r m e n d e s K r a f t fahrzeugs, wie Kühlerschutz, Decken, Wärmetücher, Gefrierschutzmittel, G l e i t s c h u t z m i t t e l sowie
besondere G e r ä t e, wie Spaten, Hacken, Schaufeln und Matten zum Unterlegen unter die Räder und Bohlen.

Die Gleitschutzmittel sind die gleichen wie für das Geländefahren auf weichem Boden.

Müssen Kraftfahrzeuge im Freien verbleiben, so müssen sie windgeschützt mit eingedeckter Motorhaube und Kühler stehen. Ist ständige Fahrbereitschaft geboten, so müssen je nach Kälte die Motoren alle 15 bis 60 Minuten angeworfen werden, um warm zu bleiben. Bei großer Kälte (unter — 20 Grad) muß das Einfrieren der Schmiermittel durch Fahren kurzer Strecken in regelmäßigen Zeitabständen verhindert werden.

Ingangbringen eines kalt gewordenen Motors vor dem Antreten in folgender Reihenfolge: Auffüllen erst warmen, dann heißen Wassers, Auffüllen gewärmten Öles, sofern dies abgelassen war; Anwärmen der Ansaugleitung durch heiße Tücher; Einspritzen der Zylinder und Tippen auf den Vergaser; Andrehen des Motors vor Benutzung des Anlassers (dabei auskuppeln). Dann Motor langsam laufen und warm werden lassen.

Das Fahren bei Schnee und Eis ist ähnlich dem Fahren in tiefem Sande oder Sumpf.

Für das Fahren im Schnee gilt als Anhalt: Weicher, lockerer, über 30 cm tiefer Schnee kann auch mit Gleitschutz nicht mit Sicherheit überwunden werden. Schnee bis zu 30 cm Tiefe setzt, je nach Beschaffenheit des Schnees und Untergrundes, die gewöhnliche Straßen- und Geländegeschwindigkeit bis zur Hälfte und mehr herab. — Einzelne Kraftfahrzeuge mit geringem Bodendruck können über tiefen, festgefrorenen Schnee auch ohne Gleitschutz fahren. Fahrstrecken in durchschnittenem Gelände müssen wegen der möglichen Schneewehen erkundet und bezeichnet werden.

Bereiste Straßen und bereistes ebenes Gelände können nur unter Herabsetzung der Geschwindigkeit überwunden werden. Scharfe Lenkeinschläge sowie scharfes Bremsen vermeiden, bei Schleudern sanft gegenlenken. — In Wegekrümmungen sowie auf gewölbten Straßen muß langsam und mit niederem Gange gefahren werden. Die Fähigkeit, Steigungen zu überwinden, ist erheblich eingeschränkt.

4. Fahrausbildung im Verband.

Die Ausbildung umfaßt den Marsch auf Straßen und im Gelände sowie das Fahren im Gefecht. Das Fahren im Gefecht ist durch besondere Vorschriften geregelt.

Im Verband sind Kommandos mit der Stimme nur im Halten und bei nicht laufendem Motor möglich.

Die Befehlsgebung erfolgt durch Berührungs-, Seh- und Hörzeichen.

Führungszeichen auf dem Marsch (s. S. 310 ff.) sind für alle Verbände gleich.

Die Fahrausbildung im Verband gliedert sich in formale Fahrübungen und Marschübungen.

Formale Fahrübungen.

Die Ausbildung erstreckt sich auf rasches Aufnehmen und exerziermäßiges Ausführen von Zeichen, Auf- und Absitzen, gleichzeitiges Anfahren und Halten, Geschwindigkeits-, Abstands- sowie Richtungsveränderungen, ferner auf Halten von Abständen und Zwischenräumen, Richtung und Anschluß im Halten und in Fahrt, Verringern bzw. Vergrößern der Zwischenräume, Abbrechen, Aufmarschieren, Verhalten auf schwierigen Wegestrecken und bei Hindernissen sowie die Formen für die Einheit und Formveränderungen.

Beim Halten wird ohne besonderen Befehl nicht aufgeschlossen, sondern unter Ausnutzung von Fliegerdeckung und Freimachen der Straßen gehalten. — Stets müssen die allgemeinen Verkehrsregeln beachtet werden, d. h. Straßengabeln, Wegekreuzungen, Brücken, Engen sowie Einfahrten in Höfe und Gebäude freigehalten werden, auch wenn hierdurch die Abstände verlorengehen.

Die Mindestabstände während der Fahrt richten sich nach der Bremsstrecke der einzelnen Kraftfahrzeuge. Je schneller gefahren wird, desto größer müssen die Abstände sein. Die Fahrer nehmen selbständig etwa soviel Abstand, wie die Geschwindigkeit in km/Std. beträgt. Größere Abstände werden bedingt durch taktische Erfordernisse (Maßnahmen gegen fdl. Flieger) oder technische Notwendigkeiten (glatte Fahrbahn, starkes Gefälle, Staub, Nebel).

Meist ist die Ausnutzung der Geschwindigkeit wichtiger als die Gleichmäßigkeit der Abstände. Der Zusammenhalt der Truppe darf dabei aber nicht verlorengehen.

Die Durchschnittsgeschwindigkeit ist dem schwächsten Kraftfahrzeug der Einheit anzupassen. Verantwortlich für ihr Einhalten ist der Fahrer des vordersten oder Anschlußkraftfahrzeuges. Sind größere Verbände aus Einheiten mit verschiedenen Geschwindigkeiten zusammengesetzt, so ist für Geschwindigkeit und Marschfolge die taktische Lage oder, fern vom Feinde, die Schonung von Truppe und Gerät maßgebend.

Abstände und Zwischenräume können bei Geländeschwierigkeiten vorübergehend aufgegeben werden.

Verantwortlich für das Einhalten der Marschrichtung ist der Fahrer des Anschlußkraftwagens. — Schwenkungen in der Kolonne werden dort ausgeführt, wo das Spitzenfahrzeug geschwenkt hat. Wendungen führt jedes Kraftfahrzeug dort aus, wo es das Zeichen aufnimmt. Ausführung von Kehrtwendungen ist abhängig von den Straßen- und Geländeverhältnissen. Wagenführer (Begleiter) sitzen ab und unterstützen den Fahrer durch Zeichen. Bei Kraftfahrzeugen mit Schlepplast werden die Anhänger durch die Besatzung abgehängt, zur Seite geschoben und nach Beendigung der Kehrtwendung wieder angehängt. — Zug- usw. Führer melden das Beendigen des Kehrtmachens.

Vor Hindernissen muß sich der Führer des marschierenden Verbandes rechtzeitig entscheiden, ob Gleitschutz anzulegen, die Seilwinde anzuwenden und ob das Hindernis in Einheiten oder in Einzelfahrt zu überwinden ist. — Vor großen Steigungen und nach überwinden von Hindernissen beschleunigen die Spitzenkraftfahrzeuge die Geschwindigkeit, um Raum zu geben.

Marschübungen.

Sie haben den Zweck, das Fahren im Verbande zu üben und die Truppe in die Marschregeln (Erkundung, Verkehrsregelung, überwinden von Wege- und Geländeschwierigkeiten, Tarnung, Verhalten bei unvermuteten Ereignissen) zu schulen. Jede Marschübung muß einen bestimmten Übungszweck verfolgen; danach richtet sich die Auswahl der Wegestrecken.

Im großen sind Straßen und Gelände durch die Aufklärung zu erkunden. Für Einzelheiten sind besondere Erkunder anzusetzen. Die Erkundung ist so frühzeitig einzuleiten, daß Marschstockungen vermieden und notwendige Anordnungen rechtzeitig getroffen werden können. Dabei ist festzustellen: Nutzbare Breite von Straßen und Wegen, Ausweichstellen, Engen, Punkte, an denen die Marschstraße zum Geländemarsch verlassen werden kann, Deckung gegen Luftbeobachtung, ferner Straßenbeschaffenheit, Beschaffenheit des Oberbaus, der Steigungen, Gefälle, Kurven, Hohlwege, Staubentwicklung, mögliche Durchschnittsgeschwindigkeit und Zeitbedarf für die Fahrstrecke, Tragfähigkeit und Möglichkeit des Verstärkens von Brücken, geeignete Rastplätze, Fahrstrecken und Hindernisse, die besondere Maßnahmen (Umgehung, überwinden in Einzelfahrt, Anwendung des Seilzuges, Gerät und Arbeiten zum Fahrbarmachen) erfordern. Verschneite oder vereiste Fahrstrecken müssen vor dem Befahren erkundet werden, Schneeverwehungen beseitigt, vereiste Steigungen fahrbar gemacht werden. (Anwendung von Schneepflügen, Aufrauhen, Sandstreuen.)

Am Ende des Verbandes — bei Marsch mit Sicherung noch vor der Nachspitze — fährt der Schließende. — Bei ernsten Schäden entscheidet der Schließende des Verbandes,

ob das beschädigte Kraftfahrzeug an Ort und Stelle instand zu setzen,
ob es aufzuladen, zu schleppen und beim nächsten Halt instand zu setzen,
ob das Kraftfahrzeug liegenzulassen, zum Abschleppen zu melden und die
Besatzung mit Ladung auf andere Kraftfahrzeuge zu übernehmen ist.

Instandsetzungen während des Marsches obliegen der Kraft=
fahrzeugbesatzung. Fahrer schadhafter Kraftfahrzeuge machen die Straße frei,
halten und geben dem nachfolgenden Kraftfahrzeug das Zeichen zum Weiter=
fahren. Nach Behebung der Störung schließt sich das Kraftfahrzeug dem nächsten
motorisierten Truppenteil an und rückt erst beim nächsten größeren Halt zu
seiner Einheit auf.

Auf engen Straßen sind entgegenkommende Fahrzeuge rechtzeitig zu warnen
und an Ausweichstellen festzuhalten. An belebten Straßenkreuzungen ist der
Verkehr durch Kraftradfahrer zu regeln. Durchfahrt durch Städte erfolgt mit
verringerter Geschwindigkeit und Abständen.

Grundsätzlich ist die befohlene Fahrbahn einzuhalten.

Schneller fahrenden Kraftfahrzeugen muß zum Überholen der Kolonne rasch
Raum gegeben werden. — Motorisierte Verbände überholen sich nur auf Befehl
des Truppenführers. Der Führer des überholenden Verbandes hat den Führer
des zu überholenden vorher davon zu verständigen, damit die Straße für das
Überholen frei gemacht werden kann.

Halte zum Nachsehen der Kraftfahrzeuge sind mit den sonstigen Halten
und Rasten zusammenzulegen. Bei jedem Halt, bei dem abgesessen wird, ist die
Mindestdauer des Haltes bekanntzugeben. Die Fahrer melden Durchführung und
Ergebnis der Nachprüfung ihrer Kraftfahrzeuge.

Nachtmärsche können durchgeführt werden:

mit vollem oder abgeblendetem Scheinwerferlicht,
Spitzenkraftfahrzeuge mit nach oben abgeblendeten Scheinwerfern, die
    übrigen Kraftfahrzeuge mit voll abgeblendeten Scheinwerfern und mit
    Schlußlichtern, die abgeblendet sein können,
ohne Licht.

Bei Fahrten mit teilweise oder ganz abgeblendeten Kraftfahrzeugen ist zu
beachten:

Fahrgeschwindigkeit und Abstände werden verringert.
Fahrer und Begleiter haben durch erhöhte Aufmerksamkeit ein Abreißen
    des Verbandes oder Auffahren auf die Vorderwagen zu verhindern.
Eine Straßenseite ist scharf einzuhalten.
Auf Zeichen ist besonders zu achten.
Kurze Ordnungshalte können den Zusammenhalt des Verbandes erleichtern.
Beachten aller nötigen Vorsichtsmaßnahmen.

Für das Fahren bei Nebel und bei starkem Staub sind diese
Richtlinien sinngemäß anzuwenden. Zerlegen des Verbandes in kleine, eng zu=
sammengehaltene Gruppen kann angezeigt sein. Die Spitzenkraftfahrzeuge sollen
mit Nebellicht fahren.

Bei dunkler Nacht und dichtem Nebel ist im Gelände fast immer Schritt=
geschwindigkeit und Vorausgehen eines Erkunders zu Fuß vor dem Spitzenkraft=
fahrzeug, mitunter vor jedem Einzelkraftfahrzeug erforderlich. Nachtfahrten
im Gelände sind auf kurze Märsche (erkundete und bezeichnete Wege zu Be=
reitstellungen usw.) zu beschränken.

Das Einhalten der Marschrichtung ist bei Nacht oder Nebel häufig nur mit
dem Kompaß möglich.

5. Führungszeichen.

Die Führungszeichen werden mit Zeichenstäben, Flaggen oder mit den
Armen gegeben. Bei Dunkelheit und Nebel werden Taschenlampen mit mehr=
farbigem Licht benutzt.

Der Führer wählt seinen Platz zum Zeichengeben so, daß er von den Kraft=
fahrzeugen aus zu sehen ist.

Die Zeichen sind durch die Wagen= usw. Führer oder Begleiter zu wieder=
holen. Sind die Besatzungen aufgesessen, so sind die Zeichen in geschlossenen
Kraftfahrzeugen für die Besatzungen nachzukommandieren.

In Fahrt werden die Zeichen so lange gegeben, bis der nächste Wagenführer
(Begleiter) oder Kraftradfahrer das Zeichen wiederholt hat (Verstandenzeichen).

Dreizehnter Abschnitt.

Gesetzeskunde und Verkehrsbestimmungen.

1. Maßgebende gesetzliche Bestimmungen.

a) **Gesetz über den Verkehr mit Kraftfahrzeugen** vom 3. Mai 1909 mit späteren
Änderungen.

b) **Straßenverkehrs=Ordnung** (StVO.) vom 13. November 1937.

c) **Straßenverkehrs=Zulassungs=Ordnung** (StVZO.) vom 13. November 1937.

2. Führer von Kraftfahrzeugen (Führerscheine).

Wer auf öffentlichen Straßen ein Kraftfahrzeug (maschinell angetriebenes, nicht an Gleise
gebundenes Landfahrzeug) führen will, bedarf der Erlaubnis der Verwaltungsbehörde (Fahr=
erlaubnis).

Die Fahrerlaubnis ist durch den **Führerschein** nachzuweisen. Der Führerschein ist beim
Führen von Kraftfahrzeugen mitzuführen und auf Verlangen zuständigen Beamten auszuhändigen.

Einteilung der Führerscheine: Die Fahrerlaubnis wird für jede Betriebsart in folgende
Klassen eingeteilt:

Klasse 1: Krafträder (Zweiräder, auch mit Beiwagen) mit einem Hubraum über 250 Kubik=
zentimeter.

Klasse 2: Kraftfahrzeuge, auch solche mit aufgesatteltem Anhänger, deren Eigengewicht
(einschl. dem eines aufgesatteltem Anhängers) über 3,5 t beträgt, und Züge mit
mehr als drei Achsen ohne Rücksicht auf die Klasse des ziehenden Fahrzeugs.

Klasse 3: Alle Kraftfahrzeuge, die nicht zu Klasse 1, 2 oder 4 gehören.

Klasse 4: Kraftfahrzeuge mit einem Hubraum bis 250 Kubikzentimeter und Kraftfahrzeuge
mit mehr als 20 km je Stunde Höchstgeschwindigkeit.

Die Erlaubnis kann auf einzelne Fahrzeugarten dieser Klassen beschränkt werden.

Die Erlaubnis zum Führen von **Kraftfahrzeugen der Wehrmacht** wird durch diese Dienst=
stellen erteilt und beschränkt sich nicht auf Dienstfahrzeuge. Der „**Militärführerschein**" gilt nur
für die Dauer der Zugehörigkeit zur Wehrmacht. — Bei Beendigung des Dienstverhältnisses oder
der Verwendung als Kraftfahrer ist der Militärführerschein abzugeben. Dem Inhaber wird auf
Antrag bescheinigt, für welche Betriebsart und Klasse ihm die Erlaubnis erteilt war. Auf Grund
dieser Bescheinigung wird eine **allgemeine Fahrerlaubnis** für die entsprechende Betriebsart und
Klasse von Kraftfahrzeugen innerhalb von 5 Jahren nach dem Ausscheiden aus dem Kraftfahr=
dienst **ohne nochmalige Prüfung** erteilt, wenn nicht Tatsachen vorliegen, die den Antragsteller
künftig als ungeeignet und nicht befähigt zum Führen von Kraftfahrzeugen erscheinen lassen.

3. Kennzeichnung der Kraftfahrzeuge (Unterscheidungszeichen).

Ein Kraftfahrzeug darf auf öffentlichen Straßen nur in Betrieb gesetzt werden, wenn es
durch Erteilung eines amtlichen „**Kennzeichens**" zum Verkehr zugelassen ist. Auf Grund der Be=
triebserlaubnis wird der „**Kraftfahrzeugschein**" (Zulassung) ausgefertigt.

Rote Kennzeichen dürfen nur zu Fahrten zur Feststellung und zum Nachweis der Gebrauchs=
fähigkeit von Kraftfahrzeugen (**Probefahrten**) und zu **Überführungsfahrten** benutzt werden.

24*

Die Kennzeichen sind:

Wehrmacht:

Heer	WH
Kriegsmarine	WM
Luftwaffe	WL
Reichspost	RP
Deutsche Reichsbahn	DR
Polizei	Pol
ϟϟ-Verfügungstruppe, ϟϟ-Wachverbände und deren Führungsstäbe	ϟϟ

Preußen.

Landespolizeibezirk Berlin	IA
Provinz Ostpreußen	IC
Provinz Brandenburg	IE
Provinz Pommern	IH
Provinz Schlesien	IK
Regierungsbezirk Sigmaringen . . .	IL
Provinz Sachsen	IM
Provinz Schleswig-Holstein	IP
Provinz Hannover	IS
Provinz Hessen-Nassau	IT
Provinz Westfalen	IX
Regierungsbezirk Düsseldorf . . .	IY
Rheinprovinz außer Regierungsbezirk Düsseldorf	IZ

Bayern.

Stadtbezirk München	IIA
Regierungsbezirk Oberbayern . . .	IIB
Regierungsbezirk Niederbayern . . .	IIC
Regierungsbezirk Pfalz	IID
Regierungsbezirk Oberpfalz	IIE
Regierungsbezirk Oberfranken . . .	IIH
Stadtbezirke Nürnberg und Fürth . .	IIN
Regierungsbezirk Mittelfranken . .	IIS
Regierungsbezirk Unterfranken . .	IIU
Regierungsbezirk Schwaben und Neuburg	IIZ

Sachsen.

Kreishauptmannschaft Dresden-Bautzen
a) Amtshauptmannschaften Bautzen, Löbau, Zittau, Kamenz . .	I
b) Polizeipräsidium Dresden, Amtshauptmannschaften Dresden, Freiberg, Pirna, Meißen, Großenhain,	

Dippoldiswalde, Amtshauptmannschaftliches Zweigamt Sayda . . .	II
Kreishauptmannschaft Leipzig . . .	III
Kreishauptmannschaft Chemnitz . .	IV
Kreishauptmannschaft Zwickau . . .	V

Württemberg.

Polizeipräsidium Stuttgart	IIIA
Landräte Backnang, Besigheim, Böblingen, Brackenheim, Eßlingen .	IIIC
Landräte Heilbronn, Leonberg, Ludwigsburg, Marbach, Maulbronn .	IIID
Landräte Neckarsulm, Vaihingen, Waiblingen und Landrat des Kreises Stuttgart-Amt in Stuttgart . . .	IIIE
Landräte Balingen, Calw, Freudenstadt, Herrenberg, Horb, Nagold . . .	IIIH
Landräte Neuenburg, Nürtingen, Oberndorf, Reutlingen, Rottenburg . . .	IIIK
Landräte Rottweil, Spaichingen, Sulz, Tübingen, Tuttlingen, Urach . .	IIIM
Landräte Aalen, Crailsheim, Ellwangen, Gaildorf, Gerabronn . . .	IIIP
Landräte Gmünd, Hall, Heidenheim, Künzelsau	IIIS
Landräte Mergentheim, Neeresheim, Öhringen, Schorndorf, Welzheim	IIIT
Landräte Biberach, Blaubeuren, Ehingen, Geislingen, Göppingen, Kirchheim	IIIX
Landräte Laupheim, Leutkirch, Münsingen, Ravensburg, Riedlingen .	IIIY
Landräte Saulgau, Tettnang, Ulm, Waldsee, Wangen	IIIZ
Baden	IVB
Thüringen	Th
Hessen	VH
Hamburg	HH
Mecklenburg	M
Oldenburg	OI
Braunschweig	B
Anhalt	A
Bremen	HB
Lippe	L
Schaumburg-Lippe	SL
Saarland	Saar

4. Verhalten im Straßenverkehr.

Als Grundregel gilt: Jeder Teilnehmer am öffentlichen Straßenverkehr hat sich so zu verhalten, daß der Verkehr nicht gefährdet werden kann; er muß ferner sein Verhalten so einrichten, daß kein anderer geschädigt oder mehr, als nach den Umständen unvermeidbar, behindert oder belästigt wird.

Fahrgeschwindigkeit. Die Fahrgeschwindigkeit hat der Fahrzeugführer so einzurichten, daß er jederzeit in der Lage ist, seinen Verpflichtungen im Verkehr Genüge zu leisten, und daß er das Fahrzeug nötigenfalls rechtzeitig anhalten kann. Das gilt besonders an unübersichtlichen Stellen und Eisenbahnübergängen in Schienenhöhe. Wer in eine Hauptstraße einbiegen oder diese überqueren will, hat mäßige Geschwindigkeit einzuhalten.

Wenn an Haltestellen von Schienenfahrzeugen die Fahrgäste auf der Fahrbahn ein- und aussteigen, darf nur in mäßiger Geschwindigkeit und nur in einem solchen Abstand vorbeigefahren werden, daß die Fahrgäste nicht gefährdet werden; nötigenfalls hat der Fahrzeugführer anzuhalten.

Ausweichen und überholen. Es ist rechts auszuweichen und links zu überholen. Während des Überholens dürfen Führer eingeholter Fahrzeuge ihre Fahrgeschwindigkeit nicht erhöhen. An unübersichtlichen Straßenstellen ist das Überholen verboten. Diese Vorschriften gelten auch für Einbahnstraßen.

Ist ein Ausweichen unmöglich, so hat der umzukehren, dem dies nach den Umständen am ehesten zuzumuten ist.

Jeder für nur eine Verkehrsart bestimmte Weg und jede unbefestigte Fahrbahn neben einer befestigten (Sommerweg) gelten beim Ausweichen und Überholen als selbständige Straßen.

Schienenfahrzeugen ist rechts auszuweichen; sie sind rechts zu überholen. Wenn der Raum zwischen Schienenfahrzeug und Fahrbahnrand dies nicht zuläßt, darf links ausgewichen und links überholt werden. In Einbahnstraßen dürfen Schienenfahrzeuge rechts oder links überholt werden.

Anzeigen der Fahrtrichtungsänderung und des Haltens. Wer seine Richtung ändern oder halten will, hat dies anderen Verkehrsteilnehmern rechtzeitig und deutlich anzuzeigen; das gilt nicht für Fußgänger auf Gehwegen. Das Anzeigen befreit nicht von der gebotenen Sorgfalt.

Soweit für Kraftfahrzeuge und für Straßenbahnen zum Anzeigen der Richtungsänderung und des Haltens die Anbringung mechanischer Einrichtungen vorgeschrieben ist, haben die Fahrzeugführer diese Einrichtungen zu benutzen. Bei vorübergehenden Störungen sind die Zeichen in anderer geeigneter Weise zu geben.

Warnzeichen. Der Fahrzeugführer hat gefährdete Verkehrsteilnehmer durch Warnzeichen auf das Herannahen seines Fahrzeugs aufmerksam zu machen. Es ist verboten, Warnzeichen zu anderen Zwecken, insbesondere zum Zwecke des eigenen rücksichtslosen Fahrens und mehr als notwendig abzugeben. Die Absicht des Überholens darf durch Warnzeichen kundgegeben werden.

Die Abgabe von Warnzeichen ist einzustellen, wenn Tiere dadurch unruhig werden.

Als Warnzeichen sind Schallzeichen zu geben; an deren Stelle können bei Dunkelheit Leuchtzeichen durch kurzes Aufblenden der Scheinwerfer gegeben werden, wenn diese Zeichen deutlich wahrgenommen und andere Verkehrsteilnehmer dadurch nicht geblendet werden können.

Vorfahrt. An Kreuzungen und Einmündungen von Straßen hat der Benutzer der Hauptstraße die Vorfahrt.

Hauptstraßen sind:

a) Reichsstraßen (einschließlich Ortsdurchfahrten),

b) Hauptverkehrsstraßen,

c) ferner an einzelnen Kreuzungen und Einmündungen: Straßen, bei denen auf den einmündenden oder kreuzenden Straßen auf der Spitze stehende Dreiecke „Vorfahrt auf der Hauptstraße achten!" oder „Halt! Vorfahrt auf der Hauptstraße achten!"

Bei Straßen gleichen Ranges hat an Kreuzungen und Einmündungen die Vorfahrt, wer von rechts kommt; jedoch haben Kraftfahrzeuge und durch Maschinenkraft angetriebene Schienenfahrzeuge die Vorfahrt vor anderen Verkehrsteilnehmern. Untereinander stehen Kraftfahrzeuge und Schienenfahrzeuge hinsichtlich der Vorfahrt gleich.

Diese Vorfahrtregeln gelten nicht, wenn durch Weisungen oder Zeichen von Polizeibeamten oder durch Farbzeichen eine andere Regelung im Einzelfall getroffen wird.

Will jemand die Richtung des auf derselben Straße sich bewegenden Verkehrs kreuzen, so hat er die ihm entgegenkommenden Fahrzeuge aller Art, die ihre Richtung beibehalten, auch an Kreuzungen und Einmündungen, vorfahren zu lassen. Hierbei gelten Straßen mit mehreren getrennten Fahrbahnen als dieselbe Straßen.

Die auf anderen Vorschriften beruhenden Vorrechte von Schienenbahnen an Wegübergängen bleiben unberührt.

Fahrzeuge in Kolonnen. Wenn Lastfahrzeuge außerhalb geschlossener Ortschaften in Kolonnen fahren, so dürfen diese Kolonnen bei Lastkraftwagen nicht länger als 50 Meter, bei Lastfuhrwerken nicht länger als 25 Meter sein. Zwischen solchen Kolonnen müssen mindestens die gleichen Abstände gehalten werden.

Anfahren und Halten. Der Führer eines Fahrzeugs hat so zu halten, daß der Verkehr nicht behindert oder gefährdet wird.

Das Halten von Fahrzeugen ist nur auf der rechten Seite der Straße in der Fahrtrichtung zulässig. Soweit auf der rechten Seite Schienengleise verlegt sind, darf links gehalten werden.

Auf Einbahnstraßen darf rechts und links gehalten werden.

Das **Parken** (Aufstellen von Fahrzeugen, soweit es nicht nur zum Ein- oder Aussteigen und Be- oder Entladen geschieht) ist nicht zulässig:

1. an den durch amtliche Verkehrszeichen ausdrücklich verbotenen Stellen,

2. an engen und unübersichtlichen Straßenstellen sowie in scharfen Straßenkrümmungen,

3. in einer geringeren Entfernung als 10 Meter vor und hinter Straßenkreuzungen oder -einmündungen und den Haltestellenschildern der öffentlichen Verkehrsmittel; die Entfernung wird bei Straßenkreuzungen und -einmündungen gerechnet von der Ecke, an der die Fahrbahnkanten zusammentreffen,

4. an Verkehrsinseln,

5. vor Grundstücksein- und -ausfahrten,

6. auf den mittleren von drei oder mehr voneinander getrennten Fahrbahnen einer Straße,

7. soweit es sich nicht um Schienenfahrzeuge handelt, innerhalb des Fahrraumes der Schienenbahnen.

Außer dem für das Parken in den Straßen zugelassenen Raum sind öffentliche Parkplätze nur die durch das amtliche Parkplatzschild von den Verkehrspolizeibehörden bezeichneten Flächen.

Ein- und Ausfahren. Beim Fahren von Fahrzeugen in ein Grundstück oder aus einem Grundstück hat sich der Fahrzeugführer so zu verhalten, daß eine Gefährdung des Straßenverkehrs ausgeschlossen ist.

Verlassen des Fahrzeugs. Beim Verlassen des Fahrzeugs hat der Fahrzeugführer die nötigen Maßnahmen zu treffen, um Unfälle und Verkehrsstörungen zu vermeiden.

Der Führer eines Kraftfahrzeugs hat beim Verlassen des Fahrzeugs zur Behinderung der unbefugten Benutzung die üblicherweise hierfür bestimmten Vorrichtungen am Fahrzeug in Wirksamkeit zu setzen.

Beleuchtung des Fahrzeugs. Bei Dunkelheit oder starkem Nebel muß das Kraftfahrzeug ausreichend beleuchtet sein (Stand- und Schlußlicht müssen brennen). Dies gilt nicht für abgestellte Fahrzeuge, wenn sie durch andere Lichtquellen ausreichend beleuchtet sind.

Abblenden. Führer von Kraftfahrzeugen haben die Scheinwerfer rechtzeitig abzublenden, wenn die Sicherheit des Verkehrs auf oder neben der Straße, insbesondere die Rücksicht auf entgegenkommende Verkehrsteilnehmer, es erfordert. Diese Verpflichtung besteht gegenüber Fußgängern nur, soweit sie in geschlossenen Abteilungen marschieren. Beim Halten vor Eisenbahnübergängen in Schienenhöhe ist stets abzublenden.

Suchscheinwerfer dürfen nur vorübergehend und nicht zum Beleuchten der Fahrbahn benutzt werden.

Benutzung der Fahrbahn. Der Führer eines Fahrzeuges hat, soweit nicht für einzelne Fahrzeugarten besondere Straßen oder Straßenteile bestimmt sind, die Fahrbahn zu benutzen.

Soweit nicht besondere Umstände entgegenstehen, haben Führer von Fahrzeugen auf der rechten Seite der Fahrbahn rechts zu fahren; sie dürfen die linke Seite nur zum Überholen benutzen. Führer langsam fahrender Fahrzeuge haben stets die äußerste rechte Seite der Fahrbahn einzuhalten. Auf unübersichtlichen Strecken haben die Führer aller Fahrzeuge die äußerste rechte Seite der Fahrbahn zu benutzen. Die Vorschriften dieses Absatzes gelten auch für Straßen, auf deren Fahrbahn der Verkehr in nur einer Richtung bestimmt ist (Einbahnstraßen).

Beim Einbiegen in eine andere Straße ist nach rechts ein enger, nach links ein weiter Bogen auszuführen. Wer rechts einbiegen will, hat sein Fahrzeug vorher möglichst weit rechts, wer links einbiegen will, möglichst weit links einzuordnen.

Auf Straßen mit zwei gleichartigen Fahrbahnen haben Fahrzeuge die in ihrer Fahrtrichtung rechts liegende Fahrbahn zu benutzen. Die Fahrbahnen gelten in der vorgeschriebenen Richtung als Einbahnstraßen.

Auf Straßen mit drei oder mehr voneinander getrennten Fahrbahnen dürfen die mittleren Fahrbahnen nur von Kraftfahrzeugen benutzt werden.

5. Vorläufige Autobahn-Betriebs- und -Verkehrsordnung.

Auch für den Verkehr auf den „Reichsautobahnen" gilt sinngemäß die Straßenverkehrsordnung.

Von den Fahrzeugführern wird erwartet, daß sie durch besondere Disziplin zu reibungsloser Abwicklung des Verkehrs beitragen. Folgende vorläufige Regelung des Verkehrs ist für Benutzung der freigegebenen Kraftfahrbahnen getroffen:

1. Benutzung nur von Kraftfahrzeugen.

2. Zur Erteilung von Fahrunterricht und zur Abhaltung von Führerprüfungen Benutzung verboten.

3. Rennen, Rekordfahrten und ähnliche Veranstaltungen dürfen unbeschadet der sonst erforderlichen Genehmigung nur mit Zustimmung der Gesellschaft „Reichsautobahnen" stattfinden.

4. Als Zufahrtswege vom und zum bestehenden Straßennetz dürfen nur die dazu bestimmten Anschlußstellen benutzt werden.

5. An Anschlußstellen ist der durchgehende Verkehr bevorrechtigt.

6. Die Kraftfahrzeuge haben die rechte Hälfte der in ihrer Fahrtrichtung rechts liegenden Fahrbahn zu benutzen. Die linke Hälfte darf nur beim Überholen benutzt werden.

7. Wenden auf der Fahrbahn ist verboten.

8. Den Bediensteten der Gesellschaft „Reichsautobahnen", zu deren Aufgaben die Überwachung der Kraftfahrbahnen gehört, stehen im Rahmen dieser Aufgaben nach Maßgabe ihrer Dienstanweisung polizeiliche Befugnisse zu.

9. Den Vorschriften und Anordnungen der Dienststellen der Gesellschaft „Reichsautobahnen" über den Betrieb der Kraftfahrbahnen ist Folge zu leisten.

10. Zuwiderhandlungen gegen diese Verordnung werden mit Geldstrafe bis zu 150 RM oder mit Haft bestraft, wenn nicht nach den allgemeinen Strafbestimmungen eine höhere Strafe verwirkt ist.

6. Verkehrsregelung und Verkehrszeichen.

A. Verkehrsregelung.

a) Den **Weisungen** und **Zeichen** der **Polizeibeamten** ist **Folge zu leisten**. Sie gehen allgemeinen Verkehrsregeln und durch amtliche Verkehrszeichen angezeigten örtlichen Sonderregeln vor.

b) Die **Zeichen** der Polizeibeamten zur Regelung des Verkehrs **bedeuten:**
    1. Winken in der Verkehrsrichtung: „Straße frei."
    2. Hochheben eines Armes:
        für Verkehrsteilnehmer in der vorher gesperrten Richtung: „Achtung",
        für Verkehrsteilnehmer in der vorher freien Richtung: „Anhalten",
        für in der Kreuzung Befindliche: „Kreuzung frei machen."
    3. Seitliches Ausstrecken eines Armes oder beider Arme:
        quer zur Verkehrsrichtung: „Halt",
        in der Verkehrsrichtung: „Straße frei."
    Diese Zeichen gelten auch, wenn sie nicht mehr in der vorgeschriebenen Weise gegeben werden, solange der Beamte seine Grundstellung beibehält.

c) Werden **Farbzeichen** verwendet, so bedeutet:
    Grün: „Straße frei",
    Gelb: Für Verkehrsteilnehmer in der vorher gesperrten Richtung: „Achtung",
        für Verkehrsteilnehmer in der vorher freien Richtung: „Anhalten",
        für in der Kreuzung Befindliche: „Kreuzung frei machen".
    Rot: „Halt."

d) Auf Zeichen: „Straße frei" kann abgebogen werden, nach links jedoch nur, wenn dadurch der freigegebene Verkehr von entgegenkommenden Fahrzeugen und von Schienenfahrzeugen nicht gestört wird. Einbiegende Fahrzeuge haben auf die Fußgänger, diese auf die einbiegenden Fahrzeuge besondere Rücksicht zu nehmen. Bei dem Zeichen „Kreuzung frei machen", haben die Fahrzeuge, die sich in der Kreuzung befinden, die Kreuzung zu verlassen.

B. Verkehrszeichen.

Die Straßenverkehrs-Ordnung unterscheidet Warnzeichen, Gebots- und Verbotszeichen und Hinweiszeichen (siehe Tafel).

7. Sonderrechte für die Wehrmacht.

a) Die **Wehrmacht ist von den Vorschriften der Straßenverkehrs-Ordnung befreit,** soweit die Erfüllung ihrer hoheitlichen Aufgaben es erfordert.

b) **Geschlossene Verbände der Wehrmacht** dürfen nur durch die Polizei und Fahrzeuge im Feuerlöschdienst unterbrochen oder sonst in ihrer Bewegung gehemmt werden.

8. Haftpflicht.

(Maßgebende Bestimmungen hierfür sind §§ 7 bis 20 des „K. F. G.".)

a) Wird beim Betriebe eines Kraftfahrzeugs ein Mensch getötet, der Körper oder die Gesundheit eines Menschen verletzt oder eine Sache beschädigt, so ist der **Halter des Fahrzeugs verpflichtet,** dem Verletzten den daraus entstehenden **Schaden zu ersetzen.**

Halter eines Kraftfahrzeugs ist, wer das Fahrzeug für eigene Rechnung im Gebrauch hat und die Verfügungsgewalt darüber besitzt.

Der Halter haftet also zunächst für den Schaden, ganz gleichgültig, ob er ihn verschuldet hat.

b) Die **Ersatzpflicht ist ausgeschlossen,** wenn ein **unabwendbares Ereignis vorliegt,** sofern der Unfall weder auf einem Fehler in der Beschaffenheit des Fahrzeugs, noch auf einem Versagen seiner Vorrichtungen beruht.

Ein **unabwendbares Ereignis liegt** z. B. vor, wenn es auf das Verhalten des Verletzten oder eines bei dem Betriebe beschäftigten Dritten oder eines Tieres zurückzuführen ist und sowohl der Halter als der Führer des Fahrzeugs jede nach den Umständen gebotene Sorgfalt beobachtet hat.

Die **Haftpflicht** ist ferner **ausgeschlossen**,

wenn zur Zeit des Unfalles der Verletzte oder die beschädigte Sache durch das Fahrzeug befördert wurde oder der Verletzte beim Betriebe des Fahrzeugs tätig war,

wenn der Unfall durch ein **Fahrzeug** verursacht wurde, das auf ebener Bahn eine auf 20 km/Std. begrenzte **Geschwindigkeit** nicht übersteigen kann, und

wenn der Unfall durch ein **Kleinkraftrad** verursacht ist. In diesem Falle kommen für Haftpflicht die Bestimmungen des Bürgerlichen Gesetzbuches in Betracht (§ 27 „K. F. G.“).

c) **Benutzt** jemand das Fahrzeug **ohne Wissen und Willen** des Fahrzeughalters **(Schwarzfahrt)**, so ist er zum Ersatz des Schadens verpflichtet.

d) **Höhe des Schadenersatzes.**

Der Ersatzpflichtige haftet:

bei **Schäden an einer Person** bis 25 000 RM oder bis zu einem Rentenbetrage von jährlich 1500 RM,

bei **Schäden an mehreren Personen** bis 75 000 RM oder bis zu einem Rentenbetrage von jährlich 4500 RM,

bei **Sachschäden** nur bis zum Betrage von 5000 RM.

e) **Verjährung der Ersatzansprüche.**

Verjährung der Ansprüche tritt nach zwei Jahren ein von dem Zeitpunkt an, in welchem der Ersatzberechtigte von dem Schaden und von der Person des Ersatzpflichtigen Kenntnis erlangt.

Verhandlungen zwischen dem Ersatzpflichtigen und dem Ersatzberechtigten hemmen die Verjährung.

Der Ersatzberechtigte muß innerhalb zweier Monate, nachdem er von dem Schaden und der Person des Ersatzpflichtigen Kenntnis erhalten hat, dem Ersatzpflichtigen den Unfall anzeigen, sonst verliert er seine Rechte nach dem „K. F. G.“.

f) Der **Wehrmachtsfiskus** kann auf Grund von Gesetzen den **schuldigen Fahrer** (bei grober Fahrlässigkeit und schwerem Verschulden, z. B. Trunkenheit, Schwarzfahrt) zur **Zahlung** für den entstandenen Schaden **heranziehen.** Nach Zahlung eines Teilbetrages kann Niederschlagung erfolgen.

9. Strafbestimmungen.

(§ 36 „St. V. O.“, §§ 21, 22, 24, 25 „K. F. G.“.)

a) **Verstöße gegen die StVO.** werden mit Geldstrafe bis 150 RM oder mit Haft bestraft.

b) Wer sich nach einem Unfall der **Feststellung** des Fahrzeugs und seiner Person **durch die Flucht entzieht**, wird mit Geldstrafe bis 300 RM oder mit Gefängnis bis zu 2 Monaten bestraft. Er bleibt straflos, wenn er den Unfall spätestens am nächsten Tage der Polizei meldet.

c) Wer eine beim Unfall **verletzte Person** vorsätzlich **in hilfloser Lage verläßt**, wird mit Gefängnis bis zu 6 Monaten bestraft. Bei mildernden Umständen Geldstrafe bis 300 RM.

d) Geldstrafe bis 300 RM oder Gefängnis bis 2 Monaten,

wer ein Kraftfahrzeug fährt, **ohne den Führerschein zu besitzen**,

wer ein Kraftfahrzeug fährt, obwohl ihm die **Fahrerlaubnis entzogen** ist,

wer entzogenen Führerschein nicht der Behörde auf Verlangen abliefert.

e) Mit Gefängnis bis zu 3 Monaten oder Geldstrafe bis zu 500 RM wird bestraft,

wer ein nicht zugelassenes Kraftfahrzeug mit einem Zeichen versieht, das den Anschein erweckt, ein amtliches Kennzeichen zu sein,

wer ein Kraftfahrzeug mit einem anderen als dem für das Kraftfahrzeug ausgegebenen Kennzeichen versieht,

wer das Kennzeichen verändert, beseitigt, verdeckt oder in seiner Erkennbarkeit beeinträchtigt.

Höhere Strafe nach den Vorschriften des Strafgesetzbuches ist möglich.

10. Verhalten bei Unfällen.

a) Sofort halten und, wenn nötig, Hilfe leisten, auch dann, wenn der Unfall nicht durch das eigene Kraftfahrzeug herbeigeführt wurde.

Bei eigenen Unfällen muß der Fahrer mit Unterstützung der Insassen z. B. folgende Maßnahmen treffen:

1. Warnung anderer Verkehrsteilnehmer, wenn Straße infolge Unfalls versperrt,
2. Bergung Verletzter und Sorge für ihre Beförderung zum Arzt oder ins Krankenhaus,
3. Benachrichtigung unverzüglich der nächsten Polizeidienststelle (Verkehrsunfallkommando) fernmündlich oder durch Vorüberkommende (im Standort oder seiner Nähe Benachrichtigung auch der eigenen Dienststelle). Fahrer darf Unfallstelle nur in zwingenden Fällen verlassen.

b) Im Beisein einer Amtsperson oder eines am Unfall Unbeteiligten Anstellen aller zur Klärung der Unfallursache zweckdienlichen Ermittlungen, z. B.:

1. Ort, Zeit, Witterung, Verkehrsverhältnisse, Sicht, Straßenzustand usw.,
2. Vermessen der Breite der Straßen und Fahrzeuge, der Abstände vom Straßenrand usw., gemessen vom äußersten Rand des Fahrzeugs (Lenkstangenende),
3. Fahr=, Brems= und Schleuderspuren usw., Kennzeichen der beteiligten Fahrzeuge, Anschriften der Führer, Halter, Verletzten und Augenzeugen, von diesen auch ihre Beobachtungsstelle,
4. Betätigung der Winker, Abblendung, Warnsignale,
5. Erkennbare Sachschäden, Fundstelle von Trümmern oder Splittern,
6. Etwaige Mängel am gegnerischen Fahrzeug (Beleuchtung, Lenkung, Bremsen usw.),
7. Antrag auf Blutuntersuchung bei Verdacht alkoholischer Beeinflussung der Fahrer.

Diese Feststellungen sind aufzuschreiben und möglichst von der Gewährsperson unterschreiben zu lassen.

c) Eine Erörterung der Schuldfrage mit der Gegenpartei ist mit dem Hinweis darauf abzulehnen, daß dies Aufgabe der amtlichen Stellen oder des Gerichts ist.

Der Fahrer hat der Gegenpartei seinen Dienstgrad, Namen, Dienst= und Verwaltungsstelle, Standort anzugeben, an die Schadenersatzansprüche zu richten sind.

d) Über jeden Unfall muß der Fahrer spätestens am folgenden Tage seiner Dienststelle einen **Bericht** vorlegen, in dem der Unfall kurz, klar und erschöpfend unter Vermeidung jeder Beschönigung so geschildert wird, wie er sich dem Fahrer dargestellt hat. Dabei ist auch anzugeben, was die Gegenseite getan oder unterlassen hat, um die Gefahr abzuwenden. Die Aufzeichnungen nach b) sind beizufügen.

e) Versicherte Fahrer haben ihre Versicherungsgesellschaft von dem Unfall unverzüglich zu benachrichtigen.

f) Dem Bericht sind weiter beizufügen:

1. eine **Meldung** nach Muster (am Schluß),
2. eine einfache **Lageplanskizze** (keine Lichtpause) von der Unfallstelle auf quadriertem Papier (□ = 1 m).

In der Skizze sind alle zur Beurteilung der Verkehrslage nötigen Tatbestände durch Zeichen, nötigenfalls mit entsprechenden Erklärungen, einzutragen, z. B.:

WH IA = Pkw., Lkw., Zgm.;   = Fuhrwerk;   = Krad.;

= Krad. m. Beiw.;   = Radf.; ✕ = Fußgänger, Laternenpfahl,

Tel.=Stange, Prellstein usw.; ○ = Baum.

Die Angabe der wichtigsten Maße (Straßenbreite, Länge, Breite der Fahrzeuge, Verlauf der Fahr=, Brems= und Schleuderspuren sowie der Abstände vom Straßenrand usw. oder beim Ausweichen und Überholen) darf nicht fehlen. Außer der Bezeichnung der Straßen ist zu vermerken, woher sie kommen und wohin sie führen.

g) Immer Ruhe und Beherrschung, Kopf nicht verlieren, überlegt handeln, möglichst wenig sprechen.

Muster

Meldung über den Kraftfahrunfall

des ....
(Dienstgrad, Name, Truppenteil usw.)

am ...., den .... 19..., um ..... Uhr
(Wochentag)

in ....
(Ort)

Frage	Antwort		
1. **Dienstkraftfahrzeug**			3. **Verletzte**
a) Art, Fabrikat, Typ		a)	von der Wehrmacht:
b) Kennzeichen			
c) Fahrbefehl Nr.		b)	von der Gegenseite:
d) Fahrtauftrag			
e) Breite des Fahr= zeugs			
f) Länge des Fahr= zeugs (Zug)			
g) Zahl der Anhänger			4. **Tote**
h) Hat Zugwagen An= hängerzeichen?		a)	von der Wehrmacht:
i) Beiwagen rechts oder links		b)	von der Gegenseite:
k) Beladung			
l) Insassen			
2. **Fremdes Fahrzeug**			
a) Art, Fabrikat, Typ			5. **Sachschäden**
b) Kennzeichen		a)	am Wehrmachteigentum:
c) Halter (Name, Woh= nung)			
d) Fahrer (Name, Wohnung)		b)	an fremdem Eigentum:
e) Breite des Fahr= zeugs			
f) Länge des Fahr= zeugs (Zug)			
g) Zahl der Anhänger			6. **Augenzeugen**
h) Hat der Zugwagen Anhängerzeichen?			(Namen und Anschriften)
i) Beiwagen rechts oder links			
k) Beladung			
l) Insassen (Name, Wohnung)			

Frage	Antwort

7. Wetter:

   a) hell

   b) sonnig

   c) dunkel

   d) Regen

   e) Sturm

   f) Gewitter

   g) Hagel

   h) Schnee

   i) Nebel

8. Unfallstelle:

   a) Reichsstraße (§ 13, 1 StVO.), gekennzeichnet durch StVO. Anlage 1 Bild 44 oder 45

   b) Hauptverkehrsstraße, gekennzeichnet durch StVO. Anl. 1 Bild 52

   c) Kreuzung oder Einmündung, tragen Einmündungsstr. Bild 30 usw.

   d) Einbahnstraße

   e) bestand Verkehrsregelung? (§ 13, 3 StVO.)

   f) an Ein- und Ausfahrt (§ 17 StVO.)

   g) in Kurve

   h) in Steigung

   i) im Gefälle

   k) an Bahnübergang mit Schranke

   l) an Bahnübergang ohne Schranke

   m) an Straßenbahnhaltestelle

   n) an Straßenbaustelle

   o) Breite der befahrenen Straße   m

   p) Unfallstelle rechts, in der Mitte oder links der befahrenen Straße

   q) herrschte großer Verkehr?

   r) war die Sicht behindert, wodurch? ....

   s) war die Fahrbahn beengt durch?

   t) ich bemerkte das Hindernis auf   m

Frage	Antwort
9. **Straßenbefestigung und Zustand:**	
a) Sommerweg	
b) Feldweg	
c) Asphalt	
d) geteert	
e) Makadam	
f) unbefestigt	
g) Kopfsteinpflaster	
h) Kleinsteinpflaster	
i) Holzpflaster	
k) trocken	
l) naß	
m) schlüpfrig	
n) vereist	
o) Schlaglöcher	
10. Vorhandene **Verkehrszeichen** StVO. Anlage 1 Bild Nr.	
11. Meine **Geschwindigkeit** betrug:	
a) vor Erblicken des Hindernisses	km/Std.
b) nach Erblicken des Hindernisses	km/Std.
12. Ich habe **Warnsignale** gegeben auf	m
13. Ich habe die **Richtungsänderung** angezeigt auf	m
14. Mein **Abstand** vom Vorderwagen betrug	m
15. Meine **Bremsstrecke** betrug	m
16. **Nachtfahrten:**	
a) Ich fuhr mit offenen Scheinwerfern	
b) Ich habe abgeblendet auf	m
c) Ich fuhr ohne Licht	
17. a) Ich habe das Fahrzeug vor Antritt der Fahrt auf Verkehrs- und Betriebssicherheit geprüft	
b) Ich besitze den Wehrmacht-Führerschein für das benutzte Kfz.	
c) Vor dem Unfalltag habe ich ein gleichartiges Kfz. zum letztenmal gesteuert am .... 19..	km

Frage	Antwort
d) Am Unfalltag habe ich das Kfz. gesteuert von .... bis	km
e) Ich war übermüdet. Ich habe dies gemeldet. Wem?	
f) Ich habe vor Antritt und während der Fahrt an Alkohol getrunken	
g) Ich bin gegen $\frac{\text{Haftpflicht}}{\text{Rückgriff}}$ versichert .... Ich habe der Versicherungsgesellschaft den Unfall gemeldet am	
18. h) Mein Diensteinkommen beträgt monatlich	RM

Nur bei Schulfahrten.

a) Ich besitze den Wehrmacht=Fahrlehrerschein für das benutzte Kraftfahrzeug

b) Ich habe zum letzten Male Fahrschüler ausgebildet am ....

c) Nach dem Ausbildungsnachweis hat der Fahrschüler vor dem Unfalltag das Kraftfahrzeug gelenkt, auf nichtöffentlichen Wegen .... km, auf öffentlichen Wegen .... km

19. Der Unfall wurde aufgenommen durch ....

20. Ein Bericht über den Unfall und eine Lageplanskizze mit Maßangaben über den Unfallort liegen bei.

2 Anlagen

................., den .... 19...
(Ort)

....
(Unterschrift)

Geprüft:

....
(Unterschrift des Dienststellenleiters)

Vierzehnter Abschnitt.

Motorisierung in fremden Heeren.

1. Einführung.

In fremden Heeren hat man nach dem Kriege nicht nur Panzerkampfwagen und Panzerspähwagen zur höchsten Vollkommenheit entwickelt, sondern hat auch die Motorisierung und Mechanisierung aller anderen Waffen in großem Umfange durchgeführt.

Schon im Weltkriege hat das Kraftfahrzeug seine Leistungsfähigkeit bewiesen. In vielen Fällen war es ausschlaggebender Helfer, die Durchführung einer Angriffsoperation zu ermöglichen, und Retter (z. B. für Frankreich im September 1914 am rechten deutschen Heeresflügel und bei Verdun 1916), eine vielleicht kriegsentscheidende bedrohliche Lage zum Guten zu wenden. Der Panzerkampfwagen allein war imstande, die schweren Stellungssysteme und Trichterfelder zu durchbrechen und feindliche Maschinengewehre zu überrennen, was der Infanterie trotz tagelangem Trommelfeuer der Artillerie versagt blieb. Auch Panzerspähwagen haben, auf deutscher Seite verwendet, besonders in Rumänien und Rußland Hervorragendes geleistet.

Man ist sich überall klar darüber, daß Motorisierung und Mechanisierung des Heeres die Schlagkraft und Beweglichkeit wesentlich erhöhen. — Überall gibt es neuzeitliches Gerät in großer Zahl.

2. Panzerkampfwagen.

Auch wir besaßen bereits im Weltkriege Panzerkampfwagen, die bei allen Angriffsoperationen des Jahres 1918 eingesetzt wurden, großen Erfolg und vielfach bedeutenden Anteil am Gesamterfolg hatten*).

Wie dem Flieger das „Fliegerabzeichen", so wurde den deutschen Panzerkampfwagenbesatzungen das „Kampfwagenabzeichen" (Abbildung) bei besonderen Leistungen verliehen. Bedingung war, daß man drei anerkannte erfolgreiche Feindfahrten **im** Panzerkampfwagen mitgemacht haben mußte.

Der Führer hat dem deutschen Heere auch die Panzertruppe wiedergegeben. Der Geist dieser Truppe gibt die Gewähr dafür, daß diese Waffe im edlen Wettstreit mit den anderen dem verpflichtenden Ziele nachstrebt, dem Deutschland Adolf Hitlers zu dienen, dem auch sie ihr Wiedererstehen verdankt.

Aus dem Kriegspanzerkampfwagen, der sich mühsam mit einer Durchschnittsgeschwindigkeit von 3 bis 5 km in der Stunde seinen Weg durch das Gelände bahnte, ist in jahrelanger Entwicklung ein schnellaufender Panzerkampfwagen (45 km/Std. und mehr) mit starker Waffenkraft geworden. Fast alle fremden Heere verfügen über Massen (zur Zeit etwa 15 000) neuzeitlicher Panzerkampfwagen.

Panzerkampfwagen sind gepanzerte und bewaffnete Kraftfahrzeuge.

Deutsches Kampfwagenabzeichen.

---

*) Hierüber die Bücher: „Deutsche Kampfwagen greifen an!" (Schilderung des Kampferlebens im Panzer an der Westfront 1918), „Die deutschen Kampfwagen im Weltkriege" (Kriegsgeschichtliche Darstellung der Gliederung und der Leistungen). Beide Bücher im Verlage E. S. Mittler & Sohn, Berlin, 1937, Verfasser: Major Ernst Volckheim.

unter Panzerschutz, die meist auf Gleisketten laufen. Sie sind befähigt, durch Feuer aus der Bewegung den Angriff der Infanterie (Schützen) zu unterstützen. Sie können in fast jedem Gelände fahren und Hindernisse je nach ihrer Eigenart überwinden. Nur Sumpfgelände, Wälder mit starkem und engem

Bild 1. Deutsche Panzerkampfwagen beim überwinden schwierigen Geländes.

Baumbestand, steile und hohe Böschungen sowie Schluchten und Hohlwege (über 45 Grad), felsige Steilhänge und sehr tiefe (über 1,5 m) und breite (über 3 m) Gewässer verhindern ohne besondere Vorbereitungen die Verwendung; lichte Wälder, lange Steigungen und Gefälle, Steilhänge, Wasserläufe und z. B. Trichtergelände erschweren sie.

Panzerkampfwagenarten.

Man unterscheidet nach Bewaffnung, Panzerung und Ausrüstung schwere, mittlere, leichte und Sonder-Panzerkampfwagen.

Schwere Panzerkampfwagen.

Schwere Panzerkampfwagen sind Durchbruchskampfwagen, die in fremden Heeren gegen besonders stark befestigte Stellungen eingesetzt werden, um anderen Panzerkampfwagen und Truppen den Weg durch Niederwalzen und Umrennen von Hindernissen sowie Niederkämpfen von Feindwaffen zu bahnen.

Bild 2.

Schwerer russischer Panzerkampfwagen „M 1".

Bewaffnung 1 Kanone und 1 M. G. im Hauptturm, je 1 s. oder ss. M. G. in 2 Nebentürmen. Besatzung 6 Mann, Panzerung 22 bis 35 mm, Geschwindigkeit 45 km/Std., Fahrbereich 200 km.

Merkmale: Sehr starke Bewaffnung (3 Kanonen zu 15,5, 10,5 und 7,5 cm und bis acht schwere Maschinengewehre) und Panzerung (40 bis 60 mm), die Schutz gegen panzerbrechende Waffen (ss. M. G. oder Abwehrkanonen vom Kaliber 3,7 und 4,7 cm) sowie Granaten von Feldgeschützen bietet. Geringe Geschwindigkeit (bedingt durch die Schwere des Fahrzeuges — Gewicht 70 bis 98 t) schränkt die Möglichkeiten der Verwendung ein.

Mittlere Panzerkampfwagen.

Mittlere Panzerkampfwagen sind nach den Ansichten des Auslandes die eigentlichen Angriffspanzerkampfwagen, die vor allem befähigt sind, die feindliche Artillerie anzugreifen und zu vernichten. Sie sollen den kleineren Wagen durch

Bild 3.
Englischer mittlerer Panzerkampfwagen „Vickers MK. C".
Gewicht etwa 11,5 t, Bewaffnung 1 5,7 cm-Kanone und 4 M. G., Besatzung 6 Mann, Panzerung 6,5 mm, Geschwindigkeit 30 km/Std.

Vernichtung der Panzerabwehrwaffen und der feindlichen Panzerkampfwagen den Weg in und durch den Feind bahnen.

Merkmale: Die Bewaffnung besteht aus panzerbrechenden Waffen (Kanonen oder ss. M. G.) und mehreren Maschinengewehren. Aus den Kanonen (meist Kaliber bis 7,5 cm) werden Panzer-, Spreng- und Nebelgranaten verschossen. Geschwindigkeit (30 bis 45 km/Std., neuerdings auch mehr) und Geländebeweglichkeit sind sehr groß. Das Gewicht mittlerer Panzerkampfwagen schwankt zwischen 12 und 20 t. Die Panzerung schützt meist je nach Entfernung gegen panzerbrechende Waffen. Besatzung 4 bis 6 Mann.

Leichte Panzerkampfwagen.

Leichte Panzerkampfwagen können im allgemeinen die gleichen Aufgaben lösen wie die mittleren.

Merkmale: Die Bewaffnung besteht meist aus zwei Waffen, einer panzerbrechenden (Kanone oder ss. M. G.) und einem M. G. oder auch zwei M. G. Beide Waffen sind vielfach — im Drehturm — miteinander gekoppelt. Geschwindigkeit bis etwa 50 km/Std. Das Gewicht leichter Panzerkampfwagen schwankt zwischen 4 und 9 t. Die Panzerung schützt gegen SmK-Munition. Besatzung 2 bis 3 Mann.

Kleine Panzerkampfwagen dienen sowohl der Aufklärung und Sicherung als auch zur Lösung selbständi-

Bild 4. Französischer „Renault"-Panzerkampfwagen „D 1".
Gewicht 11 t, Bewaffnung 1 Kanone (3,7 oder 4,7 cm), 2 M. G., Besatzung 2 Mann, Panzerung 10 bis 30 mm, Geschwindigkeit 18 km/Std.

ger Kampfaufgaben. In manchen Ländern sind sie in kleinen Gruppen als Aufklärer und zur Verstärkung der Kampfkraft organisch der Infanterie zugeteilt.

Sonder-Panzerkampfwagen.

Sie dienen in erster Linie der Unterstützung anderer Panzerkampfwagen bei überwinden von Hindernissen und bei der Führung. Ihre Aufgaben ergeben sich aus dem Verwendungszweck, für den sie gebaut sind.

Nachrichten-Panzerkampfwagen dienen der Nachrichten- und Befehlsübermittlung innerhalb der Panzerverbände und von diesen zu den übergeordneten und benachbarten Befehlsstellen. Sie sind mit Sende- und Empfangsgerät für Funktelegraphie und Sprechfunk ausgestattet. Die Geländebeweglichkeit ist die gleiche, wie die der anderen Panzerkampfwagenarten.

Darüber hinaus sind die Führer-Panzerkampfwagen mit Sprechfunk zur Verbindung innerhalb des Panzerverbandes ausgestattet.

Pionier-Panzerkampfwagen sollen Panzerverbänden das überschreiten von breiten Wasserläufen und Einschnitten erleichtern, sollen Minenfelder zerstören oder herstellen. Dabei können Brücken-Panzerkampfwagen mit Hilfe von Kraneinrichtungen ganze Brücken, die vorher in Deckung zusammengebaut sind, über Einschnitte schieben, auch Einzelteile von Brücken legen. Die Brückenherstellung erfolgt unter Panzerschutz. — Minenleger-

Bild 5. Englischer Schwimm-Panzerkampfwagen „Vickers-Carden-Loyd".

Gewicht 3,1 t, Bewaffnung 1 M. G., Besatzung 2 Mann, Panzerung 7 bis 9 mm, Geschwindigkeit auf dem Lande 64 km/Std. Schwimmgeschwindigkeit etwa 10 km/Std.

Panzerkampfwagen können im Feindfeuer Geländeabschnitte durch Minen verseuchen bzw. durch vorhergeschobene Rollen gelegte Feindminen zerstören und damit nachfolgenden Panzerkampfwagen eine Gasse durch Minensperren bahnen.

Schwimm-Panzerkampfwagen können Flüsse und Seen durchschwimmen. Steile, hohe und versumpfte Ufer schränken die Möglichkeiten ihrer Verwendung ein bzw. erfordern Vorbereitungen. Die Schwimmgeschwindigkeit beträgt zur Zeit 10 bis 15 km/Std. Auf dem Lande können sie wie leichte Panzerkampfwagen verwendet werden (Bild 5).

Truppentransport-Panzerkampfwagen sollen Schützen mit ihren Waffen den angreifenden Panzerkampfwagen auf dem Gefechtsfelde nachführen, um damit ein rasches Auswerten des Erfolges sicherzustellen.

Nebel-Panzerkampfwagen können Nebelwände größeren Ausmaßes zur Verschleierung eines beabsichtigten Panzerangriffes oder zum Vortäuschen eines solchen herstellen. Sie dienen Panzer- und anderen Verbänden zur Erleichterung, insbesondere des Loslösens vom Feinde.

Vielfach besitzen auch andere Panzerkampfwagen Nebelgerät, um sich dem Feind durch Selbstvernebelung zu entziehen.

Flammenwerfer=Panzerkampfwagen sollen gegen lebende Feindziele wirken.

Nachschub=Panzerkampfwagen dienen zur Versorgung der kämpfenden Truppe mit den wichtigsten Gefechtsbedürfnissen, insbesondere Munition. Sie sind gepanzert und können daher ihre Last bis in die vorderste Kampflinie bringen, die Munition vom Innern aus abwerfen.

Taktische und technische Eigenschaften.

Neuzeitliche Panzerkampfwagen besitzen volle Geländegängigkeit. Sehr schwieriges Gelände erfordert den Einsatz besonderer Mittel zur Überwindung wie bei anderen Waffen. Mittel= und Hochgebirge schränken die Möglichkeiten der Verwendung ein.

Die Grenze der Steigfähigkeit liegt bei fast allen Panzerkampfwagenarten bei etwa 45 Grad.

Grad der Kletterfähigkeit, die von der Höhe des vordersten (obersten) Punktes der Gleiskette über dem Erdboden abhängig ist, heute bis 1,7 m. Steine, Baumstämme, niedrige Mauern und Erhebungen werden meist mühelos überwunden.

Die Fähigkeit, Gelände mit weichem Untergrund, wie nasse Wiesen und kleine Sumpfstellen, zu überqueren, ist abhängig vom Bodendruck, der auf das Quadratzentimeter ausgeübt wird. Neuzeitliche Panzerkampfwagen haben selten mehr als 0,5 kg/cm², d. h. einen Bodendruck, der nicht höher ist als der des menschlichen Fußes und geringer als der des Pferdes.

Das Umwerfvermögen, d. h. die Fähigkeit, Hindernisse, wie Bäume und Mauern, umzureißen, ist abhängig von der Schwere (Gewicht) und der Motorstärke des Panzerkampfwagens. So können z. B. leichte Panzerkampfwagen 30 cm starke, schwere 80 cm starke Bäume umwerfen.

Die Grabenüberschreitfähigkeit ist abhängig von der Länge des Panzerkampfwagens, richtiger der Länge der Gleiskette. Die Überschreitfähigkeit von Gräben beträgt in der Regel 45 % der Gesamtlänge. Sie kann durch Hilfsvorrichtungen, wie Sporen und Rollen usw., erhöht werden.

Die Watfähigkeit ist abhängig von der Wassertiefe, der Beschaffenheit der Ufer und des Untergrundes des Gewässers sowie von der Höhe des Motors vom Erdboden. Die Watfähigkeit neuzeitlicher Panzerkampfwagen beträgt heute bis etwa 1,5 m Wassertiefe. Bei kleineren Panzerkampfwagen ist sie teilweise geringer, bei größeren höher. Sie kann durch Hilfsmaßnahmen, wie in den Wasserlauf gelegte Faschinen oder auch Steine, erhöht werden.

Der Fahrbereich ist abhängig vom der Motorenstärke, dem Gelände sowie vor allem von der mitgeführten Betriebstoffmenge. Er beträgt etwa 60 bis 100 km für schwere, 120 bis 220 km für mittlere, sowie 100 bis 300 km für leichte Panzerkampfwagen. Fahrt auf guten Wegen und in günstigem Gelände erhöht, Benutzung schwierigen Geländes mit Steigungen und Hindernissen verringert den Fahrbereich.

Die Waffen (Kanonen und Maschinengewehre) sind meist in Drehtürmen eingebaut, um Schußwirkung nach allen Seiten zu ermöglichen. Teilweise sind Waffen außerdem an den festen Wänden in Blenden untergebracht, meist nach vorn oder hinten wirkend (schwere und mittlere Panzerkampfwagen). Größere Panzerkampfwagen (schwere und mittlere) haben mehrere Türme. Mit Maschinengewehren sollen offene Ziele, mit Kanonen meist solche hinter Deckungen und mit allen panzerbrechenden Waffen gegnerische Panzerfahrzeuge beschossen werden. Schwere und mittlere Panzerkampfwagen führen außerdem vielfach Flieger=M. G.

Von der Waffenzahl abhängig ist die Stärke der Besatzung. Außer Fahrer und in größeren Panzerkampfwagen Führer und Funker sind in der Regel je Waffe ein Schütze vorgesehen. Gekoppelte Waffen lassen sich durch einen Mann bedienen.

An Munition werden für Maschinengewehre meist 2000 bis 3000 Schuß, für Kanonen je nach Kaliber bis 300 Granaten (Panzer=, Spreng= und Nebelgranaten) mitgeführt.

Beobachtungsmittel neuzeitlicher Panzerkampfwagen sind meist mit schußsicherem Glas geschützte Sehschlitze, optische Geräte (Spiegel, Periskope, Omniskope, Rundblickfernrohre) sowie mechanische Einrichtungen (z. B. Stroboskope). Sie sollen den Besatzungen bei Schutz gegen Geschoßsplitter gute Sicht geben.

Die Verständigung im Panzerkampfwagen erfolgt in größeren Panzerkampfwagen durch Sprachrohranlagen, sogenannte Tankophone und Lichtzeichen, weil der Gefechtslärm einen Zuruf erschwert. Bei kleinen mit nur zwei Mann Besatzung genügen Berührungszeichen.

Verbindung und Befehlsübermittlung innerhalb der Panzerverbände erfolgt durch Zeichen und Sprechfunk, von den Panzerverbänden zu anderen Waffen durch Sprechfunk oder Funktelegraphie. Zeichen durch Flaggen, Leuchtpistolen usw. sind jedoch bei Nebel schwer oder gar nicht erkennbar.

Gassicherheit, d. h. Schutz der Besatzung gegen das Eindringen von Gas, besteht bereits bei einer Anzahl neuzeitlicher Panzerkampfwagen, bei anderen erfolgt der Gasschutz durch griffbereit untergebrachte Gasmasken, deren Benutzung die Gefechtstätigkeit der Besatzungen aber erschwert.

Taktische Verwendung. In fremden Heeren werden Panzerverbände in größerer Zahl, überraschend im Schwerpunkt zur Herbeiführung der Entscheidung eingesetzt. Mehrere Wellen, nach der Tiefe gestaffelt, folgen einander. — Dabei ist der Einsatz vorgesehen im Zusammenwirken mit anderen Waffen, aber auch selbständig.

3. Panzerspähwagen.

Bereits zu Anfang des Krieges traten in Belgien Panzerspähwagen gegen deutsche Truppen auf und haben durch ihr überraschendes Erscheinen und M. G.-Feuer Verluste verursacht. Der Stellungskrieg gab keine Verwendungsmöglichkeit, deshalb fanden sie auf deutscher Seite erst im Feldzuge gegen Rumänien und in Rußland wieder Anwendung.

Panzerspähwagen sind gepanzerte und bewaffnete Aufklärungskraftfahrzeuge unter Panzerschutz, die sich mit großer Geschwindigkeit auf Straßen bewegen und auch querbeet im Gelände fahren können. Je nach ihrer Bauart ist die Geländegängigkeit verschieden.

Panzerspähwagen sollen aufklären und erkunden, kämpfen in der Regel nur, um die Durchführung der Aufklärung gegebenenfalls mit der Waffe zu erzwingen. Schnelligkeit steht bei ihnen an erster Stelle, damit sie der höheren Führung rasch Aufklärungsmeldungen geben können. Da sie weite Entfernungen zu überwinden haben, besitzen sie auch hohen Fahrbereich. Damit die Aufklärung nicht durch Straßensperren aufgehalten wird und der Panzerspähwagen in der Lage ist, gegnerischen, an Straßen aufgestellten Panzerabwehrwaffen auszuweichen, sind sie meist geländegängig.

Taktische und technische Eigenschaften.

Die Fahrgeschwindigkeit beträgt bis 90 km/Std. Höchstgeschwindigkeit, im Durchschnitt 35 bis 45 km/Std. auf guten Straßen. Diese hohe Geschwindigkeit gibt die Möglichkeit zur raschen Durchführung der Aufklärungsaufträge.

Fahrbereich etwa 300 km.

Die Fähigkeit, mit gleicher Geschwindigkeit vor- und rückwärts zu fahren, ermöglicht schnelles Ausweichen aus dem Bereich feindlicher Feuerwirkung bei plötzlichem Zusammenstoß mit Feind oder an Sperren bzw. anderen Hindernissen.

Beschränkte Geländegängigkeit ermöglicht das Überqueren kleiner Gräben (z. B. Straßengräben), das Fahren auf schlechten Wegen und in ungünstigem Gelände. Hierbei wird die Geschwindigkeit naturgemäß verringert.

Die Panzerung bietet meist Schutz gegen SmK-Geschosse.

Die Bewaffnung besteht aus kleinen Kanonen, l. und ss. M. G. Die meisten Panzerspähwagen sind nur mit M. G. bestückt. Die Waffen befinden sich meist in Drehtürmen.

Verbindung und Befehlsübermittlung untereinander erfolgen durch Zeichen und Sprechfunk, zu übergeordneten Dienststellen meist durch Funktelegraphie.

Bild 6.

Amerikanischer mittlerer Kavallerie-Panzerspähwagen.
Gewicht 3,8 t, Bewaffnung 1 ss. M. G. und 2 l. M. G., Besatzung
4 Mann, Panzerung 6,3 mm, Geschwindigkeit 110 km/Std.,
Vierradantrieb.

Die Führerfahrzeuge sind meist mit Funk ausgestattet.

Taktische Verwendung. Panzerspähwagen dienen der operativen und taktischen Aufklärung, sie können darüber hinaus Verwendung finden zur Sicherung anderer Verbände beim Marsch, zu Überfällen gegen Flanke und Rücken des Gegners und zur Verfolgung. — Mit dem entsprechenden Material versehen, können sie bei eigenem Rückzuge sowie auch tief im Feinde auch zur Durchführung von Zerstörungen im Feindgebiet herangezogen werden.

25*

Bild 7.
Französischer „Berliet“= Panzer= spähwagen „U M“.

Gewicht 4,5 t, Be= waffnung 1 ss.M.G. und 1 s.M.G. als Reserve, Besatzung 4 Mann, Panzerung 7 bis 9 mm, Geschwindigkeit 67 km/Std., Fahr= bereich 800 km, Vierradantrieb, schußsichere Luft= bereifung.

4. Panzerabwehrwaffen.

Im Kriege war die Artillerie die Hauptabwehrwaffe gegen Panzerkampfwagen. Spezial= abwehrwaffen wurden nur in geringem Umfange konstruiert, so daß im wesentlichen nur das deutsche 13 mm=Gewehr 1918 Verwendung fand.

Mit zunehmender Zahl der Panzerfahrzeuge in fremden Heeren wuchs auch die Erkenntnis der Notwendigkeit von neuzeitlichen Waffen gegen sie. So wurden überall in fremden Heeren Panzerabwehrwaffen konstruiert, die allen neuzeitlichen Anforderungen entsprechen.

Hauptmerkmale sind große Durchschlagskraft, flache Flugbahn und hohe Feuergeschwindigkeit. Sie sind sehr klein und niedrig gebaut, bieten also nur ein geringes Ziel. Gut getarnt sind sie kaum erkennbar.

Die Bewegung von Abwehrwaffen erfolgt durch Pferde= oder auch Kraftzug; teilweise sind sie auf geländegängigen Kraftfahrzeugen verladen oder fest montiert (Selbstfahrlafetten).

Man unterscheidet: überschwere Maschinengewehre (ss. M. G.) und Panzerabwehrgeschütze (Pak).

überschwere Maschinengewehre (ss. M. G.).

Man findet in fremden Heeren ss. M. G. vom Kaliber 12,7 bis 25 mm. Die Geschosse der Kaliber von 20 mm durchschlagen Panzerungen aller Panzerfahrzeuge bis zu den mittleren, während die starke Panzerung schwerer Panzerkampfwagen meist gegen sie Schutz bietet. Dagegen sind die Kaliber unter 20 mm meist nur verwendbar gegen leichte Panzerkampfwagen und Panzerspähwagen.

Der große Vorteil des ss. M. G. liegt darin, daß in wenigen Sekunden große Men= gen panzerbrechender Geschosse auf die Panzerung treffen.

Ss. M. G. sind teilweise auch so eingerichtet, daß sie zum Fliegerbeschuß verwen= det werden können.

Bild 8.
Dänisches ss. M. G. „Madsen“.
20 mm. In Fahrstellung (Mannschaftszug).

Panzerabwehrgeſchütze.

Die Panzerabwehrgeſchütze ſind das wirkſamſte Mittel gegen Panzerfahr=
zeuge. Die gebräuchlichſten Arten haben Kaliber 3,7 und 4,7 cm. Ihre Geſchoſſe
durchſchlagen die Panzerung faſt aller Panzerfahrzeuge.

Einſatz der Panzerabwehrwaffen.

Der Infanterie zugeteilte Panzerabwehrwaffen ſollen den Schutz ins=
beſondere gegen Panzerſpähwagen in der Bewegung (Marſch) und gegen Panzer=
kampfwagen, in der vorderſten Kampfzone des Gefechtsfeldes eingeſetzt,
ſicherſtellen.

Darüber hinaus ſtehen auch motoriſierte Panzerabwehr=
Verbände zur Verfügung der höheren Führung, um an
bedrohten Abſchnitten des Gefechtsfeldes eingebrochene oder überraſchend in Flanke
und Rücken auftretende Panzerkampfwagen abzuwehren, um den Marſch, Halte
und Raſten von Truppenverbänden in den in Betracht kommenden Richtungen

Bild 9.
Holländiſches
Panzer=
abwehrgeſchütz
„L 30 / L 12".
Mit 4,7 cm=Rohr
zur Abwehr von
Panzerfahrzeugen.

zu ſchützen ſowie auch die Unterkünfte von Stäben und rückwärtigen Dienſten
gegen überraſchendes Auftreten von Panzerfahrzeugen zu ſichern.

Panzerabwehrwaffen werden gut getarnt meiſt in Verbindung mit Sperren
oder Geländehinderniſſen eingeſetzt; ſie eröffnen das Feuer überraſchend auf
günſtige Schußentfernungen.

5. Motoriſierte Artillerie.

Schon im Kriege konnte die ſchwere und ſchwerſte Artillerie nur durch
Kraftzug bewegt werden. Leichte Artillerie machte man dadurch beweglich, daß
man ſie auf Kraftwagen verlud.

Mittel der Motoriſierung der Artillerie ſind: Ver=
laſtung (Verladung), Kraftzug ſowie Verwendung von Selbſtfahrlafetten.

Bild 10.
Amerikaniſcher Lkw.
als Zugmaſchine.
Zieht gummibereiftes
Geſchütz.

Verlaſtete Artillerie. Hier erfolgt Verladung von Geſchütz, Protze und Pferden
auf Lkw. Durch Verwendung geländegängiger Kraftfahrzeuge, die die Geſchütze bis in die Feuer=
ſtellung transportieren können, werden Pferde entbehrlich.

Vorteile der Verladung ſind die Möglichkeit, alle=pferdebeſpannten Batterien unter Scho=
nung von Perſonal und Pferden raſch beweglich zu machen. Verwendungs= und Feuerbereitſchaft
iſt erſt nach dem Abladen vorhanden.

Kraftzug ist in fremden Heeren am häufigsten zu finden. Hier werden Geschütze und Protzen an Zugmaschinen (Schlepper) oder meist glg. angehängt. Vorteil der Verwendung von Lkw. ist die Möglichkeit des Transportes der Bedienungen, von Gerät oder sogar eines Teiles der Munition.

Der Kraftzug ist das einfachste und wirtschaftlichste Mittel der Motorisierung der Artillerie.

Selbstfahrlafetten sind Sonderkonstruktionen, die in fremden Heeren, insbesondere bei Flakartillerie sowie Begleitartillerie für Panzerverbände Verwendung finden.

Hier bilden Geschütz und Protze ein untrennbares Ganzes, das Kraftfahrzeug dient ständig als Schießgerüst.

Vorteil der Selbstfahrlafette ist stete Feuerbereitschaft, Ersparnis an Kraftfahrzeugen gegenüber Verladung und Kraftzug, somit die Möglichkeit, daß das Personal aufgesessen mitfahren kann. Nachteil ist, daß Volltreffer Geschütz und Fahrzeug unbeweglich machen können bzw. ein Treffer gegen das Kraftfahrzeug den Einsatz des Geschützes unmöglich macht. — Selbstfahrlafetten sind vielfach teilgepanzert.

6. Motorisierung und Mechanisierung von Infanterie und Kavallerie.

Bereits im Kriege wurden Truppen durch Verladung auf Kraftfahrzeugen (meist auf Lkw.) beweglich gemacht. Das Kraftfahrzeug hat namentlich dort, wo Eisenbahnen fehlten oder nur in geringem Umfange zur Verfügung standen, eine entscheidende Rolle gespielt, um größere Verbände zur Verstärkung der Kampffront rasch heranzuführen oder von einem Frontabschnitt an den anderen zu werfen.

Die Motorisierung verfolgt den Zweck, die Verbände beweglicher und kampfkräftiger zu machen.

Nach dem derzeitigen Stande der Entwicklung unterscheidet man: Verladung meist von Infanterieverbänden, Verstärkung der Kampfkraft durch organische Zuteilung von Panzer=

Bild 11.
Englischer „Carden=Loyd"=Gleiskettenschlepper als M. G.=Träger.
(Im Anhänger die Bedienung.)

kampfwagen, Panzerspähwagen, Mechanisierung der schweren Waffen, Motorisierung des Trosses und der leichten Kolonnen, Beweglichmachen von Stäben und Meldemitteln.

Transport auf Kraftwagenkolonnen. In der Regel werden zu sogenannten „Heerestransportgruppen" zusammengefaßte Kraftwagenkolonnen von 30 oder 60 t Nutzlast verwendet, auf die Truppen mit Pferden und Fahrzeugen verladen werden. Die Truppe ist erst nach Entladung gefechtsbereit. Truppentransport erfolgt in der Regel nur hinter gesicherten Kampffronten, da die Kraftfahrzeuge lediglich Transportmittel sind. Die Möglichkeiten des Transportes sind abhängig von Straßennetz; nur Märsche auf größere Entfernungen sind lohnend. — Nach Entladung ist der Kraftwagen=Transportverband für neue Aufgaben verfügbar.

Die Verstärkung der Kampfkraft erfolgt in fremden Heeren durch organische Zuteilung von kleinen Panzerkampfwagen an die Infanterie=Bataillone (z. B. in Frankreich Zuteilung von 3 Panzerkampfwagen je Bataillon). Sie sollen in der Regel Erkundungs= und Spähaufträge durchführen, aber auch den Einbruch in den Gegner durch Feuer unterstützen bzw. das Loslösen vom Gegner erleichtern. Panzerspähwageneinheiten werden der Kavallerie zur Durchführung weitgehender Aufklärung zugeteilt.

Mechanisierung der schweren Waffen. Maschinengewehrzüge (Kompanien) und Minenwerferzüge (Kompanien) werden durch Gleiskettenfahrzeuge geländebeweglich gemacht, wobei die Möglichkeit des Schießens auch vom Fahrzeug aus besteht; die Regel ist jedoch, daß die Waffe im Gelände in Stellung gebracht wird und das Kraftfahrzeug als Transportmittel im Gelände dient.

Motorisierung des Trosses und der leichten Kolonnen.

Sie erfolgt meist durch Verwendung von Sechsrad-Kraftfahrzeugen, um ein Folgen auf schlechten Wegen und beschränkt auch im Gelände zu ermöglichen.

Durch Verwendung von Lastkraftwagen als Ersatz der Gefechtsfahrzeuge wird die Marschleistung und Beweglichkeit erhöht, da das Gepäck auf den Kraftwagen mitgeführt werden kann. — Das Nachführen der Gefechtstrosse und leichten Kolonnen wird durch die Anwendung des Lastkraftwagens wesentlich beschleunigt, die Marschleistung erhöht.

Mechanisierung der Verbände.

In fremden Heeren hat man Infanterie- und Reiter-Regimenter mechanisiert. Die Kraftfahrzeuge sind also ein Bestandteil des Verbandes, mit dem die Truppe fest verwachsen ist, von denen aus sie zum Teil auch kämpft. — Die mechanisierten Reiterverbände (z. B. dragons portées,

Bild 12. **Französischer Verband „Dragons portées".**

Frankreich) werden im Rahmen von Kav.-Divisionen zusammen mit Panzerkampf- und Panzerspähwagen für Kampf und Aufklärung verwendet.

Die Leistungsfähigkeit mechanisierter Verbände ist wesentlich größer als die der mit Pferden ausgestatteten. Durchschnittstagesleistungen 150 km und mehr (mit Pferden nur 30 bis 40 km).

7. Panzerverbände.

In fremden Heeren (z. B. England, Frankreich, Rußland) hat man Panzerverbände zu Panzerbrigaden oder -divisionen zusammengefaßt, deren Aufgabe es sein soll, selbständig im Zusammenwirken mit zugeteilten Waffen überraschend in Flanke und Rücken des Gegners eingesetzt zu werden.

8. Motorisierung des Nachschubes.

In fremden Heeren stehen im Dienste des Nachschubes, meist zu Kolonnen zusammengefaßt, handelsübliche Lastkraftwagen, Zwei- und Dreiachser. Auch geländegängige Fahrzeuge werden, z. B. zum Munitionstransport bis auf das Gefechtsfeld, eingesetzt. Gepanzerte Nachschubfahrzeuge sind befähigt, auch im Feindfeuer die Munition bis in die vorderste Kampfzone zu bringen.

Um ein rasches Instandsetzen von Kraftfahrzeugen zu ermöglichen, werden motorisierte Instandsetzungseinrichtungen (Werkstattzüge) eingesetzt, bei denen sich meist auch Abschlepp- und Kranfahrzeuge befinden.

Anhang.

Abzeichen.
Rangabzeichen der politischen Leiter der NSDAP.

Reichsleitung:
Tuchspiegel = hellrot, Einfassung = gold, ▨ = gold; ☐ = silberfarbig.

Reichsleiter Haupt-   Haupt-   Amtsleiter   Haupt-   Stellenleiter Hilfs- Mitarbeiter
dienstleiter amtsleiter stellenleiter stellenleiter

Gauleitung:
Tuchspiegel = dunkelrot, Einfassung = rot, punktiert = gold; weiß = silberfbg.

Gauleiter Stellvertr.   Haupt- Amtsleiter Haupt- Stellenleiter Mitarbeiter
Gauleiter amtsleiter stellenleiter

Kreisleitung:
Tuchspiegel = dunkelbraun, Einfassung = schwarz, punkt. = gold-, weiß = silberfbg.

Kreisleiter Haupt-   Amtsleiter Haupt- Stellenleiter Mitarbeiter
amtsleiter stellenleiter

Ortsgruppen - bzw. Stützpunktleitung:
Tuchspiegel = hellbraun, Einfassung = blau, punktiert = gold,- weiß = silberfarbig.

Ortsgruppen - Stützpunkt- Zellen-   Block- Amtsleiter Haupt- Stellenleiter Mitarbeiter
leiter leiter leiter leiter stellenleiter

Dienstgrade und Rangabzeichen der SA. und ℋ.

Die Rangabzeichen werden auf dem linken Kragenspiegel, vom Standartenführer aufwärts auf beiden Kragenspiegeln getragen. Die ℋ trägt schwarze, SA. Kragenspiegel in der Gruppenfarbe, jedoch: oberste SA.-Führung karmesinrot, Gruppenstäbe hochrot.

SA.-Gruppen und Gruppenfarben: Apfelgrün: Pommern, Thüringen; dunkelbraun: Westmark, Niedersachsen; dunkelweinrot: Ostland, Westfalen; hellblau: Hochland, Bayer. Ostmark; marineblau: Hansa, Hessen; orangegelb: Mitte, Südwest; rosarot: Ostmark; schwarz: Niederrhein, Berlin-Brandenburg; schwefelgelb: Schlesien, Franken; smaragdgrün: Sachsen, Nordmark; stahlgrün: Nordsee Kurpfalz.

SA.-Dienstgrade:	SA.-Mann	SA.-Sturmmann	SA.-Rottenführer	SA.-Scharführer	SA.-Oberscharführer	SA.-Truppführer	SA.-Obertruppführer
Kragenspiegel:							
ℋ-Dienstgrade:	ℋ-Mann	ℋ-Sturmmann	ℋ-Rottenführer	ℋ-Unterscharführer	ℋ-Scharführer	ℋ-Oberscharführer	ℋ-Hauptscharführer
Schulterstück:							

SA.: Schnüre Weiß mit der Landesfarbe durchwirkt.
ℋ: Schnüre Silber mit Schwarz durchwirkt.

SA.-Dienstgrade:	SA.-Sturmführer	SA.-Obersturmführer	SA.-Sturmhauptführer	SA.-Sturmbannführer	SA.-Obersturmbannführer
Kragenspiegel:					
ℋ-Dienstgrade:	ℋ-Untersturmführer	ℋ-Obersturmführer	ℋ-Hauptsturmführer	ℋ-Sturmbannführer	ℋ-Obersturmbannführer
Schulterstück:					

SA.: Gold- bzw. Silberschnüre, ℋ: Silberschnüre.

SA.-Dienstgrade:	SA.-Standartenführer	SA.-Oberführer	SA.-Brigadeführer	SA.-Gruppenführer	SA.-Obergruppenführer	Stabschef der SA.
Kragenspiegel:						
ℋ-Dienstgrade:	ℋ-Standartenführer	ℋ-Oberführer	ℋ-Brigadeführer	ℋ-Gruppenführer	ℋ-Obergruppenführer	Reichsführer ℋ
Schulterstück:						

SA.:

Geflochtenes Schulterstück in Gold bzw. Silber.   Geflochtenes Schulterstück in Gold und Silber durchwirkt.   Geflochtenes Schulterstück in Gold und Silber durchwirkt mit 1 Stern in der Mitte.

ℋ.   Geflochtenes Schulterstück in Silber.   desgl.   Reichsführer ℋ an Stelle des Sternes ein Eichenblatt.

Vom ℋ-Oberführer aufwärts tragen die ℋ-Führer weiße Aufschläge am Mantel.

Dienstgrade und Rangabzeichen des Reichsarbeitsdienstes.

(Keine
Schulter=
klappe).

Arbeits=
mann.

Arbeits=
mann*).

Vormann.

Ober=
vormann.

Truppführer.

Ober=
truppführer.

Unter=
feldmeister.

Feld=
meister.

Ober=
feldmeister.

Oberst=
feldmeister.

Arbeits=
führer.

Ober=
arbeits=
führer.

Oberst=
arbeits=
führer.

General=
arbeits=
führer.

Obergeneral=
arbeits=
führer.

Reichs=
arbeits=
führer.

Heilgehilfe.

Arbeits=
feldarzt.

Arbeitsarzt
(Spiegel u.
Achselstücke
sanitätsblau
unterlegt).

Amtswalter

Stabs=
amtswalter
(Spiegel= u. Achselstücke
forstgrün unterlegt).

Arbeits=
führer a. D.

Musik=
zugführer.

Obermusik=
zugführer.

*) Schulterklappe mit schwarz=weißer Freiwilligenschnur nur bei Verpflichtung auf mindestens
1 Jahr, vom Tage des Eintritts gerechnet.

Dienstgrade
und Rangabzeichen des Reichsluftschutzbundes.

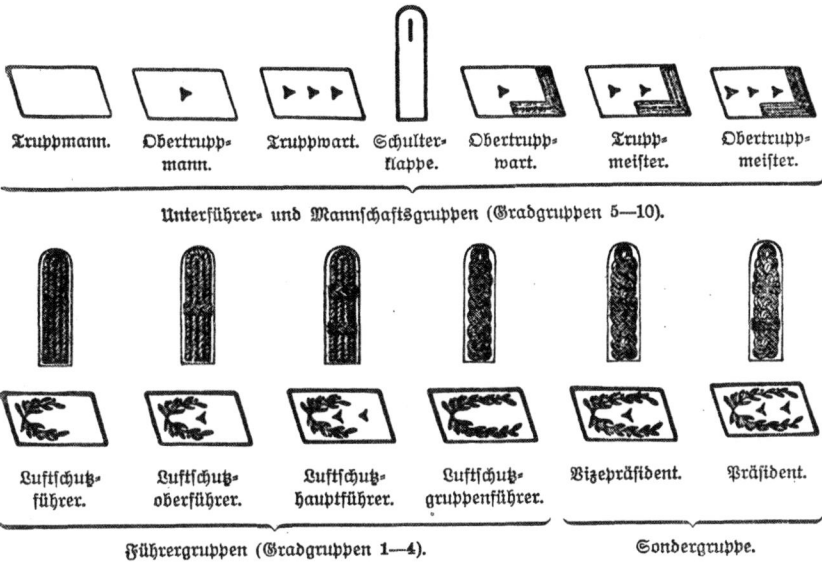

Truppmann.   Obertrupp-mann.   Truppwart.   Schulter-klappe.   Obertrupp-wart.   Trupp-meister.   Obertrupp-meister.

Unterführer- und Mannschaftsgruppen (Gradgruppen 5—10).

Luftschutz-führer.   Luftschutz-oberführer.   Luftschutz-hauptführer.   Luftschutz-gruppenführer.   Vizepräsident.   Präsident.

Führergruppen (Gradgruppen 1—4).   Sondergruppe.

Dienstgrade und Rangabzeichen der Polizei.

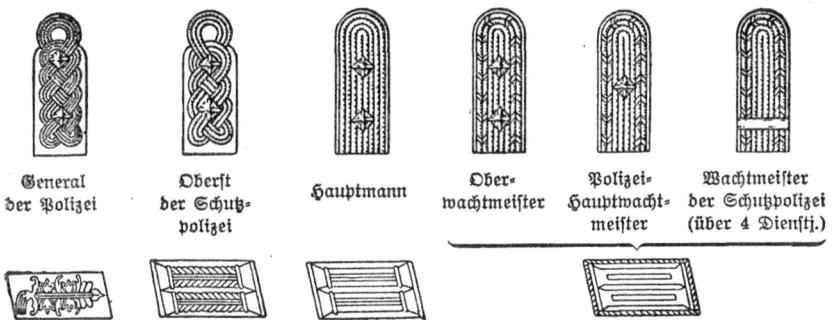

General der Polizei   Oberst der Schutz-polizei   Hauptmann   Ober-wachtmeister   Polizei-Hauptwacht-meister   Wachtmeister der Schutzpolizei (über 4 Dienstj.)

Farbe der Kragenspiegel und Ärmelabzeichen.
Schutzpolizei: grün; Gemeindepolizei: rot; Gendarmerie: orange; mot. Gendarmerie: weiß.

Dienstgrade und Rangabzeichen der HJ.

Stabsführer
der
Reichsjugend-
führung

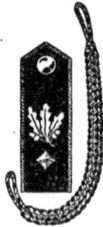

Obergebiets-
führer

Gebiets-
führer

Haupt-
bannführer

Oberbann-
führer in
allen Stäben

Bannführer
(als Führer
des
Bannes 21)

Unterbann-
führer (als
Führer des
Bannes 12)

Unterbann-
führer (Stab
der
Reichsjugend-
führung)

Gefolgschafts-
führer
(Führer einer
Gefolgschaft
im Banne 26)

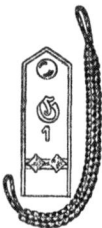

Ober-
scharführer
(Stab des Ge-
bietes 1)

Scharführer
(Bann 221, Ge-
folgschaft 5)

Kameradschafts-
führer (Bann 15,
Gefolgschaft 2)

Rottenführer
(Bann 1, Gefolg-
schaft 3)

Hitlerjunge
(Bann 32, Gefolg-
schaft 1)

Wertvolle und wichtige Werke
für alle, die Soldaten ausbilden

Von den hier angezeigten Werken liegen zum größten Teil ausführliche Einzelprospekte vor, die auf Wunsch gern kostenlos zur Verfügung stehen. Weitere wichtige Werke enthält ferner der Katalog We h r = m a c h t = B ü c h e r, Ausgabe H e e r, der gleichfalls auf Wunsch kostenlos an Interessenten abgegeben wird.

Gruppe

Schützen=ABC

Ein Handbuch für Lehrer und Schüler. Bearbeitet von Oberstleutnant K ü h l w e i n. 9., auf Grund der neuen AVI. völlig neubearbeitete Auflage vom „Felddienst=ABC für den Schützen". Mit 87 Abbildungen und Skizzen. 1936. Kartoniert einzeln RM 1,—, ab 25 Expl. je RM 0,90, ab 100 Expl. je RM 0,85.

Die Gruppe im Gefecht

Ein Handbuch für Lehrer und Schüler. Bearbeitet von Oberstleutnant K ü h l w e i n. Fortsetzung des „Schützen=ABC". 10., neubearbeitete Auflage. Mit 77 Abbildungen und Skizzen. 1938. Kartoniert einzeln RM 1,50, ab 25 Expl. je RM 1,35, ab 100 Expl. je RM 1,25.

Zug

Schützenzug und Kompanie im Gefecht

Fortsetzung der „Gruppe im Gefecht". Bearbeitet von Oberstleutnant K ü h l w e i n. 4., durchgesehene, auf Grund der Neuerungen der AVI., Heft 2b, völlig neubearbeitete Auflage. Mit 35 Abbildungen und Skizzen. 1936. Kartoniert einzeln RM 1,50, ab 25 Expl. je RM 1,35, ab 100 Expl. je RM 1,25.

Geländeausbildung vom Einzelschützen bis zur Schützenkompanie

mit Aufgaben. Leitfaden für alle Dienstgrade, die im Gelände führen, ausbilden oder zur Ausbildung anleiten sollen. Von Major W a g n e r. (2., verbesserte Auflage von „Klassenausbildung der Schützenkompanie im Gelände".) Mit 17 Abbildungen und Skizzen. 1934. Kartoniert RM 1,—.

Kompanie

Der Dienst in der Kompanie

Von Hauptmann und Kompaniechef K l a u s S t o ck. Mit zahlreichen Zeich=
nungen und Skizzen. 1937. Kartoniert RM 4,80, in Leinen RM 5,80.

Die kampfbereite Kompanie

Praktische Anleitung für die Gefechtsausbildung. Von Oberst Dr. F r i e d =
r i ch A l t r i ch t e r. 2., neubearbeitete Auflage. Bearbeitet von Major
G. S ch o l tz e. 1938. Kartoniert RM 2,—.

Aufgaben für Zug und Kompanie

(Gefechtsaufgaben, Gefechtsschießen, Geländebesprechung). Ihre Anlage und
Leitung. Von Oberstleutnant R o m m e l. 3., völlig neubearbeitete Auflage.
Mit 66 Kartenskizzen. 1937. Kartoniert RM 2,50.

Gefechtsübungen der Schützenkompanie

Anleitung für ihre Anlage mit Beispielen und praktischen Hinweisen für die
Ausbildung. Von Generalleutnant a. D. A r t u r B o l tz e. 3., neubearbeitete
Auflage. 1937. Kartoniert RM 2,50.

Die Ausbildung des Inf.=Kompanietrupps

Aufgaben und Einsatz. Von Feldwebel Y o r k K e l m. Mit zahlreichen
Abbildungen im Text und einer farbigen Tafel. 1938. Kartoniert einzeln
RM 2,—, ab 20 Expl. je RM 1,80.

Schießausbildung

Die Schießausbildung

Winke, Mittel und Wege zur Ausbildung im Schulgefechts= und Gefechts=
schießen mit Gewehr, leichtem Maschinengewehr und Pistole und eine
Anleitung zur Aufgabenstellung für das Schulgefechts= und Gefechtsschießen
von Generalleutnant a. D. A r t u r B o l tz e. Mit zahlreichen Skizzen im
Text. 1936. Kartoniert RM 2,—.

Die Maschinengewehre 08/15 und 08/18

nebst Abriß über das s. M. G. Zusammengestellt und bearbeitet von Haupt=
mann Dr. jur. W. R e i b e r t. 4. Auflage. Mit 62 Abbildungen. Kartoniert
einzeln RM 1,90, ab 50 Expl. je RM 1,75.

Milton Keynes UK
Ingram Content Group UK Ltd.
UKHW032128140224
437808UK00012B/278/J